现代大学德育创新研究丛书

当代大学生友善价值观生成研究

贾月 ◎ 著

中国社会科学出版社

图书在版编目（CIP）数据

当代大学生友善价值观生成研究 / 贾月著． -- 北京：中国社会科学出版社，2024．8． --（现代大学德育创新研究丛书）． -- ISBN 978-7-5227-3938-0

Ⅰ．G641

中国国家版本馆 CIP 数据核字第 2024E5D127 号

出 版 人	赵剑英
责任编辑	田　文
责任校对	刘　坤
责任印制	张雪娇

出　　版	中国社会科学出版社
社　　址	北京鼓楼西大街甲 158 号
邮　　编	100720
网　　址	http://www.csspw.cn
发 行 部	010-84083685
门 市 部	010-84029450
经　　销	新华书店及其他书店

印　　刷	北京明恒达印务有限公司
装　　订	廊坊市广阳区广增装订厂
版　　次	2024 年 8 月第 1 版
印　　次	2024 年 8 月第 1 次印刷

开　　本	710×1000　1/16
印　　张	19.25
插　　页	2
字　　数	316 千字
定　　价	118.00 元

凡购买中国社会科学出版社图书，如有质量问题请与本社营销中心联系调换
电话：010-84083683

版权所有　侵权必究

"现代大学德育创新研究丛书"编委会

主　　编　张耀灿
主任委员　张耀灿
委　　员（按姓氏笔画顺序排列）
　　　　　万美容　平　凡　李辽宁　张红霞　张耀灿
　　　　　吴　倩　罗爱平　项久雨　贾　月　曹清燕
　　　　　梅　萍　曾　兰　谢守成

总　　序

　　大学德育是个常研常新的领域。这是因为大学是培养中国特色社会主义事业合格建设者和可靠接班人的摇篮，是为各行各业输送专门人才的阵地；学校教育必须坚持贯彻党和国家的教育方针，在德智体美劳诸育中坚持德育的主导地位，才能顺利完成立德树人的根本任务。随着国内外形势的发展变化，党和国家中心任务的与时俱进，随着大学生一届届毕业走向社会，一级级新生又入学，都必然要求大学德育适应新形势，研究新情况，解决新问题。为此，对大学德育理论和实践的研究，从来都受到学界的高度关注。

　　新中国成立以来，大学为国家社会主义建设各条战线培养输送了大批人才，许多大学毕业生在实践磨炼中成长为各行各业的精英或各级各地的骨干。在社会主义高等教育发展史上，大学德育作出了应有的贡献，也积累了丰富的经验。认真总结大学德育的历史经验和新鲜经验，能促进我们更好地认识和掌握客观规律，不断地加强和改进工作，从而也推进大学德育的实践创新和理论创新。

　　思想政治教育学是一门应用学科，在重点开展应用研究的同时，也要注意加强基础研究。大学德育就是对大学生开展的思想政治教育，即对大学生开展的思想教育、政治教育、道德教育和心理健康教育的总称。正是由于大学德育的突出地位，因此，其在思想政治教育研究中长期受到重点关注。本套丛书专题开展新中国成立以来大学德育创新发展的研究，专题开展我国高等教育走向现代化过程中的大学德育面临的新课题研究，其中《新中国高校德育史论》《现代大学德育创新论》《现代大学德育方法论》《新时代思想政治教育内容有效供给研究》侧重于德育基础理论研究，《大众文化影响下大学生生命价值观教育研究》《文化多样化背景下大学生志愿服务育人功能研究》《价值多元背景下大学生价值观引导研究》《大学生生态德育新论》《大学生道德认同与培育研究》《当代大学生精神生活现状及其优化研究》《非意识形态化思潮对社会主义核心价值体系的影响及其对策研究》《当代大学生友善价值观生成研究》等则侧重于应用研究。

　　本套丛书的各位作者长期在思想政治教育工作的第一线，坚持以马列主义、毛泽东思想和中国特色社会主义理论体系指导研究，特别注重以习近平总书记系列重要讲话精神指导新的实践和研究。习近平总书记高举中国特色社会主义伟大旗帜，在治国理政中提出了许多新理念新思想新战略，如"以人民为中心""敢于担当""创新、协调、绿色、开放、共享"的发展理念，"两个一百年"的奋斗目标和中华民族伟大复兴的中国梦，"五位一体"的总体布局和"四个全面"的战略布局等。习近平总书记特别关怀大学生的成长，对大学生培育和弘扬社会主义核心价值观等也有直接的教导和深刻的论述。这一系列新理念新思想新论述既是我国高校德育创新发展的指导思想，也是现代大学德育重要的时代内容。在新发展理念中，创新居于首要和核心的地位。习近平总书记在2013年8月19日中央宣传思想工作会议上的重要讲话强调了理念创新、手段创新、基层工作创新；2015年2月19日在新闻舆论工作座谈会上的重要讲话中指出要以创新为要，实现理念、内容、方法、手段、体制机制等的全面创新。之所以如此强调创新，是因为我国的改革、发展进入了深水区和攻坚期，发展已从主要靠资源投入转向主要靠创新驱动转变。高校的改革、发展同样要适应和顺应经济新常态；在经过世纪之交大学扩招的规模急速拓展之后，同样需要通过全面深化教育改革，重点抓好结构优化调整和质量效益提升的工作，因此，同样应当重视创新，主要靠创新驱动发展。创新从来就是事物发展的不竭动力，在"大众创业、万众创新"的时代更加如此。因此，大学德育及其研究也要以创新为要，推进理念创新、手段创新和基层工作创新，适应新常态，引领新常态，推进新常态。本套丛书便是为此而作的一次新尝试。

　　当今在校就读的大学生基本上是成长于21世纪，在新的时代进入大学学习，面临着新的使命和新的考验。在国内外复杂多变的形势下，在国家仍将处在社会主义初级阶段，仍要坚持基本经济制度的背景下，公有制为主体、多种所有制共同发展，必然反映到观念上层建筑领域，思想文化、价值取向也必然呈现"一元主导,多元并存"的态势,大学生也不例外。因此,以社会主义核心价值体系和核心价值观引领现代大学德育创新发展就显得十分重要;提高德育的实效性也势必对德育创新提出了新要求。相信本套丛书的出版,将会对高校干部、教师有所启迪。

"现代大学德育创新研究丛书"的编撰出版,是我所在的华中师范大学思想政治教育研究所加强思想政治教育学科建设的又一个重点项目。研究所自1994年成立以来,为社会培养了一大批思想政治教育专门人才,有的已经成为各级思想政治教育管理部门的领导,有的已经成为思想政治教育学科领域的中青年专家,更多的成为思想政治教育实践领域中的优秀工作者。该丛书的出版得到了学校和马克思主义学院领导的大力支持,得到了出版社诸多朋友的无私帮助,这是我们全体丛书作者不会忘记的。

张耀灿

2016年3月

序

  友善，即友好、善良，是社会主义核心价值观个人层面的重要一维，也是中华传统美德的重要条目。早在战国时期，孟子就提出"故君子莫大乎与人为善"（《孟子·公孙丑上》）的重要思想。习近平总书记在二十大报告中指出："中华优秀传统文化源远流长、博大精深，是中华文明的智慧结晶，其中蕴含的天下为公、民为邦本、为政以德、革故鼎新、任人唯贤、天人合一、自强不息、厚德载物、讲信修睦、亲仁善邻等，是中国人民在长期生产生活中积累的宇宙观、天下观、社会观、道德观的重要体现，同科学社会主义价值观主张具有高度契合性。"[①] 在文化传承发展座谈会上，习近平总书记再次强调："中华优秀传统文化有很多重要元素，比如，天下为公、天下大同的社会理想，民为邦本、为政以德的治理思想，九州共贯、多元一体的大一统传统，修齐治平、兴亡有责的家国情怀，厚德载物、明德弘道的精神追求，富民厚生、义利兼顾的经济伦理，天人合一、万物并育的生态理念，实事求是、知行合一的哲学思想，执两用中、守中致和的思维方法，讲信修睦、亲仁善邻的交往之道等，共同塑造出中华文明的突出特性。"[②] 友善社会氛围的建立，是每个社会个体的心愿，也是构建和谐社会、建设社会主义现代化国家的内在要求。友善价值观，即人们对友善问题的根本看法和根本观点，表现为其对友善的价值取向和追求，是人们为人处世的基本准则。涵盖了主我与客我，自我与家人、朋友、陌生人、自然的关系，包括同情、关怀、勇气、忠恕、礼貌、包容、感恩、负责等基本理念。

---

  ① 习近平：《高举中国特色社会主义伟大旗帜　为全面建设社会主义现代化国家而团结奋斗——在中国共产党第二十次全国代表大会上的报告》，人民出版社2022年版，第18页。
  ② 习近平：《在文化传承发展座谈会上的讲话》，人民出版社2023年版，第2页。

大学生作为青年群体的重要组成部分，其价值观生成问题关系着国家和民族的未来，关系党和国家事业的兴衰成败。党的二十大报告号召广大青年要"立志做有理想、敢担当、能吃苦、肯奋斗的新时代好青年"[①]，为做好新时代青年工作指明了方向。与此同时，当前国际国内形势风云变幻，青年群体的志趣、职业、家庭结构、生活境遇等分化进一步加深，社会流动更加频繁且多向度，青年聚集方式、互动平台更加丰富多样，青年思想观念和价值选择愈加多元、多变，青年需求的内容和层次也不断丰富和提升。影响青年价值观的因素愈加纷繁复杂，而青年教育的思想引领力和效果穿透力略显不足。因此，关心大学生的价值观状况，引导其向上向善成长，是立德树人教育目标的重要要求，也应该成为新时代思想政治教育理论和实践研究的重点领域。

《当代大学生友善价值观生成研究》一书在立足时代发展要求、明确教育根本任务的基础上，结合大学生成长中的需要和实际情况，提出探究"促进当代大学生友善价值观生成何以重要""当代大学生友善价值观现状何以提升""当代大学生友善价值观生成何以可能""当代大学生友善价值观生成何以实现"等重要问题，对当代大学生友善价值观生成问题进行了系统分析。

第一，探究友善价值观及其生成的基本意蕴。以个人的主体性为基础，从"以自爱为基调的'主我—客我'友善价值观，以孝为核心的'自我—家人'友善价值观，以关爱为核心的'自我—朋友'友善价值观，以关心为主题的'自我—陌生人'友善价值观，以感恩为基础的'自我—自然'友善价值观"五个方面对友善价值观的内涵进行解析，并从中析出友善价值观的基本理念，如同情、关怀、勇气、忠恕、礼貌、包容、感恩、负责等，澄清了现实中对友善概念理解存在的误区。为当代大学生友善价值观的理论研究和实证分析提供了框架。

第二，探究当代大学生友善价值观现状及生成特征。以较为规范科学的问卷调查、深度访谈、总结归纳为研究基础，从友善评价、友善认知、友善认同、友善情感、友善意志、友善信念、友善行为等维度对当代大学

---

① 习近平：《高举中国特色社会主义伟大旗帜　为全面建设社会主义现代化国家而团结奋斗——在中国共产党第二十次全国代表大会上的报告》，人民出版社2022年版，第71页。

生友善价值观总体状况、影响因素、生成状况和特点进行调查，并对不同性别、年级、生源地大学生进行差异性分析。在此基础上从生成主体、生成过程、生成途径、生成动力、生成方法等多维度总结当代大学生友善价值观生成的基本特征，为本书的研究奠定了扎实的现实基础。

第三，探究当代大学生友善价值观生成的影响因素。将理论与现实相结合，从社会、学校、家庭、同辈群体、主体自身等因素研究影响大学生友善价值观生成的主要因素，辩证分析了这些因素对大学生友善价值观生成的正反两方面影响，提出正是在大学生个体与复杂的内外环境的相互作用、相互渗透这一过程中，当代大学生友善价值观得以建构、解构和重构。

第四，探究当代大学生友善价值观生成的过程和规律。当代大学生友善价值观的生成过程是一个复杂的系统，内含获取过程、接受过程、外化过程和养成过程四个子系统，通过认知领悟、需要激发、情感产生、信念树立、意志形成，最后转化为友善行为实施和习惯养成。对该过程的规律进行把握，能够为促进大学生友善价值观生成提供理论依据，提升大学生友善价值观生成的科学性和实效性，这些规律主要包括自我超越律、内外结合律、知行转化律、协同作用律。

第五，探究促进大学生友善价值观生成的路径与机制。在促进当代大学生友善价值观生成的路径中，社会支持系统是保障，学校培育引导是主渠道，家庭熏陶和感染是高效路径，自我教育是内在路径。只有各影响因素和各路径协同发展，形成长效机制，才能发挥整体功效。提出了"友善文化教育——传递机制""友善情感激发——感染机制""伙伴精神塑造机制""友善行为回应——评价机制""友善价值德法互融——保障机制"五大机制。其中涉及的同情心、共情能力、利益观、回应和评价等核心概念，拓宽了思想政治教育研究的学科视野。

总之，本书坚持理论与实践相结合的方法，既关注理论基础，又面向社会现实；既注重历史渊源，又观照未来发展，聚焦破解"如何促进当代大学生友善价值观生成"这一现实问题，彰显了作者较为深厚的学术功底和富有担当的人文情怀，读后给人许多有益启发。毋庸讳言，在大学生中培育和践行友善价值观是一项极具复杂性、挑战性的工作，运用生成性思维对其进行研究，关注大学生主体性的发挥和友善价值观生成的内在机理，这是一个颇有挑战性的时代课题，对此尝试进行探究的本书难免有一些疏漏，还需要进一步商榷和完善。

　　本书是贾月博士以她的博士学位论文为基础进行充实修改而出版的一部学术专著。该博士学位论文在答辩过程中，受到校内外同行专家的一致肯定，被评定为优秀博士学位论文。作为她的导师，看到她的学位论文能够定稿付梓，我感到由衷的高兴。邀我作序，欣然应允。希望该专著的出版能够起到抛砖引玉的作用，期待更多的专家学者继续深耕友善价值观研究，推出更多的精品力作。同时，也希望贾月博士在今后的学术生涯中能够坚守本心、矢志求索，保持定力、攻坚克难，取得更大的进步！

梅　萍
2023 年 9 月于武汉

前　　言

　　友善，伴随着人类文明的起源而产生，是各民族共同的价值追求，也是当前中国社会的核心价值观，对于个体幸福生活，和谐社会建设，人类命运共同体构建均有着重大意义。当代大学生友善价值观生成不仅关系他们的全面发展，还事关国家治理方向、社会氛围导向、人与自然关系模式等重大问题。

　　友善，即友好、善良，在微观层面指个人美德，即人们能够以尊重和宽容之心对待自我、他人和自然，观照自我、他人和自然的正当利益；在中观层面指社会氛围，即社会治理中存在的关怀有爱的温馨状态；在宏观层面指国家道德，即国家治理中对国民尊严和权利观照的一种政治伦理。友善价值观，是指人们对友善问题的根本看法和根本观点，表现为其对友善的价值取向和追求，是人们为人处世的基本准则。涵盖了主我与客我，自我与家人、朋友、陌生人、自然的关系，包括同情、关怀、勇气、忠恕、礼貌、包容、感恩、负责等基本理念。

　　当代大学生对友善现状评价较好，但对社会风气具有不满性；友善认同度较高，但友善认知具有模糊性；友善情感较强，但行为评价具有放纵性；友善意志较明确，但具有动荡性；友善信念初步确立，但具有犹豫性；友善行为较自觉，但具有差等性。而且，不同性别、年级、生源地的大学生具有一定差异性。当代大学生友善价值观生成具有鲜明的特征，生成主体具有自主性和从众性；生成过程具有确定性和不确定性；生成途径具有多维性和交错性；生成动力具有期待性和回馈性；生成方法具有体验性和多样性。

　　影响大学生友善价值观生成的因素是十分复杂的。社会环境是影响大学生友善价值观生成的重要客观因素。国家的高度重视，物质生活水平的提升，文化的发展，民间组织的发展为大学生友善价值观生成提供了支持；而道德冷漠、伪善、社会戾气严重、诚信问题突出、受助者道德缺失、复杂的网络生态等不利于大学生友善价值观生成。学校教育是影响大学生友善价值观生成的主阵地。学校正面教育和培养自觉地促进大学生友善价值观生成，然而，部分高校存在的工具理性，脱离生活之域的教育理念等削弱了教育效果。家庭是大学生友善价值观生成的基础性因素。家庭为大学生友善价值观生成提供积淀，但当前家庭结构的变迁削弱了大学生友善价值观生成基础。同辈群体是影响大学生友善价值观生成的直接因素。健康的交往和良好的同辈群体亚文化能够促进大学生友善价值观生成，然而，同辈群体中的亚文化乱象、盲目从众等则阻碍了大学生友善价值观生成。主体状况是影响大学生友善价值观生成的主观性因素。大学生自身存在的责任感、荣辱感、归属感等优势能够促进他们友善价值观生成，而思想、认知、情感等心理偏差则起到了阻碍作用。

当代大学生友善价值观的生成过程是一个复杂的系统，内含获取过程、接受过程、外化过程和养成过程，通过认知领悟、需要激发、情感产生、信念树立、意志形成，最后转化为友善行为实施和习惯养成。对该过程的规律进行把握，能够为促进大学生友善价值观生成提供理论依据，提升大学生友善价值观生成的科学性和实效性，这些规律主要包括自我超越律、内外结合律、知行转化律、协同作用律。

在促进当代大学生友善价值观生成的路径中，社会支持系统是保障，学校培育引导是主渠道，家庭熏陶和感染是高效路径，自我教育是内在路径。只有各影响因素和各路径协同发展，形成长效机制，才能发挥整体功效。其中"友善文化教育——传递机制"是促进大学生友善价值观生成的基础，"友善情感激发——感染机制"是促进大学生友善价值观生成的重要通道，"伙伴精神塑造机制"是促进大学生友善价值观生成的核心和重点，"友善行为回应——评价机制"是促进大学生友善价值观生成的外在保障，"友善价值德法互融——保障机制"是促进友善价值观生成的刚性保障。

总之，本书坚持理论与实践相结合的方法，既关注理论基础，又面向社会现实；既注重历史渊源，又观照未来发展，采取"基础理论架构—现实状况调查—影响因素分析—生成过程研究—生成路径和机制探讨"的基本思路，聚焦破解"如何促进当代大学生友善价值观生成"这一现实问题。在大学生中培育和践行友善价值观是一项极具复杂性、挑战性的课题，要运用生成性思维对其进行研究，关注大学生主体性的发挥和友善价值观生成的内在机理，这是未来友善价值观问题研究的方向。

目 录

绪 论 ·· 1
  一 问题的提出及研究价值 ··· 1
    （一）选题背景 ··· 1
    （二）研究价值 ··· 3
  二 相关研究现状及述评 ·· 6
    （一）国内友善价值观及其培育问题研究 ························· 6
    （二）国外与友善相关的问题研究 ································· 14
    （三）研究评析 ·· 19
  三 研究思路、方法与创新点 ··· 23
    （一）研究思路 ·· 23
    （二）研究的基本方法 ··· 24
    （三）创新点 ··· 25

第一章 友善价值观及其生成的概念界定 ························· 27
  一 友善价值观的概念界定 ··· 27
    （一）何谓友善？ ··· 27
    （二）当前对友善概念理解的误区及澄清 ······················· 30
    （三）友善价值观的内涵 ·· 34
  二 友善价值观的内容结构和基本理念 ··························· 36
    （一）友善价值观的内容结构 ······································· 36
    （二）友善价值观的基本理念 ······································· 40
  三 友善价值观生成的界定 ··· 47
    （一）生成与培育、发生、养成的概念辨析 ···················· 47

（二）友善价值观生成的概念界定 …………………………… 49

第二章　当代大学生友善价值观现状及生成特征 …………… 51
一　当代大学生友善价值观的总体状况 ……………………… 55
　　（一）对友善现状评价较好,但对社会风气较为不满 ……… 55
　　（二）友善认同度较高,但友善认知具有模糊性 …………… 56
　　（三）友善情感较强,但行为评价具有纵容性 ……………… 58
　　（四）友善意志较明确,但具有波动性 ……………………… 59
　　（五）友善信念初步确立,但具有犹豫性 …………………… 59
　　（六）友善行为较自觉,但具有差等性 ……………………… 60
二　不同群体大学生友善价值观的差异分析 ………………… 61
　　（一）男女大学生友善价值观的差异比较 …………………… 62
　　（二）不同年级大学生友善价值观的差异比较 ……………… 71
　　（三）不同生源地大学生友善价值观的差异比较 …………… 82
三　当代大学生友善价值观生成的特征 ……………………… 88
　　（一）生成主体具有自主性和从众性 ………………………… 89
　　（二）生成过程具有确定性和不确定性 ……………………… 90
　　（三）生成途径具有多维性和交错性 ………………………… 91
　　（四）生成动力具有期待性和回馈性 ………………………… 92
　　（五）生成方法具有体验性和多样性 ………………………… 93

第三章　当代大学生友善价值观生成的影响因素 …………… 95
一　社会环境是影响大学生友善价值观生成的重要客观因素 …… 96
　　（一）社会发展为大学生友善价值观生成带来机遇 ………… 96
　　（二）社会乱象增加大学生友善价值观生成难度 ………… 105
二　学校教育是影响大学生友善价值观生成的主阵地 …… 116
　　（一）学校促进大学生友善价值观生成初见成效 ………… 116
　　（二）学校引导不当弱化大学生友善价值观生成效果 …… 118
三　家庭是大学生友善价值观生成的基础性因素 ………… 125
　　（一）家庭教育为大学生友善价值观生成提供积淀 ……… 125
　　（二）家庭结构变迁削弱大学生友善价值观生成基础 …… 129

四　同辈群体是影响大学生友善价值观生成的直接因素 …………… 133
　　　（一）同辈群体积极作用促进大学生友善价值观生成 …………… 134
　　　（二）同辈群体不良影响制约大学生友善价值观生成 …………… 136
　　五　主体状况是影响大学生友善价值观生成的主观性因素 ………… 138
　　　（一）大学生自身优势促进友善价值观生成 ……………………… 138
　　　（二）大学生内在心理偏差阻碍友善价值观生成 ………………… 143

第四章　当代大学生友善价值观生成的过程和规律 ………………… 151
　一　当代大学生友善价值观生成的过程 …………………………… 152
　　　（一）获取过程——友善认知形成 ………………………………… 152
　　　（二）接受过程——友善信念和意志形成 ………………………… 155
　　　（三）外化过程——友善行为实施 ………………………………… 161
　　　（四）养成过程——友善习惯养成 ………………………………… 165
　二　当代大学生友善价值观生成过程的规律 ……………………… 171
　　　（一）自我超越律 …………………………………………………… 171
　　　（二）内外结合律 …………………………………………………… 174
　　　（三）知行转化律 …………………………………………………… 175
　　　（四）协同作用律 …………………………………………………… 177

第五章　促进大学生友善价值观生成的路径与机制 ………………… 180
　一　促进大学生友善价值观生成的路径探索 ……………………… 180
　　　（一）社会支持系统是促进大学生友善价值观生成的重要保障 … 181
　　　（二）学校培育引导是促进大学生友善价值观生成的主渠道 …… 185
　　　（三）家庭熏陶是促进大学生友善价值观生成的高效路径 ……… 188
　　　（四）自我教育是促进大学生友善价值观生成的内在路径 ……… 191
　二　促进大学生友善价值观生成的机制建构 ……………………… 196
　　　（一）友善文化教育——传递机制 ………………………………… 196
　　　（二）友善情感激发——感染机制 ………………………………… 207
　　　（三）伙伴精神塑造机制 …………………………………………… 211
　　　（四）友善行为回应——评价机制 ………………………………… 215
　　　（五）友善价值德法互融——保障机制 …………………………… 218

结　语 ·· 224

附录1　当代大学生友善价值观生成状况调查问卷 ·············· 227

附录2　当代大学生友善价值观生成研究访谈提纲 ·············· 236

附录3　当代大学生友善价值观生成研究的质性访谈示例 ········· 238

附录4　论当前社会友善价值观的培育机制 ························ 248

附录5　论公益慈善中公众对受助者的伦理期待 ··················· 261

参考文献 ·· 274

后　记 ·· 288

绪　　论

> 必须加强全社会的思想道德建设，激发人们形成善良的道德意愿、道德情感，培育正确的道德判断和道德责任，提高道德实践能力尤其是自觉践行能力，引导人们向往和追求讲道德、尊道德、守道德的生活，形成向上的力量、向善的力量。只要中华民族一代接着一代追求美好崇高的道德境界，我们的民族就永远充满希望。[①]
>
> ——习近平

一　问题的提出及研究价值

(一) 选题背景

友善是一种德性伦理，在古希腊和古代中国有着深远的理论渊源，进入现代社会，成为社会公德的重要一维。随着 2001 年《公民道德建设实施纲要》的颁布，全社会大力倡导"爱国守法、明礼诚信、团结友善、勤俭自强、敬业奉献"，将友善与团结一起，作为公民的基本道德规范。2006 年社会主义荣辱观提出"以团结互助为荣，以损人利己为耻"，一正一反，旗帜鲜明地分辨了善恶美丑。2012 年，党的十八大报告提出"三个倡导"，将友善作为社会主义核心价值观个人层面的重要一维，自此，友善的地位提升到了价值观的高度。2013 年，中共中央办公厅印发《关于培

[①] 《习近平在山东考察时强调：认真贯彻党的十八届三中全会精神　汇聚起全面深化改革的强大正能量》，《人民日报》2013 年 11 月 29 日第 1 版。

育和践行社会主义核心价值观的意见》，友善价值观的培育和践行得到广泛关注。

"友善"一词常常给人以温暖、感动、安全等情感体验，生活在现代社会的人们，在孜孜不倦地寻求一种安全感和温情。社会经济的腾飞、政治制度的完善、国际地位的提升为人们更好地生活提供了基础和保障，同时，频繁的流动、加速的节奏、激烈的竞争，也常常使人们处于恐惧、无助、失落等消极情绪的笼罩下，而这些让人们感到不满。当前社会，人们生活在自由和确定性的二律背反中，一面是人们个人自由和自主性的提升，另一面是人们对安全、温馨、共享、依靠共同体的渴望，而这两者永远不可能没有矛盾地和谐相处。随着现代化的发展，当前社会日渐呈现出个体化特征，关心和友善日益消解。这是因为：其一，个体化充满竞争，人们的竞争意识远超过合作精神。其二，个体化社会是一种陌生人社会，陌生人常常被视为不受欢迎的闯入者和恼人者，打破家庭式的温馨。其三，个体化社会要求人们必须遵守规则，但"规则""规定"有时却成为人们放弃道德良心、道德义务的挡箭牌，造就社会"平庸之恶"。其四，个体化社会是一种风险社会，人们之间的交流也日益浅表化，为了获得安全感和可控性，人们机警地分辨出风险和机遇，果敢地拒绝明显带有风险性的事物。其五，个体化社会也是一种允许存在贫富差距的社会，人们的相对剥夺感日益凸显，社会不平衡心态浮现。"在这个迅速全球化的世界中，我们都是相互依赖的，因而没有人能够独自掌握自己的命运。存在着每个个体都要面对但又不能独自对付与解决的任务……如果说在这个个体的世界上存在着共同体的话，那它只可能是（而且必须是）一个用相互的、共同的关心编织起来的共同体；只可能是一个由做人的平等权利，和对根据这一权利行动的平等能力的关注与责任编织起来的共同体。"[1] 在通往和谐幸福生活的道路上，人们需要友善价值观，用以消除人与人之间的隔膜、冷漠、欺诈、报复等不良社会心态，和谐相处，达到温馨和满意的生活。

习近平总书记指出，"青年兴则国家兴，青年强则国家强。青年一代

---

[1] [英]齐格蒙特·鲍曼：《共同体》，欧阳景根译，江苏人民出版社2007年版，第176—177页。

有理想、有本领、有担当，国家就有前途，民族就有希望。中国梦是历史的、现实的，也是未来的；是我们这一代的，更是青年一代的"①，表达了对大学生的殷切期盼。大学生是祖国的栋梁之材，大学是他们从青少年向祖国伟大事业承担者转变的关键时期。因此，当代大学生友善价值观生成具有重要性。从国家治理层面看，依法治国和以德治国相结合是经过实践证明和历史检验的科学的治理模式，其中"德治"是我国历史悠久且颇具特色的理念，而友善是德治的底色，大学生作为国家未来的建设者和华夏文明的传承人，应该深刻理解这一治理理念。从社会层面看，一个人在学校中对待他人的行为观念会推及社会公民中。由此，他们良好的友善价值观状况，于社会是一种道德酵母，能够促进社会主义和谐社会建设。从高校教育层面讲，高校的重要任务在于立德树人，而"仁"是道德的开端，因此，促进大学生生成友善价值观是高校立德树人任务的内在要求。从大学生个体成长层面讲，"95 后"大学生刚刚从较为封闭的中学走入较为开放的大学校园，具有独立性和依靠性的矛盾特征，其价值观较为模糊，易受到外界干扰。温馨和谐的环境是大学生健康成长的重要条件，促进其友善价值观生成是其人格健全、身心健康、体会幸福的必经之路。当代大学生友善价值观的生成研究，既符合个人发展需求，又具有重大的社会效益。因此，系统研究友善价值观理论问题，了解大学生友善价值观现状及生成特征，分析影响大学生友善价值观生成的因素，剖析大学生友善价值观生成的过程和规律，探究促进大学生友善价值观生成的路径和机制，成为本研究的目的。

（二）研究价值

在全社会培育和践行友善价值观，必须抓住大学生这一重点对象，而要促进大学生友善价值观生成，必须有理论的支持。因此，对友善价值观及其生成理论进行研究，对大学生友善价值观现状、生成特点进行调查，对影响大学生友善价值观生成的因素进行探究，对促进大学生友善价值观的路径和机制进行探索，具有重要的理论意义和现实意义。

---

① 习近平：《决胜全面建成小康社会　夺取新时代中国特色社会主义伟大胜利——在中国共产党第十九次全国代表大会上的报告》，人民出版社 2017 年版，第 70 页。

1. 理论意义

第一，本研究为友善价值观的培育和践行奠定现实基础并提供理论指导。2013年，《关于培育和践行社会主义核心价值观的意见》印发，社会积极培育和践行社会主义核心价值观，几年过去，我们可以在墙壁上随处可见24字社会主义核心价值观，但其入脑、入心和践行情况却存在一些问题。关于友善价值观的培育和践行，目前人们还存在一些困惑，例如：友善究竟指什么？竞争社会和科层制管理下，提倡友善的意义是什么？友善价值观是如何形成的？又被哪些因素干扰和打破的？这些问题的解决，需要理论研究的奠基。通过理论研究法，对友善价值观的本质进行界定，深入挖掘其内涵和结构，有利于形成符合当代中国特征的友善观，解决"培育什么样的友善观"这一问题。通过理论研究和归纳总结，深入内部对要素进行剖析，对影响当代大学生友善价值观生成的内在动力和运作机制进行研究，有助于从特定群体切入，从而在整体上把握培育友善价值观的着力点，提升友善价值观培育的实效性和时效性。

第二，本研究有助于丰富思想政治教育研究的内涵和方法，优化思想政治教育路径和机制。从内容层面看，思想政治教育的内容主要包括思想教育、政治教育和道德教育，对当代大学生友善价值观生成进行研究，深化了思想政治教育的学科基础，丰富了思想政治教育的学科内涵。从研究方法层面看，思想政治教育常常采用理论研究法，本研究将结合量化方法和质化方法，通过问卷调查法、深入访谈法对在校大学生进行调查，获取第一手资料，对当代大学生友善价值观现状及其生成的现实境遇进行调查，剖析影响大学生友善价值观生成的因素。这将在方法上拓宽思想政治教育学科视野。从教育过程看，传统思想政治教育较为重视理论灌输法，习惯于从"应然"的角度对大学生提出要求，以"应该""必须"等话语来面对学生，导致了一系列问题；关于促进大学生友善价值观生成的路径和机制的探究一定程度上深化了思想政治教育的路径和机制研究。

第三，有利于促进伦理学、德育等学科的发展。一方面，对友善的追溯本质上是一个伦理问题，随着社会的发展，友善有其特殊的时代内涵，对友善进行界定也是当前社会建设和传承中华优秀传统文化的必然要求。伦理学常常关注社会问题，而对当代大学生友善价值观的关注，聚焦了伦理学的群体面相，使研究更具针对性。另一方面，深入学生个体，对友善价值观的生产和培育进行研究，探讨友善价值观的微观形成过程，深化了道德心理学的研究。

2. 现实意义

友善是社会主义核心价值观，是一种优秀的道德品质，又是社会所需的公民素质，研究当代大学生友善价值观之生成，无论对大学生个人还是社会，均有重要的现实意义。

第一，本研究有助于增强教育效果，促进大学生全面发展。对于大学生个体而言，友善的道德品质是个体人格健全、身心健康的内在要求，研究友善价值观之生成，有助于人的全面发展。人类的理想在于促进生命的保全和发展，按照马斯洛的观点，人具有多层次的需要，除了生理、安全的需要，人们还有社交、尊重和自我实现的需要。友善价值观的建立，能够使大学生在和谐的人际关系和平衡的心境中成长，得到自己一个人常常难以获得的快乐和收获，实现自身全面发展。

第二，本研究有助于优化社会氛围，促进社会和谐。当前社会存在一些不友善现象，对这些现象的本质进行剖析，加强友善价值观生成的研究，有助于净化社会空气，营造友善的社会氛围，促进和谐社会构建。正是长期以来的合作，使人类变得强而有力，书写了辉煌的人类发展史。相反，没有友善，缺乏团队合作，人们会失去许多价值和意义，甚至不能生存。随着社会的发展，人们交往范围的扩大，同情和友善也在不断拓展，如慈善机构、动物保护组织、绿色组织、全球性和平运动等的发展。同时，我们必须看到，道德是利益冲突的产物，按照马克思主义的观点，在共产主义社会它将消失。但目前，我们仍然处于这样一个时代，即在很多情况下，自爱超越同情，甚至有时人们会为了自我利益侵犯他人或者社会利益，德福一致信仰、知行合一意志被干扰和打破。在当前社会，必须构建符合社会需求的友善价值观并宣传、践行。对大学生友善价值观生成进行研究，能够使他们走进社会后更好地发挥作用，促进社会友善价值观发酵、培育和践行。

二 相关研究现状及述评

友善指人们"能够以尊重和宽容之心对待其他的社会成员,能够在促进、实现自我权利的同时关照他人的权利"[①]。友善是社会主义核心价值观个人层面的重要内容,也是日常生活中最常用的词语,和谐社会的建设离不开友善的社会氛围。友善问题的研究由来已久,有着深远的中西方历史渊源,在现代中国,进入21世纪以来,友善先被提升到公民道德规范的高度,后被提升到社会主义核心价值观的高度,我国学者对友善问题的研究较多,也取得了一系列成果,本书旨在梳理分析这些研究成果,希望为继续开展友善问题的研究拓宽思路。

(一)国内友善价值观及其培育问题研究

21世纪以来,国内关于友善的论文研究成果逐年增加,但学术专著成果相对较少。论文方面,根据中国学术期刊网络出版总库检索发现,即从2000年至2018年3月16日,以"友善"为篇名的论文共有809篇。经比较发现,2012年,即随着党的十八大的召开,出现了第一个小高峰,发表论文45篇,2015年出现最高峰,发表论文143篇,2012年到2018年3月26日发表的论文总数为554篇,占全部论文数量的68.5%,是2000年到2011年的2.47倍。根据中国期刊网优秀博士、硕士学位论文全文数据库检索发现,从2000年到2018年3月16日,以"友善"为篇名的博士学位论文有2篇,硕士学位论文有67篇,其中2012年至2018年3月16日占硕士学位论文总数的97%,党的十八大以来,友善的地位提升至价值观的高度,极大促进了相关研究的发展。专著方面,总体看来,关于友善的著作较多,但是学术著作极少。用中国国家图书馆检索发现,以"友善"为题名的专著有110本,其中2012年至2017年专著有73本,占总数的66.4%。

1. 友善内涵和外延的研究

对友善的内涵和外延进行界定是研究友善问题的重大理论问题,是进

---

① 李建华:《友善何以成为一种价值观》,《伦理学研究》2013年第2期。

一步研究的前提和基础。友善是日常生活中的常用词语，我们很少对其进行学术界定。以应用范围为划分标准，目前学界关于友善的内涵和外延的研究可以分为广义派和狭义派。

广义派认为：在外延上，友善涉及自我、社会、自然等范围，是处理个人主我与客我、个体之间、个体与集体之间、集体与集体之间、个体与自然之间关系的行为规范和准则。黄明理和顾建红认为，友善是基于善良意志而对他人宽容友好的态度和助人为乐的行动，强调了善意和善行的统一，将尊重宽容、谦敬礼让、关爱扶危看作基本内涵，将对他人真诚、与人为善、相互帮助、珍爱自然作为基本要求。[①] 马书臣、孙伟平和尹江燕、郑文奇、李楠和王磊也从外延上对"友善"持广义理解。在内涵上，友善相应地涉及自爱、助人、关爱自然等。沈壮海和刘水静认为，友善内涵包括谦敬礼让、帮扶互助、志同道合、携手奋进、珍惜资源、关爱自然。[②] 夏家春和杨守金、江传月等从内涵上对"友善"进行广义探究。

狭义派认为：在外延上，友善是处理人际关系的行为规范和准则，强调和他人的关系及对他人的关照，将自我、自然剥离出去。王颖认为，友善是友好和善良，友好指对人的态度和蔼亲切，善良指心地好，能为他人和社会着想，友善就是友好待人、与人为善。[③] 在内涵上，相应地，友善涉及尊重、宽容、关心、帮助等要求。夏晓红等认为，友善是与人为善、谦虚礼让、和睦相处的态度，推己及人、助人为乐、济人于难的品格和宽而不纵、见义勇为、立己达人的责任的统一。[④]

除了广义派和狭义派之分，还有学者考虑到友善的边界问题、分类问题、友善理解中存在的问题。其一，有的学者强调了友善的边界和底线问题，认为友善边界的淡化和模糊化可能导致主体合理利益受损、姑息纵容、道德绑架、以怨报德等不良后果。黄进、金燕认为友善的应用范围不

[①] 黄明理、顾建红：《论"友善"核心价值观之内涵、特征及基本要求》，《社会主义核心价值观研究》2017年第2期。
[②] 沈壮海、刘水静：《友善：处理人际关系的基本准则》，《人民日报》2014年2月17日第16版。
[③] 王颖：《团结友善刍议》，《高校理论战线》2003年第9期。
[④] 夏晓虹、李轶璇、孙大永：《积极培育和践行友善价值观》，《中国高等教育》2015年第8期。

应该无边界,不能不讲原则、不辨是非、不顾善恶,对他人过于关心或使自己空间和利益受损,患上"友善病"。① 其二,针对忽视友善边界而带来的问题,王淑芹看到了友善内含的正义和道义之维,对正义之友善与道义之友善进行了辨析,意在避免借道义破坏正义的行为。② 其三,有些学者对当前友善理解中存在的问题进行澄清。赵琦对现代友善观念排除个体情感特殊性的悖论进行剖析,并提出通过纳入个人情感的合理方面来重构友善观念来化解该悖论。③

2. 友善的功能和地位论析

友善的功能决定了其在当前中国的重要地位。学者们分别从宏观层面、中观层面、微观层面进行了研究。宏观层面上,王翠华认为友善能促进社会主义和谐社会建设,有助于国家的巩固和民族的统一,维护政治共同体④;沈壮海认为友善有助于人与自然的和谐。⑤ 中观层面上,李建华认为,友善有助于构建社会互信,建立良好人际关系,营造良好氛围,消解心理矛盾。⑥ 微观层面上,马汝伟认为,友善能够促进大学生身心健康和人格健全。⑦

正是友善在中华文明中的重要地位及其在社会发展中日益凸显的强大功能,使其地位经历了从基本道德规范到社会主义核心价值观的提升过程。⑧ 党的十八大之后,学术界对友善问题的研究掀起浪潮,学者们大多将"友善"提升到了价值观的高度进行研究,并考察了友善价值观在社会主义核心价值观中的地位。李建华从友善是优秀的个人品质,是重要的公民道德,是健康开展社会生活的价值期待,可以促进社会互信体系的完善四方面,论证了友善何以成为一种价值观。⑨ 沈壮海和刘水静认为,个人

---

① 黄进、金燕:《友善三论》,《江苏社会科学》2015年第6期。
② 王淑芹:《正义之友善与道义之友善》,《理论视野》2016年第10期。
③ 赵琦:《现代友善观念的重构》,《哲学动态》2017年第1期。
④ 王翠华:《论社会主义核心价值观之友善》,《湖北社会科学》2014年第5期。
⑤ 沈壮海:《爱国、敬业、诚信、友善:公民的价值准则》,《湖北社会科学》2014年第10期。
⑥ 李建华:《友善:必须着力倡导的价值观》,《光明日报》2013年7月6日第11版。
⑦ 马汝伟:《友善是大学生不可或缺的美德》,《学校党建与思想教育》2010年第19期。
⑧ 说明:当前学者在提及"友善"时,虽未附加"价值观"一词,但多是在"社会主义核心价值观"的语境下,本书亦然。
⑨ 李建华:《友善何以成为一种价值观》,《伦理学研究》2013年第2期。

层面的要求居于基础地位,其中友善处于更为基础的地位。①

3. 友善的渊源及发展理路探寻

友善价值观作为一种理论,有其自身的实践起点、理论渊源和发展理路,为了深刻理解友善价值观,并不断丰富其思想内涵,学者们进行了积极的探索,体现出了较强的文化自觉。目前国内友善的理论渊源和借鉴的研究主要涉及中国传统文化中的友善思想、西方友善思想、宗教友善思想等。

第一,中国传统友善观是当代友善价值观的历史渊源,对友善有着重要的涵育作用,目前学者的研究大多涉及传统文化中的友善观。其一,儒家是中国传统文化的集大成者,学者们挖掘了以孔子、孟子、荀子为代表的儒家"仁爱"文化、"四端"思想、"忠恕"思想、"礼"文化等,拓展了友善的内涵。段江波系统论述了儒家友善观的演化及思想特征②;唐明燕探究了荀子思想中的友善资源。③ 其二,学者们从价值和方法上阐述了儒家友善观的重要性。杨福和与冯雪莲从孟子的"天人合一""性善论""仁爱"等思想,论述了友善与大学生成长成才的关系。④ 徐志红论述了荀子"积善成德"思想,即强调在时间和数量两维度的积善成德,在善心和善行两方面的积善成德。⑤ 其三,有学者注意到了道家友善思想。如夏家春和杨守金论述了道家"赏善罚恶,善恶报应"、人与自然是命运共同体、"承负说"等道德理念。⑥ 其四,学者们还看到了家风家训中蕴含的友善资源。王磊和孙亚男探究了家风中的友善文化,如众善奉行、诸恶莫作,善待亲朋、关爱邻里,家国情怀、乐善好施等。⑦ 其五,学者们在研究传统

---

① 沈壮海、刘水静:《友善:处理人际关系的基本准则》,《人民日报》2014年2月17日第16版。
② 段江波:《友善价值观:儒家渊源及其现代转化》,《社会科学》2015年第4期。
③ 唐明燕:《荀子思想中的"友善"资源探析》,《伦理学研究》2016年第2期。
④ 杨福和、冯雪莲:《从孟子"天人合一"思想看大学生不可或缺的友善美德》,《前沿》2015年第11期。
⑤ 徐志红:《荀子"积善成德"思想对大学生友善观培育的启示》,《吉林化工学院学报》2015年第9期。
⑥ 夏家春、杨守金:《弘扬传统 培育公民的友善理念》,《思想政治教育研究》2015年第4期。
⑦ 王磊、孙亚男:《中华友善家风的传统文化意蕴及当代价值》,《长白学刊》2018年第2期。

友善文化的同时，清醒地看到了它们的时代局限性，如曾琰提出要对其进行创造性转化。①

第二，社会主义思想史中的友善思想是社会主义友善观的思想渊源。关于这一点，学者们也略有涉及。从空想社会主义到科学社会主义，从国外社会主义思想到中国特色社会主义思想中，都蕴含了友善思想。一方面，空想社会主义者和以马克思、恩格斯为代表的科学社会主义将友爱作为社会理想状态。王翠华介绍了莫尔的《乌托邦》中对和谐友爱生活的描述以及《共产党宣言》中马克思、恩格斯对未来社会的设想。② 吴国友和闫冰介绍了马克思和恩格斯的友善思想，即在阶级社会没有超越阶级的友善，友善既有包容性又有原则性，真正的友善在共产主义社会才能实现等并论述了其现实意义。③ 另一方面，中国特色社会主义思想中也蕴含着丰富的友善思想。王顺顺厘清了毛泽东友善思想，且论述了这些思想对当代的启示。④

第三，西方友善观中的合理成分是当代友善思想的有益借鉴。关于这一点，个别学者也有涉及。曹刚引用西方学者的一些观点，如涂尔干的"机械团结"和"有机团结"概念，齐格蒙·鲍曼的"固态"社会、"液态"社会的转变，亚里士多德的"两种自爱"等概念，论述了团结与友善。⑤ 李楠和王磊论述了亚里士多德三种友爱思想，引用了莎士比亚、雨果、托尔斯泰、马克·吐温等在作品中关于友善的警言，论证了其重要地位。⑥ 俞世超借鉴了休谟情感论，将友善作为一种情感研究，论述了友善的情感生发机制、同情原则生发机理。⑦

除了以上几点，还有学者从比较的视角对中西方的友善观念进行研究。如王晓红认为，中国传统的友善关系以爱为基础，强调自足慎独以及

---

① 曾琰：《个体主义情境下中国传统友善观的特质及再造》，《中州学刊》2018年第1期。
② 王翠华：《论社会主义核心价值观之友善》，《湖北社会科学》2014年第5期。
③ 吴国友、闫冰：《马克思恩格斯友善论及其现实意义》，《中学政治教学参考》2015年第33期。
④ 王顺顺：《毛泽东友善思想论析》，《毛泽东思想研究》2017年第3期。
⑤ 曹刚：《团结与友善》，《伦理学研究》2015年第1期。
⑥ 李楠、王磊：《深入解读社会主义核心价值观——友善价值观的传统价值和现代意涵》，《学术论坛》2015年第2期。
⑦ 俞世超：《核心价值观之"友善"——基于休谟情感论视角》，《中学政治教学参考》2016年第15期。

"己所不欲，勿施于人""克己复礼，推己及人"的普遍原则；西方友善以"至善"为基础，狭义上专指人的道德实践等，两者在作用方向、范围等方面存在差别。① 还有极个别学者，如夏家春和杨守金在研究中涉及宗教友善观。②

4. 友善价值观的影响因素研究

很少有学者专门对友善价值观的影响因素进行研究，往往是在研究如何培育友善价值观时涉及该问题。曾琰专门研究了影响人际友善的三种关系，他认为个体与共同体、国家与社会、公共领域与私人领域的关系规制人与人之间友善关系。③ 大多数学者主要从社会、学校教育、家庭、个人等方面论述了当前友善缺失的原因。一方面，学者们对社会因素给予了较多的关注。他们主要从经济体制不完善、科层制组织形式、文化转型滞后、不良风气影响、网络媒体发展等方面来探讨友善缺失的原因。盛邦跃和李姝慧认为传统友善观的制约，市场经济下功利主义影响以及主体正当利益保证的缺失成为友善缺失的原因。④ 黄明理认为利益共同体感弱化，价值观冲突频繁，契约代替情感幸福感降低，其他社会条件尚不完善等原因导致当前出现不友善现象。⑤ 刘东锋认为物质主义，收入差距大，社会制度不健全，社会文化转型滞后等导致友善缺失。⑥

另一方面，具体到大学生，学者们除了看到社会因素的重要影响外，还看到了学校、家庭及学生个人因素的影响。胥刚和张玉梅认为，家庭和中小学教育对友善的关注较缺乏，贫富落差，成长环境的差异，大学生易受不良风气影响的特征等导致大学生友善缺失。⑦ 韦爱丽认为，大学生由于生活背景的差异、寝室文化建设的缺失、竞争压力、网络暴力的影响等，容易产

---

① 王晓红：《中西比较之"友善"的当代意蕴》，《经济研究参考》2016年第58期。
② 夏家春、杨守金：《弘扬传统 培育公民的友善理念》，《思想政治教育研究》2015年第4期。
③ 曾琰：《影响人际友善的三重关系及其现实解析》，《内蒙古社会科学》（汉文版）2017年第1期。
④ 盛邦跃、李姝慧：《论社会友善的缺失及其化解》，《理论导刊》2017年第7期。
⑤ 黄明理：《友善之为社会主义核心价值观论析》，《广西大学学报》（哲学社会科学版）2015年第5期。
⑥ 刘东锋：《友善简析》，《管子学刊》2016年第2期。
⑦ 胥刚、张玉梅：《论培养大学生"友善"道德的紧迫感和实现途径——对十八大报告培养社会主义核心价值观的再认识》，《攀枝花学院学报》2015年第1期。

生不友善现象。① 崔雪认为，大学生对友善价值观的认知缺失，多元思想冲击，法律外在强制和道德内在约束失衡，大学生主体性的缺失，家庭教育的缺位，国家相关政策的负面效应等是大学生友善缺失的主要原因。②

5. 友善价值观的培育研究

(1) 友善价值观现状

关于友善现状的研究中，学者们采取理论研究或实证调研的方法，以问题为导向，直面不友善现象。一方面，从大学生群体看，友善价值观现状整体较好，但在友善现状评价、认知、行为等方面存在问题。范五三对福建9所高校进行了1860份问卷调查，研究了大学生友善价值观认知状况，调查显示大学生对友善价值观知晓度较高，但是认知存在模糊和淡化、表层化、窄化等问题，且不同群体存在显著差异；大学生友善行为表现出不确定性和滞后性、知易行难等问题，且关注了网络友善行为问题。③ 李欢欢对上海5所高校进行635份问卷调查、3份访谈调查，研究了大学生友善价值观认知和行为现状，指出当代大学生友善价值观主流积极向上，同时对友善观知晓度不够，友善依关系亲疏而不同，知行脱节，友善行为具有一定被动性和功利性。④ 另一方面，从社会整体看，当前社会中友善问题比大学生群体更为突出。盛邦跃和李姝慧指出当前社会友善情感缺失，自觉友善缺失，友善行为退却。⑤ 黄显中指出，公民对于友善有三症，即友善情感上的冷漠症、友善行为上的推卸症和友善结果上的恐惧症。⑥

(2) 友善价值观培育现状

有学者从培育的视角探讨了友善价值观教育现状，但研究数量较少，研究层次也有待进一步提升。范五三的调查显示，高校友善价值观教育重

---

① 韦爱丽：《中国传统"友善"文化与大学生思想政治教育》，《广西教育学院学报》2016年第4期。
② 崔雪：《当代大学生友善观培育研究》，硕士学位论文，东北师范大学，2014年。
③ 范五三：《当代大学生友善价值观认知状况分析——基于福建9所高校的问卷调查》，《扬州大学学报》(高教研究版) 2017年第2期。
④ 李欢欢：《"90后"大学生友善观培育研究——以上海部分高校为例》，硕士学位论文，华东师范大学，2015年。
⑤ 盛邦跃、李姝慧：《论社会友善的缺失及其化解》，《理论导刊》2017年第7期。
⑥ 黄显中：《论友善》，《伦理学研究》2004年第4期。

知轻行,且忽视了运用新媒体进行教育。① 金燕的调查显示,高校教育主阵地作用发挥明显,但是重理论灌输、轻能力培养,新媒体运用影响力有待提升,榜样示范效果欠佳,忽视合法利益,教育力量整合有待强化。② 李亚云认为,当前大学生友善德性培育中教师教管分离现象严重,培育内容缺乏针对性,社会、学校、家庭的培育缺乏整体性。③ 于丽娜认为,大学生友善价值观培育存在培育目标不够清晰、培育方法不够恰当、培育措施不够到位、资源利用不够充分等问题。④

(3) 友善价值观培育路径

路径是研究的落脚点,当前关于友善问题的研究中,关于友善培育路径的研究较多,也较为深入。学者们针对友善问题及其产生的原因,从思想教育、物质基础、文化渗透、教育实践、制度保障等方面提出培育意见。其一,加强思想教育,将友善价值观培育与树立正确的世界观、人生观相结合。马汝伟认为大学生友善价值观的培育要同树立马克思主义世界观、人生观结合起来,同祖国和人民的需要结合起来。⑤ 其二,注重友善价值观的物质基础。沈壮海和刘水静认为,应该大力发展生产力,消除"两极分化",奠定友善的物质基础。其三,注重友善价值观的政治基础。张有武提出要在全社会培育民主平等信念,巩固友善的政治基础。⑥ 其四,加强传统友善文化的渗透。朱舒坤、徐磊、沈壮海和刘水静等学者持此观点。其五,注重社会氛围营造。马书臣、成卫卫强调社会氛围的熏陶作用,倡议营造向上、向善、向美的环境。其六,加强教育引导。首先,要加强理论教育。夏晓虹等认为,应该让人们充分理解认识友善价值观作为公民基本道德规范的内涵与意义。其次,注重熏陶和灌输。王霞和王国桢认为,对当代大学生的友善教育应该强化熏陶灌输,优化校园环境,加强大学生心理健康教育。⑦ 再次,注重自我教育。马汝伟、陈璐璇、于丽娜、

---

① 范五三:《当代大学生友善价值观认知状况分析——基于福建9所高校的问卷调查》,《扬州大学学报》(高教研究版) 2017年第2期。
② 金燕:《当代大学生友善价值观培育研究》,博士学位论文,南京师范大学,2017年。
③ 李亚云:《大学生友善德性培育研究》,硕士学位论文,中国地质大学(北京),2015年。
④ 于丽娜:《大学生友善价值观培育研究》,硕士学位论文,天津工业大学,2016年。
⑤ 马汝伟:《友善是大学生不可或缺的美德》,《学校党建与思想教育》2010年第19期。
⑥ 张有武:《论社会主义友善价值观及其培育路径》,《大理大学学报》2016年第7期。
⑦ 王霞、王国桢:《重视对当代大学生的友善教育》,《青年文学家》2014年第6期。

李欢欢均强调主体自我教育的作用。最后，加强实践引导。胥刚和张玉梅认为要面向全体抓好学生的道德社会实践；同时，范五三强调不能用实践代替理论。其七，加强对善行义举的保障。沈壮海、黄显中、马书臣、夏晓虹、金燕等学者倡导完善对善行义举的保护保障机制。其八，注重家庭教育。于丽娜和车欣等强调发挥家庭的基础作用。其九，注重多力量合作。许荣和文建龙强调将家庭、学校、社会教育有机结合起来。① 其十，注重策略研究，讲求情理融合。叶玮光和侯玉环提出情理并融的培育策略。②

（二）国外与友善相关的问题研究

1. 友善概念研究

友善在西方文明中有着悠久的历史，许多学者对其内涵进行了解读，其中最为重要的是伦理学领域对友爱、同情等问题的研究。亚里士多德最早对"友爱"进行了界定和分类研究，他提出，"一个人正是由于这种适度的品质，才会以适当的方式赞同所该赞同的，反对所该反对的"③，这种适度的品质即友善，是乖戾和谄媚的中道。他将友爱分为有用的、快乐的和完善的，并指出前两种友爱是容易变化和破裂的，只有完善的友爱才是持久的、最好的。其中完善的友爱具有相互性、相似性和亲密性，这和西塞罗主张的"友谊只能存在于好人之间"相似。亚里士多德认为"友爱"起源于父子关系，是联系城邦的纽带，但是，他将奴隶排除在"友爱"之外，其友爱观具有阶级性，是一种不平等的友爱观。康德是理性主义伦理学的集大成者，他认为行为只有出于义务、对法规的敬重，而非爱好，才具有道德意义，区分了四种责任，指出对他人的不完全责任是看到有难要帮助。④

感性主义伦理学从人的感觉、欲望和情感等出发理解道德，主要包括同情主义、功利主义和情感主义伦理学。同情主义的代表是大卫·休谟和亚当·斯密。休谟认为道德判断是由道德感而来，且道德感来自同情心。

---

① 许荣、文建龙：《社会主义核心价值观视域下友善弱化现象探析》，《知与行》2016年第9期。
② 叶玮光、侯玉环：《试论大学生友善价值观培育的情理并融策略》，《思想理论教育导刊》2016年第9期。
③ [古希腊]亚里士多德：《尼各马可伦理学》，廖申白译，商务印书馆2003年版，第128页。
④ [德]伊曼努尔·康德：《道德形而上学原理》，苗力田译，上海人民出版社2012年版，第8页。

斯密尝试将同情心当作"经济人"和"道德人"的桥梁,他认为同情要借助设想和想象产生。功利主义的代表是杰里米·边沁,他从趋乐避苦的天性出发,在快乐和痛苦的情感基础上提出功利原则,认为对行为评价时,应该看重效果而非动机。后来,密尔对其思想进行了修正,强调了义务、良心、情感在道德选择中的积极作用。在当代极具影响力的是以迈克尔·斯洛特为代表的情感主义伦理学,他认为人的道德行为来源于人自身关心他人的情感动机,并将其作为道德评价的依据;他将移情看作内在的道德动机,具有"重近轻远"的特征,他认为:"我们针对不同情境的移情反应(或反应倾向)强度的差别恰好对应着我们针对这些情境所趋于作出的道德评价的差别。"[①]

此外,国外的宗教视野中,也常常具有伦理思想。基督教伦理道德作为最为主要的一支,是欧美等国家文化和道德发展的源头,为社会精神文明发展及物质财富积累发挥了重大作用。它常常以"原罪说"为基础,提倡"圣灵伦理",即强调博爱的信仰,主张人与人的平等,其伦理思想更多的是一种人道主义,提倡慈善服务。

2. 友善缺失现象研究

当前西方社会也存在友善缺失现象,学者们对其进行了揭露。美国学者拉什沃思·基德尔在《道德勇气:如何面对道德困境》中论述了当前道德冷漠、道德懦弱的现实,强调了面临道德困境时,道德勇气的重要性。美国学者卡伦·霍妮在《我们时代的病态人格》中论述了病态竞争、焦虑和敌意等病态人格。日本学者小池龙之介指出了伪善的表现,如搭乘"免费顺风车""大脑故事的营销"等。此外,在文学领域,许多作家揭露了人类对待自然的不友善现象:梭罗在其作品《瓦尔登湖》中表达了自己对火车的鸣叫、工业化造成的生态破坏的隐忧,提倡地球中心主义。蕾切尔·卡森在其名著《寂静的春天》中揭露了杀虫剂和除草剂等化学药物的使用,致使全球的生态遭到破坏,人类生存环境遭到污染这一事实,批判了人类中心主义的生态观,倡导人和其他生物的和谐共存。

3. 友善影响因素研究

学者们对影响友善的因素研究,主要从促进和阻碍两方面展开。学者

---

① Slote A. Michael, Moral Sentimentalism, New York: Oxford University Press, 2010, p.21.

们对促进因素的研究主要集中在心理学中。戴维·迈尔斯对利他，即帮助他人这一社会心理现象进行研究，论述了我们为什么会有利他行为，我们何时会帮助他人，谁会提供帮助，如何增加帮助行为。① 霍夫曼认为，以移情为基础的助人行为是亲社会行为，他用大量的实证和观察研究论证了移情唤起在产生亲社会行为中的作用。② 以上研究主要关注了亲社会行为的外部情境因素，但忽视了对认知、情感、价值观、人格等内部因素的研究。随着社会发展，更多学者关注人们内心的移情、情感推理、"金钱概念启动"、"时间概念的启动"等对利他性亲社会行为、遵规与公益性亲社会行为、关系性亲社会行为、人格特质亲社会行为的影响。

学者们对阻碍友善的因素的研究，主要集中于人性堕落的社会原因分析。汉娜·阿伦特提出"齿轮理论"揭示官僚体系对人们克服同情的作用。③ 即现代官僚体系下，官僚的身份是非人格的、功能性的，有较强的可替代性，服从和墨守成规是他们的责任，由此，他们常常以集体为自己犯下的罪恶开脱。鲍曼支持了阿伦特的观点，但他认为，现代文明中的工业技术和官僚制度等仅仅是大屠杀产生的充分不必要条件，道德冷漠还有其他的原因，即：纪律代替了道德责任，褪去道德价值；行为和后果之间产生了距离，易忽视道德价值；距离的增加致使人们更容易变得残酷；责任的自由漂浮状况等。④ 古斯塔夫·勒庞论述了群体的特性，指出群体虽有道德净化作用，但大多数情况下，群体中人们的道德感情和道德观将堕落。⑤ 菲利普·津巴多通过著名的斯坦福监狱实验，论述了情境力量，指出没有谁一开始就是坏人，正是这些因素构成了人们从"路西法"堕落成"撒旦"的动力。⑥ 其研究结果来源于实验，一定程度上印证了阿伦特和鲍

---

① [美]戴维·迈尔斯：《社会心理学》（第8版），侯玉波等译，人民邮电出版社2006年版，第348—380页。
② [美]霍夫曼：《移情与道德发展：关爱和公正的内涵》，杨韶刚、万明译，黑龙江人民出版社2003年版，第40页
③ [美]汉娜·阿伦特：《反抗"平庸之恶"》，陈联营译，上海人民出版社2014年版，第4页。
④ [英]齐格蒙·鲍曼：《现代性与大屠杀》，杨渝东、史建华译，译林出版社2011年版，第203、212、251页。
⑤ [法]古斯塔夫·勒庞：《乌合之众：大众心理研究》，冯克利译，中央编译出版社2015年版，第12—30页。
⑥ [美]菲利普·津巴多：《路西法效应：好人是如何变成恶魔的》（第2版），孙佩妏、陈雅馨译，生活·读书·新知三联书店2015年版，第233页。

曼关于现代官僚制度对道德情感的泯灭等理论。

4. 友善培育研究

国外学者并非止步于对友善的概念、友善缺失现象、影响因素的探讨,他们还对友善培育问题进行了研究。

其一,学者们将世界观与友善培育联系起来。德国著名的宗教哲学家马丁·布伯根据人对世界的理解不同,分析了两种不同的人生,即"它"之世界和"你"之世界。在"你"之世界里,我并非为了我的任何需要才与和你建立关系,你的存在即具有重要的价值和意义,同时,他指出:"关系是相互的。切不可因漠视此点而使关系之意义的力量亏蚀消损"[1],强调了互爱的重要性。埃里希·弗洛姆论证了人对自由的向往和恐惧的矛盾心理,认为只有爱与劳动使得人与他人积极互动,与世界联系。他将人的生存方式,划分为"占有"和"存在"两种,倡导"存在"的生存方式[2],与马丁·布伯关于人的两种人生具有异曲同工之妙,为友善教育提供了人生观指导。

其二,道德教育理念研究。在西方教育哲学领域,学者们强调了教育理念和目的的转向。内尔·诺丁斯反对学术训练,主张教育要培养有能力、关心人、爱人也值得被爱的人。诺丁斯认为,关心是一种关系伦理,作为关心双方都要满足一些条件;道德教育有四个组成部分,即榜样、对话、实践和证实;关心教育具有连续性。此外,她还从关心的外延上,论述了关心自我,关心身边的人,关心陌生者和远离自己的人,关心动物、植物和地球,关心人类创造的物质世界,关心知识,为我们研究友善问题提供了借鉴。

其三,培育方法的研究。首先,价值澄清学派主张学校站在中立立场帮助人们对自己的价值观进行认知,注重学生的主体性。拉斯强调经验对价值观的作用,将价值澄清过程分为选择、珍视和行动三过程、七阶段。随后,柯申鲍姆将三过程扩展为思维、情感、选择、交流、行为,更加注重人的内心需要和感受。但是,价值澄清有其局限性,致使社会道德状况变差,最后道德相对主义让位于关心、责任感等品格教育。其次,麦金太

---

[1] [德] 马丁·布伯:《我与你》,陈维纲译,商务印书馆2015年版,第11页。
[2] [美] 埃里希·弗洛姆:《占有还是存在》,李穆等译,世界图书出版公司2015年版,第57—117页。

尔倡导实践伦理观。他重视人们的实践,将人们在实践中获得的利益分为内在利益和外在利益,提倡人们对内在利益的关注。他还提出"特性角色"概念,论证了文化之于美德的重大作用,即帮助人们提升本不发达的道德想象力。

其四,学者们通过对友善重点内容和理念进行专题研究,促进培育友善。斯洛特根据其对情感的重视,强调通过道德教育培育人的移情能力,以提升其道德能力。艾里希·弗洛姆在《爱的艺术》中论述了爱的理论和实践,进行了爱的专题研究。美国学者拉什沃思·基德尔在《道德勇气》中论述了何为道德勇气、道德勇气的重要地位、如何学习道德勇气,提出了演说和讨论、模范与教导、实践和坚持、感化他人等训练道德勇气的途径。美国学者马歇尔·卢森堡在《非暴力沟通》中研究了生活中隐蔽的暴力,尝试通过非暴力沟通化解人际冲突,建立和谐生命体验。这些丰富了友善培育的内容体系。

5. 友善社会建设研究

学者们对于友善社会的建设进行了探索,其中,以滕尼斯、鲍曼、罗尔斯为代表的"共同体"思想对友善社会的建设具有指导性意义。其一,共同体的概念。在滕尼斯那里,共同体是所有成员所共有的理解,这种理解不同于共识,它不需要谈判、妥协、争吵和对抗,是现成的。鲍曼认为共同体总是好东西,它十分"温馨",人们在这里相互依靠对方。罗尔斯将其看作一种社会联结,认为共同体的存在是由于他们共同或互补,因此需合作。其二,共同体的类型。滕尼斯将共同体分为血缘共同体、地缘共同体和精神共同体。鲍曼认为,为了寻求长期的安全感和确定性,人们努力寻找着各种各样的共同体,如美学共同体、利益共同体、安全的居民共同体、道德共同体等。鲍曼认为,只有一种共同体"重申的是每个成员享有避免错误与灾难(这是与个体生活分不开的风险)的共同体保障的权利"[①],这就是道德共同体。其三,共同体的生成和解体。鲍曼指出,现实中的共同体非常难实现,只能在反思、质疑和争论的基础上形成一种活络合同,这些协议必须定期更新。随着社会的流动,内外交流打破了内外平衡,模糊了"我们"和"他们"的区别,共同体逐渐消失了,尤其是信息社会发展和全球日益密切的交流,共同体的存在更具暂时性。其四,共同体的

---

① [英]齐格蒙特·鲍曼:《共同体》,欧阳景根译,江苏人民出版社2007年版,第83页。

建设。滕尼斯十分强调"记忆"的作用,鲍曼强调尊重、故事、诱惑、名人权威等对共同体建设的作用,这些对我们培育友善具有一定的指导作用。

(三) 研究评析

1. 研究现状及不足

(1) 学科视角较为多样,但仍有待拓展并深化

当前关于友善问题的研究,视角较为多样,学者们多从思想政治教育、德育和伦理学等视角进行研究,同时,这也表明学科视角有待拓展。一方面,对友善的研究学科视野较广,集中在思想政治教育、德育和伦理学领域。大多数学者从思想政治教育的角度分析了培育大学生友善品质的问题,如马汝伟对友善美德培育的研究。[1] 还有部分学者从伦理学视角探究了友善的含义、功能、地位、现状及实现社会友善的路径。另一方面,对友善的研究视角有待进一步深化拓展。不仅要从伦理学和德育领域来看友善价值观问题,还要用更广阔的视角来立体审视友善问题。如通过政治哲学的分析,了解友善的政治性内涵、政治价值和政治影响因素。通过道德心理学,从微观层面把握友善生成的心理机制。通过社会学的系统分析法,探究影响友善价值观生成的各种因素。从文学的视角,丰富友善的内涵,提升友善的渗透力和影响力。

(2) 研究主题相对广泛,但有待向纵深方向发展

根据研究主题,研究的论文主要分布在文献研究、理论研究、中外比较研究、问题对策研究等方面。其一,文献研究主要是对已有研究成果的文献综述。这方面的研究目前较少,有待进一步对以往的研究进行梳理,目前水平较高的仅有唐明燕和王磊对21世纪以来"友善"价值观研究综述。[2] 其二,理论研究主要是对友善的内涵和外延、特征和分类、必然性和地位、功能和价值等的研究。这部分研究存在着就理论谈理论、自说自话的现象,脱离了对现实的观照和聚焦,有待深入现实的理论认知状况,澄清人们的误区,以提升研究的生命力。其三,中外比较研究主要是介绍和借鉴国外友善思想和中国传统友善观念,以丰富友善的理论基础和丰厚

---

[1] 马汝伟:《友善是大学生不可或缺的美德》,《学校党建与思想教育》2010年第19期。

[2] 唐明燕、王磊:《"友善"价值观研究的热点与发展趋势——21世纪以来"友善"价值观研究综述》,《道德与文明》2015年第5期。

内涵，借鉴有利的教育方法，以促进我国当代友善价值观的培育和践行。在对中外友善观的研究中，存在一些不足。首先，对友善观的理论渊源研究较多，但主要集中于对中国传统文化中友善观念的介绍和借鉴。而且对传统友善观的总体性研究较多，专门研究某个流派、某个人的友善观较少，导致研究深度受到制约。其次，在对中国传统友善观的研究中，仅片面看其积极作用，忽视了其产生的社会背景和当前社会的特点，忽略了其中的消极影响和对其的现代性转化。最后，总体上看，关于友善问题的研究中，更多的学者着眼于中国传统文化，国际视野有待进一步拓展。我们要在追溯传统文化之魂的同时，拓展国际友善文化脉络。其四，问题对策研究主要是对当前社会友善现状存在的问题和不友善现象进行揭露，聚焦问题，揭示本质，探究现象产生的背景和原因，并有针对性地提出解决对策。但是当前对影响友善的因素研究较为单一和简单；多从培育和教育的角度谈策略，忽视了主体这一重要因素；且策略的研究往往缺乏长效机制保障。

（3）研究方法理论探讨与实证调查相结合，但实证调查缺乏权威成果

在关于友善问题的研究中，理论研究较多，实证研究初步展开，但是不够深入。理论探讨主要采取文献法和逻辑论证，如叶玮光等从理论上论述了培育大学生友善价值观的情理并融策略[1]；王淑芹从理论上区分了正义之友善与道义之友善，避免社会中借用道义友善之名破坏社会公平正义。[2] 理论研究是友善研究中较为常用的方法，但也存在一些问题。第一，关于友善问题的探讨，大多数学者采取理论研究法，仍停留在文献综述、内涵分析、外延界定、功能定位等研究上，这些研究在前期非常重要，但是随着社会的发展和研究的深入，有必要进一步关注友善价值观的理论溯源和实践运用等重大课题。第二，理论研究中也存在一些问题，例如，在友善的功能研究中，将其功能窄化处理为社会功能、集体功能、个人功能，忽视了友善的历史使命，如承载的传承文化的重大使命等；再如，在友善的内涵研究中，又将其泛化，模糊了友善和美德的界限，将友善看作处理一切关系的准则，如以友善代替义、孝、爱情等。实证调查法主要采

---

[1] 叶玮光、侯玉环：《试论大学生友善价值观培育的情理并融策略》，《思想理论教育导刊》2016年第9期。

[2] 王淑芹：《正义之友善与道义之友善》，《理论视野》2016年第10期。

取问卷调查法、观察法、深入访谈法、实验法获得研究数据，对友善问题进行实证研究初步展开。这说明学界开始注意到友善问题研究的科学性、可靠性问题。然而，遗憾的是，已有的调查研究使用的方法主要是问卷法、访谈法，暂时还没有借鉴心理学中实验法进行相关研究的先例。而且，在问卷法和访谈法的运用中，由于条件限制，截至目前，尚未有作者在全国范围抽取样本进行定量分析，仅仅局限于某个城市或某个学校。其中调查样本较大，调研结果有参考价值的有范五三对福建9所高校进行的1860份问卷调查，金燕对江苏省内外十余所高校进行的1530份问卷调查。可见，对友善价值观的实证调查缺少权威成果。

（4）研究对象集中于社会和学生，群体面向有待拓展

由于大多数研究者集中在教育及相关领域，故研究面向的群体较为有限，要么是从宏观上面向社会，对突出问题进行研究；要么是限定在校园范围，以大学生为研究对象，对其友善价值观现状、存在的问题、产生问题的原因、培育方法和策略进行研究。而对其他群体，如未成年人、农民、工人、文艺和新闻工作者、公务员、商人等群体友善价值观的关注较少，如只有黄进和金燕研究了新市民友善观中存在的问题。[①] 大学生是培养和践行友善价值观的重要对象，但同时，促进友善价值观生成更是社会追求，未来的研究中，需要拓展群体面向。

（5）对影响因素的研究不够系统和深入

对影响因素的全面、深入把握能够使得友善价值观培育有的放矢。在已有的研究中，研究者们大多从社会、学校、家庭、个人四维度进行论证，较为全面。但是，在具体的研究中，大多泛泛而谈，缺少对外在影响因素、内在影响机理，以及两者之间的互动关系进行深入系统探究。且对各种影响因素发挥作用的方式、路径、可能带来的后果等的研究尚不够深刻。

（6）培育策略缺乏系统建构

关于友善问题的研究几乎都会涉及培育策略和矫正对策，学者们紧扣社会、学校、家庭、个人四个影响因素泛泛而谈。看似逻辑紧扣上文，实

---

① 黄进、金燕：《何以友善　何种友善——对新市民友善观的反思与追问》，《道德与文明》2017年第3期。

则缺乏有机建构，在实际运用中较为乏力，往往是从浅表的问题到具体的对策；或者是对实践的总结和规范要求的陈述；或者缺乏理论支撑和深度，变成经验小结、工作汇报。在着力点的寻找、培育规律的把握、培育策略的制定、培育方法的选择等研究中缺乏深刻系统的研究。

（7）国内学者对国外友善问题研究较少，国际视野有待拓展

通过中国学术期刊网络出版总库，用篇名"友善"并含"西"检索，仅有2篇相关论文。用篇名"友善"并含"美国"检索，也仅有1篇相关论文。据不完全统计，目前国内学者关于国外友善问题的研究，大多分布在相关期刊和硕士、博士学位论文中，如王翠华在探究友善的思想渊源时，涉及亚里士多德的友爱观①；赵琦在探讨公民道德友善的当代建构时，论述了西方的经验。② 可见，与对中国传统友善观的偏爱相比，学者们对西方友善问题的关注较少。这说明当前我们文化自信的提升，值得肯定。同时，国外关于友善问题研究中的先进思想对我国有一定的借鉴或警示作用，有待学者们拓宽国际视野，进一步研究。

2. 研究展望

总体看来，学者们对友善的内涵、地位的论证是深刻的、全面的，对于友善现状及友善缺失问题的把握是敏锐的，对影响友善的因素的研究是多视角的，对培育和践行友善价值观的策略探索是可行的。但是，如前所述，目前的研究仍然存在一些不足，有进一步深入研究的空间。

（1）研究视角上，突出生成主体在友善培育中的重要地位

目前关于友善问题的研究，大多落脚于"培育"问题。更多地强调通过外界环境的营造促进友善价值观的培育和践行，却忽视了主体的重要地位。没有对主体的特征、需要、主体友善价值观内生成过程进行充分研究，缺乏对主体主动性的激发，导致一些策略的建构虽然可行，但是效果却差强人意。今后的研究应该重视研究对象的主体地位，以生成的视角研究友善价值观培育问题，能够提升实效性。

（2）研究内容上，以问题为导向，加强对现实的观照

强烈的问题意识是高水平研究的前提。以问题为导向的理论研究，能

---

① 王翠华：《论社会主义核心价值观之友善》，《湖北社会科学》2014年第5期。
② 赵琦：《公民道德"友善"的当代建构——以对西方与近代儒家的考察为基础》，《伦理学研究》2016年第6期。

够更加深刻、实在地解释社会存在,从而使我们的观点更具说服力;以问题为导向的理论研究是为了解决有现实意义的课题,具有更高的实践效能。以问题为导向,选择有价值的研究内容,一是要以现实中存在的友善问题为导向,解释问题,解决问题。随着实践的发展,现实中出现了一些新问题,如当前人们对于友善理解存在一些误区,友善价值观培育常常让人们失望而归,当前社会友善缺失严重,当前生态友善问题突出,当前新城市人口友善问题明显等,这些突出问题亟待研究者们探索。二是要发掘当前研究中存在的问题和空白,填补研究空白。例如对友善价值观生成的过程和规律缺乏研究,对影响友善价值观的内外因素缺少系统、深刻、动态的分析。

(3) 研究方法和思维方式上,将理论与实证相结合,多维度把握友善问题

研究方法的运用和思维方式的选择对于结果的呈现有着重要影响。首先,友善具有较强的实践性和生活性,只有在实际生活中,通过实证调查才能获取真实的素材,才能了解友善问题所在,明晰培育友善价值观的起点,明确影响友善价值观的因素和促进友善价值观生成的着力点。其次,以往的研究常常从个人角度理解友善价值观,落脚于如何培育个人的友善价值观,忽视了友善在社会和国家层面的生成,也忽视了个体友善价值观生成的微观过程和机理。

三 研究思路、方法与创新点

(一) 研究思路

在本课题的探究中,坚持理论与实践相结合的方法论,既关注理论基础,又面向社会现实;既注重历史渊源,又立足现实、展望未来,采取"基础理论架构—现实状况调查—影响因素分析—生成过程研究—生成路径和机制探讨"的基本思路,聚焦破解"如何促进当代大学生友善价值观生成"这一现实问题。全文分为六大部分,其中文章绪论部分,主要交代本研究的选题背景、研究价值、相关研究现状及述评、研究思路、研究的基本方法和创新点。第一章研究友善价值观及其生成的概念界定。首先探

究何谓友善，对当前友善概念理解中的误区进行澄清；其次界定友善价值观的概念，分析其内容结构和基本理念；最后研究友善价值观生成的概念，为课题的研究夯实理论基础。第二章研究当代大学生友善价值观现状及生成特征。通过问卷调查法、深入访谈法、总结归纳法，对当代大学生友善价值观总体状况、影响因素、生成状况进行调查，并对不同性别、年级、生源地大学生进行差异分析，在此基础上总结当代大学生友善价值观生成的特征，为课题的研究奠定现实基础。第三章将理论与现实相结合，从社会、学校、家庭、同辈群体、主体自身等方面研究影响大学生友善价值观生成的因素。第四章主要采取理论研究法，研究当代大学生友善价值观生成过程及规律。第五章在前文研究的基础上，以复杂系统论为指导，探索促进当代大学生友善价值观生成的路径，建构促进大学生友善价值观生成的机制。最后，结语部分指出本研究的创新性及存在的不足，指明未来研究的方向（见图1-1）。

理论探录：什么是友善价值观？什么是友善价值观生成？

⬇

现状调查：当代大学生友善价值观及其生成现状如何？

⬇

影响因素分析：影响当代大学生友善价值观生成的因素有哪些？

⬇

生成过程研究：当代大学生友善价值观生成的过程是什么？

⬇

生成路径和机制探讨：促进当代大学生友善价值观生成的路径和机制有哪些？

图1-1　本书逻辑结构

（二）研究的基本方法

在研究方法上，本书以理论与实践相结合的方法为指导，采取文献资料法、问卷调查法、深入访谈法、总结归纳法进行研究。

1. 文献资料法

通过上网查询下载、图书馆借阅、书店购买等方式广泛搜集伦理学、社会心理学、德育心理学、社会学、思想政治教育学、教育哲学中与友善相关的书籍文章并仔细研读，梳理友善问题研究现状，界定友善价值观及其生成的概念，研究影响大学生友善价值观生成的因素，探究友善价值观生成的过程及规律，建构促进大学生友善价值观生成的长效机制。

2. 问卷调查法和深入访谈法

当代大学生友善价值观现状及生成特征是怎样的？影响大学生友善价值观生成的因素有哪些？它们是如何影响大学生友善价值观生成的？为了把握这些问题，本研究采取问卷调查法和深入访谈法获取第一手资料。

考虑到被试的填写意愿，本调查问卷的设计拟采取封闭式和半封闭式的选择题，采取匿名填写的方式以期被试呈现出真实的想法，为课题研究搜集第一手资料。

深度访谈法作为问卷调查法的有益补充，通过个案分析，能够深入了解大学生友善价值观现状、生成状况、影响因素等，为探索促进大学生友善价值观生成的路径和机制提供资料支持。

3. 总结归纳法

当代大学生友善价值观生成有何特征？如何促进他们友善价值观生成？本书在文献资料分析和社会实证调查的基础上，总结了当代大学生友善价值观生成的特征，探索了促进大学生友善价值观生成的路径，建构了促进大学生友善价值观生成的机制。

(三) 创新点

1. 研究主题新颖

目前关于友善价值观的研究，多关注友善的内涵、功能、地位、内容借鉴等，关于友善现状、问题、原因、对策的研究也比较多，但往往落脚于"培育"问题。而本书题目落脚于"生成"，突出了主体的自觉能动性，具有一定独创性。

2. 研究视角多样

友善价值观之生成是一个交叉学科的课题，它以马克思主义实践观为基础，涉及伦理学、德育心理学、社会心理学甚至宗教学等领域，本书的研究学科视角较为广阔，具有一定理论深度。

3. 研究内容创新

本书坚持理论与实践相结合，在夯实理论前提的基础上，以大学生友善价值观及其生成现状为起点,以影响因素和生成过程为主线,以生成路径和机制为落脚点,提出友善价值观之生成重点在于大学生道德主体性的形成。文章澄清了对友善概念理解的误区,界定了友善价值观的概念,探讨了其内容结构和基本理念,全面分析了影响大学生友善价值观生成的因素以及它们是如何影响大学生友善价值观生成的,创造性地构建了大学生友善价值观生成的长效机制,具有一定的学理性和创新性。

4. 研究方法创新

方法的选择对于结果的呈现有着重要影响,本研究以理论与实践相结合的方法论为指导,综合运用了质性研究和量化方法,采取文献资料法、问卷调查法、深入访谈法、总结归纳法等,论证有一定说服力。

第一章 友善价值观及其生成的概念界定

> 人的本质不是单个人所固有的抽象物，在其现实性上，它是一切社会关系的总和。[①]
>
> ——[德] 卡尔·马克思

友善价值观是什么？友善价值观生成是什么？这些问题是我们探讨当代大学生友善价值观生成的前提性问题。要研究当代大学生友善价值观的生成，必须首先从理论上厘清友善价值观及其生成的概念，夯实友善价值观生成的理论基础。本章主要探讨友善价值观的概念、内容结构和基本理念，研究大学生友善价值观生成的内涵及特点。

一 友善价值观的概念界定

（一）何谓友善？

友善，即友好、善良，在微观层面上指个人美德，即人们能够以尊重和宽容之心对待自我、他人和自然，观照自我、他人和自然的正当利益；在中观层面上指社会氛围，即社会治理中存在的关怀友爱的温馨状态；在宏观层面上指国家道德，即国家治理中对国民尊严和权利观照的一种政治伦理。

友善源于友爱。在当代中国语境下，友爱主要指与人为善的态度、友

[①] 《马克思恩格斯选集》第1卷，人民出版社2012年版，第135页。

善的情感。和友善相比，它具有构成一种深情的关系即友谊的潜力。友爱在西方可以追溯到古希腊时期。在古希腊语中是φιλία，指两个人之间的友爱关系，这既包括基于血缘的家庭关系、基于朋友的伙伴关系、基于招待的主客关系，也包括基于爱慕的性爱关系。它的使用范围十分广泛，从性质上讲，不仅是一个伦理学概念，更是政治学的概念。英文常常翻译为 Friendship，罗斯认为该词不能恰当地表示出φιλία的意思，于是在翻译亚里士多德的《尼各马可伦理学》时，用 friendly feeling 和 affection 补充。中文则翻译为友爱或友谊，如苗力田先生和严群先生翻译为"友爱"，但很遗憾，这些理解都不能表达希腊语的完整内涵。

在西方，对友爱的论述由来已久。苏格拉底将智慧和知识看成友爱的核心，将高尚的品德看成友爱的基础。柏拉图则主要讨论了性爱之爱，将友爱与爱等同。亚里士多德是古希腊友爱观的集大成者，主要从以下几方面探讨了友爱。第一，友爱的概念。亚里士多德认为，友爱就是"某种德性，或者是赋有德性的事情；或者说是生活所必需的东西"[①]。第二，友爱的适用范围。在亚里士多德那里，友善适用范围十分广泛，可以将城邦中的所有关系囊括进来，同时友爱只能存在于能够相互回报的人之间。第三，友爱的类型。从性质上，将友爱分为基于善的、基于快乐的、基于实用的友爱；从发展来看，分为氏族部落成员和家族成员的关系、伙伴关系、主客之谊、性爱。第四，自爱和友爱的关系。亚里士多德认为友爱生于自爱，但这种自爱又绝不是自私。第五，友爱与政治的关系。在现代社会，出现了将友爱伦理化的倾向，但亚里士多德认为友善是联系城邦的纽带，将友善和共同体紧密结合。在西塞罗那里，他认为，"友谊只能存在于好人之间"，因为好人"他们的行为和生活无疑是高尚、清白、公正和慷慨的；他们不贪婪、不淫荡、不粗暴；他们有勇气去做自己认为正确的事情"，好人与好人之间友好的情感是天性所规定的友谊的源泉，他认为友谊是"对有关人和神的一切问题的看法完全一致，并且相互之间有一种亲善和挚爱"[②]。

---

① [古希腊]亚里士多德：《尼各马科伦理学》，苗力田译，中国人民大学出版社 2003 年版，第 163 页。

② [古罗马]西塞罗：《论老年 论友谊 论责任》，徐奕春译，商务印书馆 1998 年版，第 52—53 页。

在中国，儒家友德思想是友爱研究的集大成者。中国儒家友德以友爱和互助为基础。"友"，在甲骨文中，友写作𠬝，属于会意字。按段玉裁注曰："二又，二人也。……亦取二人而如左右手也。""二又相交"即二人像左右手一样相互依赖、相互扶持。原指"兄弟相敬爱"，如《尔雅·释训》中的"善兄弟为友"。刘家和先生在《〈书·梓材〉人历、人宥试释》中指出，先秦时代的"友"主要指：第一，劳动伙伴；第二，军事活动中并肩战斗，互相帮助；第三，同族、同姓为友；第四，有婚姻关系的异姓人也可以称为人友；第五，还指臣僚，可见人宥（友）就是古代城邦中的百姓，他们是以同族同姓或异姓通婚的纽带构成的城邦公民共同体。

西方语境下的"友爱"和中国传统语境中的"仁爱"，在当前中国语境下获取了新的表达方式，即主要是社会主义核心价值观在个人层面的"友善"要求。随着人们活动范围的扩大，"善"比"爱"更加符合社会发展需要。"爱"，英文翻译为 love，主要指内心的关爱、亲近、怜惜，以及行为上不求回报的付出和给予，可以说是一种非常浓烈且深刻的情感。爱的感情可能在比较熟悉、关系密切的熟人之间产生，但是在知之甚少、不太了解甚至是素昧平生的个体之间是很难产生的。"善"字具有多种内涵，但主要指美好的生活或事物，对美好的追求是"善"的根本精神和本源含义。随着社会的发展和人口流动，"爱"的情感要向"善意"转变，以善意拉近彼此的距离，可以说，相互间的善意更适合于现代社会。这是因为：第一，当前社会是一种陌生人社会，人与人的交往常常变得浅表化，通过浅表的交流，人们很难产生浓烈的情感和冲动，但善意的态度却可以在他们之间产生。第二，当前社会面临着与雅典社会不同的现实问题，友爱在雅典具有极其的广泛性，但它仅限于城邦公民之间的感情，将奴隶排除在外，且仅存在于人与人的关系之间。从现实来看，除了人与人的关系，人与动物、植物、大自然的关系也需要一种善意的态度和情感，且人可以从这种情感中得到回报。第三，当前社会是一种远距离社会，人们之间的关系以核心家庭为主，突破了亚里士多德的"共同生活"设想。亚里士多德认为，基于德性的友谊"需要共同的生活和时间，正如俗话所说，只有吃尽了咸盐，人们才能相知"，而"那些睡着了的人或者互相远隔的人就不能现实地这样做……分离的时间太长了友谊也就慢慢淡忘了。

所以，诗人说：久别故人疏"①，由此，随着人类社会发展，需要用"善"拓展"爱"的外延。

（二）当前对友善概念理解的误区及澄清

友善是维系人们日常生活中人际关系的重要纽带，是人们较为熟知的概念。一方面，一直以来，学者们大多将友善作为一个伦理学概念进行倡导，将其限定在私人领域内，忽视了其概念的公共维度。另一方面，还有一些学者，为了扩展友善的适用范围，维护公平正义等社会公德，提出了剔除其情感因素的主张，并在国内外产生了一定影响。笔者认为，包括以上观点，学界和社会对友善概念的理解存在以下误区。

1. 友善的非公共化和非政治化

从对友善的溯源来看，它的产生有着私人和公共的双重意蕴，在古希腊以血缘为基础的氏族、家族中最先产生友爱，进而拓展到伙伴关系、主客之谊和性爱中去。亚里士多德将父子之情称为友爱，认为亲属的友爱有多种多样，但都是从父爱派生出来的。可见，友善具有公共性和私人性的双重属性。然而在当代西方，出现了倡导友善非公共化的思潮。其中影响较大的新自由主义认为社会福利开支成为资本主义社会的沉重负担，影响了经济效率，因此极力反对社会福利政策。正如罗尔斯所说："与自由和平等相比较，友爱观念在民主社会中占有较少的位置。人们并不单独把它视为一个政治概念，它本身也不界定任何民主权利，只是在传达着一些心理态度和行为模式。"② 即便是现代共和主义者佩迪特也认为："我们都知道友谊是人类生活中一种具有很大价值的善，但我们几乎没有人会认为国家应该担负起增进友谊的职责。……尽管友谊是一种我们所有人都会追求和珍惜的善，但我们很可能会认为，我们大多数人可以非常有效地由自己来追求它，而国家不可能做得更好。"③ 可见，在他们看来，友爱是个人通过私人的手段就能够追求的，而友爱会腐蚀以法和正义为基础的公共政治

---

① [古希腊]亚里士多德：《尼各马科伦理学》，苗力田译，中国人民大学出版社 2003 年版，第 168、170 页。
② Rawls, *Theory of Justice*, Boston: The Belknap Press of Harvard University Press, 1999, p. 90.
③ [澳]菲利普·佩迪特：《共和主义：一种关于自由与政府的理论》，刘训练译，江苏人民出版社 2006 年版，第 122 页。

生活，政治党同伐异的价值追求也会约束甚至侵蚀个体私人的友爱。随着现代化的发展，以血缘关系为基础的家族、氏族社会逐渐褪去，个人、家庭和国家的关系开始疏离，人们潜回私人领域，更加追求个人和家庭生活的幸福，在家庭共同体和朋友共同体中寻求一种安全感，偏安于一隅的生存哲学使得人们对友善的理解更加私人化。

这种观点窄化了友善的内涵和外延，其本质是技术理性对政治伦理的抵制。它试图通过文字游戏来推脱政治伦理中的友善要求。政治伦理关系到国家稳定、社会秩序和人民幸福，对社会伦理和个人道德有着重要影响，我们不可能指望在一个以不友善的政治伦理思想为指导的国家培育人民的友善价值观。

2. 友善与规则相对立

通过对国内友善问题的研究进行梳理，我们发现大多数学者倾向于从伦理学视角研究友善问题，如将友善看作一种个人美德、处理人际关系的原则、处理人与自然关系的准则等，然而很少从政治学角度来研究当代中国的友善问题。现代陌生人社会采取科层制管理方式，在工具理性和规则理性的支配下，提倡规则至上，人们只对自己的领导和职务负责，似乎走到规则的警戒线处，人们就已经仁至义尽，可以卸去友善的面孔。正如鲍曼所述，"通过荣誉，纪律取代了道德责任。惟有组织内的规则被作为正当性的源泉和保证，现在这已经变成最高的美德，从而否定个人良知的权威性"[1]。每个人已经成为这个国家机器的一个"齿轮"，从而致使行为本身和后果相分离，抹煞政治行为的道德意义。在现代政治和官僚体系中，友善已经被理性工具取代，传统的道德观点正在被政治事实颠覆，这是一种十分可怕的趋势。道德在政治领域的崩塌，必将带来全人类的灾难，造成社会"平庸之恶"。

这种观点片面理解了友善和规则的关系，将友善从规则中剥离出去。该问题的实质是一些人打着规则的旗号，为自己的友善缺失寻找借口。有序的生活必然需要规则，好的规则能够框定人心、明辨善恶，恶的规则只会让好人变坏。诚然，社会的有序发展确实需要规则发挥作用，但是遵守规则和以

---

[1] ［英］齐格蒙·鲍曼：《现代性与大屠杀》，杨渝东、史建华译，译林出版社2011年版，第30页。

什么样的态度遵守规则和运用规则也是我们必须考虑的，正如麦金太尔所说："规则本身丝毫没有为我们提供目的。它们在告诉我们什么事是不可做的意义上告诉我们如何行动，但它们并没有把任何明确的目的提供给我们。"① 在生活中，我们不难发现许多人以"按规定办事"为由头，做着一些破坏社会和谐的事。由于"只有离开共同体我们才能逃避这种政治性的、严格地属于集体的责任，而既然没有人能够不从属于任何共同体而生活下去，所以逃避这种集体责任就只不过意味着以一个共同体代替另一个共同体，从而也是以一种责任代替另一种责任"②。因此，生活在共同体中的我们在认可规则的重要作用，遵循规则行事的同时，必须追求道德和责任。

3. 友善概念的纯理性化

将友善概念进行非情感化处理的倾向产生于将友善从私人道德改造为社会公共道德的转化过程中。与"博爱"相近，它强调对他人一视同仁的情感和行为，其本质在于泯灭友善的不平等性，倡导基于责任的平等友善。对友善的词源进行追溯，如前文所言，无论在古希腊，还是在古代中国，友善都发源于私人关系中的自然情感。随着人际关系从以血缘为基础的宗族、氏族中突破出来，这种自然情感逐渐具备了社会性道德的特征，成为道德情感。但无论如何具有社会性，友善在其根本上还是一种个人情感，具有个体性、情境性等特征。亚里士多德推崇好人或有德性的人之间的友爱，西塞罗则更直白地指出，"友谊只能存在于好人之间"。进入陌生人社会，人与人之间的交往日益浅表化、碎片化、功能化，于是公共道德日益剥离情感因素，在友善从自然情感向公共道德转化中，也需要褪去感情成分，而这会造成冷漠或伪善，且可能造成对陌生人的友善和对亲人的冷漠，违背基本的伦理道德。规则伦理学将道德要求理解为普遍的确定的规则，把所有情境中的道德心理都归结为责任心和义务感，人们的行为在任何情境下也都是出于规则而行动，这会致使本应该令人感到温暖和动容的道德行为变得别扭而生硬。

这种观点将友善理解为一种责任和义务，试图建立无差等的友善观。其实质是将情感因素从友善中剥离出去。但是这样做的话，第一，不可

---

① [美] 麦金太尔：《伦理学简史》，龚群译，商务印书馆2003年版，第149页。

② [美] 汉娜·阿伦特：《反抗"平庸之恶"》，陈联营译，上海人民出版社2014年版，第155页。

行，因为人不管如何理性，都会在行为中渗透其自身的情感倾向性。而且同情作为友善的重要推进因素，是一种情感。第二，可能产生躐等之爱，即对陌生人友善，但是对与自己亲近的人却不友善。第三，完全出于理性的友善，可能致使人与人之间的温情消失。因此，我们要警惕这种将感情从道德生活中剥离出去的危险。

4. 友善概念的去利益化

市场经济下，人们的正当利益得到重视，利益不再成为羞于提起的话题。但是当前一种观点认为，人们做好事应该低调，更不应该期待回报，夹杂了利益关系的友善是伪善，友善应该和利益划清界限。

这一观点的实质是片面理解了友善与利益的关系，将利益从友善中剥离出去。这样做的结果是人们的正当利益在友善之中也被淹没，导致当前在市场经济"理性经济人"指引下，自古以来的"德福一致"信仰被打破。此外，"助人反被讹"消耗了社会信任和安心，打破了人们的道德底线。既然"人们奋斗所争取的一切，都同他们的利益有关"，面对这种德福相悖的观念，人们便心安理得地追求自身外在的名誉、利益和快乐。然而哲学先贤告诉我们，自爱也是友爱的一种动力源泉。在亚里士多德那里，"一切与友谊相关的事物，都是从自身而推广到他人……因此，一个人是他自己的最好的朋友，人所最爱的还是他自己"①。在这里，亚里士多德认为自爱并非占有金钱、荣誉和肉体快乐，而是向往德性和高尚的事物，且在他看来，友爱只能存在于能够给予回报的事物中，因为友爱也需要正义，即使主动施爱的一方不要求回报。但是，被爱的一方也应该主动回报，特别是当他有相应的能力时。西塞罗主张，"对一个善良并且知道感恩的人施惠必然会得到报偿——即不但会博得他的好感，而且还会博得其他人的好感"②，在他看来，善的东西都是有利的，因此义也是有利的。梯利认为，"事实上，每个人都既是利己的又是利他的，既是自私的又是无私的"③，他主张在这种自爱和仁爱之间建立一种合适的平衡。由此可

---

① ［古希腊］亚里士多德：《尼各马科伦理学》，苗力田译，中国人民大学出版社2003年版，第199页。

② ［古罗马］西塞罗：《论老年 论友谊 论责任》，徐奕春译，商务印书馆1998年版，第196页。

③ ［美］梯利：《伦理学导论》，何意译，北京师范大学出版社2015年版，第216页。

见，友善向来就内含着利益和回报，二者绝不是非此即彼的对立关系。

（三）友善价值观的内涵

价值是客体及其属性对主体某种需要的满足程度，是一种主客体关系，包括主体需要和客体属性两方面。正确把握价值，需要注意以下三点：第一，客体及其属性是产生和创造价值的基础。第二，主体需要是创造价值的决定性因素。第三，客体及其属性和主体需要统一的路径是社会实践。可以说，"价值源于客体属性，定于主体需要，成于社会实践，是客观性、主体性、实践性和历史性的有机统一"[①]。

友善价值，就是在人的社会实践中，友善的存在及其属性与个人、社会、国家、人类等主体建立起来的一种主客体关系。这种关系是友善的存在及其属性与主体之间的一种具有肯定意义的关系。正确把握友善价值，需要注意以下三点。第一，友善价值的主体具有多样性和动态性。友善价值主体不仅指个人，还有国家、社会、人类等，主体需要具有具体性、多样性和动态性，是价值产生的决定性因素。第二，友善价值的客体具有层次性。友善价值客体即个人、国家、社会、人类等主体所需要的对象。由于价值主体具有多样性、动态性，是价值产生的决定性因素，因此，友善价值客体具有层次性，具体说来，包括个人层面的人格健全，社会层面的和谐发展，国家层面的以德治国，人类层面的命运共同体形成，自然层面的持续发展。第三，友善价值产生、发展于人的实践活动中。人的实践活动是友善价值创造和产生的过程，这是因为，随着人类实践的发展，各主体产生了友善需要，而友善及其属性也是在实践中实现客体主体化，成为主体的内在价值属性。

友善价值观是指人们对友善问题的根本看法和根本观点，表现为其对友善的价值取向和追求，是人们为人处世的基本准则。它由认知、情感、意志、信念、评价、心理等组成，并由行为来体现和检验，是主体性和客体性的统一、理论性和实践性的统一。具有抽象性和相对稳定性，是人们情感、态度、行为的深层次导向机制，构成人们实践的一种稳定的心理定势。在社会主义核心价值观话语体系下，尤其强调其实践性。正确理解和

[①] 梅萍等：《当代大学生生命价值观教育研究》，中国社会科学出版社2009年版，第16页。

把握友善价值观,需要对其性质加以全面把握。

从性质来看,友善价值观是一种社会意识。友善价值观,即人们对友善价值的认知、情感、意志、信念、态度等。可以说,友善价值是一种社会存在,而友善价值观是友善及其属性与主体之间价值关系在意识中的反映,属于社会意识范畴,友善价值和友善价值观是一种反映与被反映的关系。

友善价值观是一种系统化、理论化的社会意识,经过了深层次的加工。友善价值观和友善观念在现实生活中常常混用。观念是现实在头脑中的反映,是一种理性认识,它本质上是一种指导生活的实践观念,处于价值观和社会实践的中间环节。友善观念即现实中与友善相关的事件在人们头脑中的反映,是人们对友善问题的一种认知,包括友善认知、情感、评价等部分,既可能有粗浅、感性的部分,也可能有深刻、理性的部分。在特定情境中指导着人们的行为方式。友善观念和友善价值观两者辩证统一,既相互区别,又相互联系。一方面,友善观念与友善价值观有区别。第一,从思维加工程度看,友善观念较为粗糙,友善价值观则更精致。由于友善观念是对现实的反映,与感性认知联系较密切,主体只是处于知其然,但不知其所以然的阶段。友善价值观经历了去粗取精、去伪存真的思维加工过程,与真理的联系较紧,比友善观念更加精致。第二,从抽象程度看,友善观念较为具体,友善价值观则更为抽象。友善观念的形成往往紧跟着实践,较为具体;而友善价值观的形成则是在感性实践和理性学习的基础上形成的,抽象程度更高。第三,从内涵和外延看,友善观念的内涵较友善价值观更为丰富,其外延也更大一些。友善价值观处于意识的核心层,更具基础性和根本性,主要指建立在友善观念基础之上的理想和信念。第四,从稳定性来看,友善观念具有流变性,友善价值观相对稳定。友善观念是在实践中形成的对友善的种种认识,随着实践的进展而不断变化。友善价值观是友善观念中的核心部分,它是在对各种观念的反复证明、扬弃中得以形成的,一经形成,就会形成一种思维定式、心理倾向和行为倾向,对人们的实践和观念具有统摄作用,占支配地位,极难改变,具有相对稳定性。第五,从形成过程看,友善观念的形成具有短期性,友善价值观的生成则具有长期性。友善观念的形成往往是在实践中或实践后对友善的种种认知,可以在短期内获得。而友善价值观的生成则是一个长期的甚至是终身的过程。另一方面,友善观念与友善价值观相互联系、相互转化。第一，友善观念是友善价值观形成的前提。友善价值观的形成不是空中楼阁，可以说友善观念的形成是友善价值观过程的一个阶段。第二，友善价值观会影响主体的友善观念。友善价值观处于友善文化的核心位置，一旦形成，会对主体的友善观念产生根本性的影响。所以，在一定条件下，友善观念和友善价值观会相互转化。

二 友善价值观的内容结构和基本理念

友善是社会主义核心价值观的重要内容，涵盖了主我与客我，自我与家人、朋友、陌生人、自然等丰富的交往关系，对应地内含着自爱、孝亲、关爱、关心、感恩等丰富内容。然而友善是一个"常用"尚未"常思"，"熟悉"并不"熟知"，"熟知"而非"真知"的概念，人们对友善的理解存在模糊、片面、浅表等问题。在友善价值观生成的过程和机制中，认知是将价值要求转化为个人价值倾向的首要环节，深化友善认知，有助于讲明意义、传递内涵、提升能力。深化社会主义友善价值观的认知，需要科学阐释友善价值观的丰富内涵，增强理论说服力和大众感知力；因人施策传递友善信息，注意转换话语，助推提升人们的理解力；维护"德福一致"的评价机制，在公正的评价体系中营造友善拥护力；引导人们进行自我教育，提高友善建构力，加强友善认知稳定性。

(一) 友善价值观的内容结构

社会主义友善价值观的生成是一个复杂、系统、长期的过程，是内在的心理建构过程和外在的行为实施过程的辩证统一，蕴含着理性因素和非理性因素。为了便于分析，笔者将友善价值观的生成划分为获取过程、接受过程、外化过程和定型过程四个子系统。其中获取过程是友善价值观生成的起点，该过程的主要任务是进行友善价值观认知图式的建构，在整个过程中起着夯实基础的重要作用。通过对文献的梳理，发现已有的研究从整体上和情感角度对友善价值观培育进行探讨的较多，但对友善价值观认知的意义、存在的问题、如何深化认知等研究不够系统和深入。笔者尝试对该问题进行探究，以夯实广泛践行友善价值观的基础。

友善价值观是人们认识和处理友善问题所持有的根本观念，有着丰富的内涵。对友善价值观从内容上进行结构分析，是研究大学生友善价值观生成的基础性工作。在当今中国，除了有学者从社会人际关系这一中观层面提出的"与人为善、谦虚礼让、和睦相处和态度；推己及人、助人为乐、济人于难的品格；宽而不纵、见义勇为、立己达人的责任"① 三方面内容之外，还应包括微观层面下与己为善、身心和谐的人生态度；宏观层面下善待自然、保护生态、爱护环境的行为方式。通过前文对友善概念的透析，结合马克思主义的实践观，人的实践活动分为改造活动和交往活动。由此，本书以个人的主体性为基础，从主我—客我、自我—家人、自我—朋友、自我—陌生人、自我—自然五个方面对友善价值观的内涵进行解析。

1. 以自爱为基调的主我—客我友善价值观

主体性就是作为主体的人在对象性活动中，在和客体的相互作用中表现出来的功能特性。主体以其自主性、能动性和创造性对客体进行改造或与客体互动。个体可以分为主我和客我，作为主体的自我对作为客体的自我进行规划、反思、调控，使自己的行为符合主体自我的需要，促进自我发展。正如马克思所说："动物和它的生命活动是直接同一的……人则使自己的生命活动本身变成自己的意志和意识的对象。"体现在友善价值观中，一方面，从精神世界的建构和发展来看，主体自我尊重客体自我的需求和应得利益，引领客体自我追求高尚和美德，追求事物的内在利益。这是因为，友爱产生于自爱，但这种自爱是对自身高尚的追求，而绝非金钱、荣誉等外在利益的谋求，由此，主体自我引领客体自我追求实践本身的内在价值，重视生活实践的体验和对美好、高尚事物的追求。正如弗洛姆所说："利己和自爱绝不是一回事，实际上是互为矛盾的。利己的人不是太爱自己，而是太不爱自己。缺乏对自己的爱和关心表明了这个人内心缺少生命力，并会使他感到空虚和失望。"② 另一方面，从身体和生命的保存来看，主体自我担负着热爱生活、善待生命的使命。由于生命具有有限性、单向性，是十分宝贵的，主体自我应该善待客体自我，感受生命的鲜

---

① 夏晓虹、李轶璇、孙大永：《积极培育和践行友善价值观》，《中国高等教育》2015年第8期。

② ［美］艾·弗洛姆：《爱的艺术》，李健鸣译，上海译文出版社2008年版，第56页。

活和宝贵,引导客体自我珍惜时间、珍爱生命、善待自我。

2. 以孝为核心的自我—家人友善价值观

家庭是公民社会的发源地,是友爱产生的源头。直至今天,虽然随着社会的发展,以血缘和亲缘为基础的氏族、家族社会一去不复返,但家庭仍然是社会的细胞,对个人和社会发挥着重要作用。友爱发源于家庭,尤其是父子之爱。但今天,我们的家庭关系中产生了一些异化现象:一方面,由于社会节奏的加快,竞争的加剧,人们的生存压力变大,在家庭之外,一些人为了谋生戴上工作的面具,将自己的真实情绪掩盖起来,但是回到家庭中便原形毕露,对待家人恶言恶语的现象不在少数,明明将家庭当作一个负能量发散的地方,却还冠以家庭一个"避风港"的"美称"。另一方面,受独生子女政策的影响,孩子成为家庭的核心。这一现象加上西方自由、民主思想的影响,一起削弱甚至泯灭了子女对父母的感恩、尊敬和孝敬。于是出现这样一种怪状,即在学校、社会中,一些人们眼中的乖孩子、老好人却给家庭带来了无尽的烦恼。我们很难相信一个不爱家人的人,走向社会的时候,能够成为一名优秀的社会公民。倡导家庭中的友善价值观,就是要恢复友爱的私人性部分,反对只爱邻人和陌生人,却忽视家人感受的躐爱。

3. 以关爱为核心的自我—朋友友善价值观

中国文化十分重视家庭的地位和作用,然而随着人口社会流动加剧,人们的活动范围扩大,人们开始在家庭之外寻求共同生活。西塞罗指出,友谊存在于好人之间,亚里士多德认为友谊存在于相似的人之间,我国古代先贤孔子提出了著名的"三友说",即"益者三友,损者三友",益者三友指友直、友谅、友多闻;损者三友指友便僻、友善柔、友便佞(《论语·季氏》)。古人崇尚基于善和德的友谊,而且这种友谊确实能给人们带来许多好处,如朋友之间共享安逸的生活、信任和倾诉、分享快乐、分担忧愁等,这种友谊是出于一种本性的冲动,而非获得好处的精细计算,其好处存在于感情本身之内。在当前中国社会,社会主义市场经济的发展促进了经济的腾飞,然而在人际交往领域出现了功能化甚至功利化倾向。一种"朋友就是互相帮助"的观点成为社会潜规则,人们开始怀揣着自己精细打算的目的,寻求能够帮助自己达成目标的所谓"朋友"。他们对这些"朋友"谄媚、殷勤,凡能达到目的的手段,无所不用其极,这种朋友观是对朋友的最大不尊重和毁坏。倡导自我—朋友友善观，就是承认朋友之间需要互相帮助，但"不是友谊起因于物质利益，而是物质利益起因于友谊"①，并且要珍惜友谊、发自内心地关爱朋友，为朋友的名誉和德性考虑，志同道合，携手奋进。

4. 以关心为主题的自我—陌生人友善价值观

安全感和人们的幸福生活紧密相关，然而在这个充满风险、竞争、不确定性和流动化的社会，人们的安全感不是增加了，而是降低了。每个人都在承受着不确定和不安全带来的焦虑，生活于自由和不安组成的世界中，寻求安全感成为每个人自己的私人事情。随着社会分工的细化，他们离开家庭进入陌生人社会和远距离社会，人与人之间的交往日益功能化，陌生人被看作不值得信任的闯入者，成为危险的化身。在这种陌生人组成的风险社会中，人们渴求来自他人的温暖，又抗拒陌生人带来的不安。在这样一个社会，人们的交往日益浅表化。通过浅层次的交往，人们很难判断究竟谁是机会、谁是危险，唯一能判定的是，拒绝陌生人。个体化社会下，人类活动范围更大，物理距离愈加遥远。同时人们纷纷退隐到自己的精神领域中去寻求安全感，人与人之间的异质性加大，人们生活在由彼此构成的陌生人世界中，因为"和受害者在身体上与心理上的距离越远，就越容易变得残酷"②。陌生人之间的不信任和远距离成为人们冷漠的恰当借口。然而，这又是一个全球化的时代，每个人又无法摆脱对他人的依赖，不能完全掌握自己的命运，人们怀揣着对构建共同体的信念，正如鲍曼所讲，"如果说在这个个体的世界上存在着共同体的话，那它只可能是（而且必须是）一个用相互的、共同的关心编织起来的共同体；只可能是一个由做人的平等权利，和对根据这一权利行动的平等能力的关注与责任编织起来的共同体"③，在这里，人们应该互相帮助、相期以善。

5. 以感恩为基础的自我—自然友善价值观

中国古代有着"天人合一"的思想，主张对大自然的崇敬和尊重。如张载的《西铭》指出"民吾同胞，物吾与也"，道家老子倡导人和天是一

---

① ［古罗马］西塞罗：《论老年 论友谊 论责任》，徐奕春译，商务印书馆1998年版，第66页。
② ［英］鲍曼：《现代性与大屠杀》，杨渝东、史建华译，译林出版社2011年版，第204页。
③ ［英］齐格蒙特·鲍曼：《共同体》，欧阳景根译，江苏人民出版社2007年版，第177页。

个整体，指出"人法地，地法天，天法道，道法自然"。随着人类理性和科学技术的发展，人类的实践范围得以扩大，改造自然的能力得到极大提升。这导致人类中心主义思想的产生。这一思想产生了极大的影响，也带来了一系列正在困扰我们的问题，如资源浪费、环境污染、物种消失、生态失衡、疫情流行等，还包括现实中出现的虐待、猎杀动物等现象。爱人和爱物是密不可分的，很难想象一个对生态和动植物不怀善心的人会成为一个友善之人。以感恩为基础的自我——自然友善观主要指人们应该反思工具理性主义和人类中心主义的弊端，明确人类在自然中的合理地位，以感恩的态度底色对待自然的馈赠，珍惜资源、爱护环境、保护生态平衡、善待动植物。这是因为，其一，人类是大自然进化的产物，面对大自然，人类必须怀有敬畏和感恩之心；其二，大自然有着自身的发展变化规律，人类干涉过多，必将对其造成毁坏，进而对人类自身的生存发展带来影响，近年来的实践也对此加以有力证明；其三，处理好和自然的关系，本质上是处理我们与后代的关系，不仅有生态价值，还有极其重要的人文价值。

（二）友善价值观的基本理念

促进当代大学生友善价值观的生成，还要厘清友善价值观的基本理念。如前所述，友善价值观内涵十分丰富，总体看来，在各构成部分中，有一些价值渗透于各个领域之中，成为友善价值观的基本理念，如同情、关怀、勇气、忠恕、礼貌、包容、感恩、负责等。

1. 同情

"同情是个体所具有的易于、愿意并能够对他者处境、遭遇或情感状态产生同感的心理状态或态度倾向"[1]，正是对他人苦难和不幸的同情将人们联系起来。同情是友善的前提，这是因为：第一，同情是友善的开端和起点。同情是一切道德的基础，同情的肯定面是主动帮助别人，即仁爱；否定面是不侵害别人，即公正。有同情不一定作出友善行为，但没有同情就不会产生友善行为。正如朱熹所说，"仁是根，恻隐是萌芽"（《朱子语类》卷六），这种恻隐就是对他人的同情。叔本华认为人类行为的动机有三种，第三种是同情，即意欲别人的福利，他认为，"同情是唯一的非利

---

[1] 石中英：《社会同情与公民形成》，《北京师范大学学报》（社会科学版）2012年第2期。

己主义的刺激，因而是唯一真正的道德动机"①。以斯洛特为代表的情感主义伦理学将移情看作内在的道德动机，还强调通过道德教育培育人的移情能力。卢梭在《爱弥儿》第四卷中提到了"怜悯"，并为这种情感提出三条原理。他十分重视同情，提出通过苦难对爱弥儿进行同情的教育。第二，任何人都是一种关系性的存在，正是同情将个人与他人相连接。爱因斯坦说，人是为别人而生存的——首先是为了那样一些人，他们的安乐和幸福关系着我们自己的全部幸福；然后为许多我们所不认识的人，同情的纽带把他们的命运同我们联系在一起。亚当·斯密认为："人，不管被认为是多么的自私，在他人性中显然还有一些原理，促使他关心他人的命运，使他人的幸福成为他的幸福必备的条件，尽管除了看到他人幸福他自己也觉得快乐之外，他从他人的幸福中得不到任何其他好处。属于这一类的原理，是怜悯或同情。"② 情感共鸣是影响和决定人们行为的主要力量，是人们友谊和道德关系的纽带，正是怜悯和同情促使人们关注他人的幸福和命运。第三，同情是人性之本。儒家学者孟子将恻隐之心看作"四端"之一，认为"今人乍见孺子将入于井，皆有怵惕恻隐之心"，"无恻隐之心，非人也"（《孟子·公孙丑上》），将对他人的同情纳入人性之中。休谟认为同情心具有共同性和广泛性，他指出："人性中任何性质在它的本身和它的结果两方面都最为引人注目的，就是我们所有的同情别人的那种倾向，这种倾向使我们经过传达而接受他们的心理倾向和情绪，不论这些心理倾向和情绪同我们的是怎样不同，或者甚至相反。"③ 许多人对处于灾难和不幸中的人作出无私贡献，甚至在情况危急时不假思索地作出善举，根本没有对付出和收益作权衡。这种行为的产生基础就在于对别人疾苦的怜悯和感同身受。由于拥有了这种怜悯心、同情心作为心理定式，人们往往善于并乐于在特定的情境中通过道德想象力和他人易地而处，从而体会别人的苦难和困境，揣测他们的需求和期待。这种体会越发深刻，人们就越发能够以己度人，对他人的痛苦感到同情而非嘲讽，对他人的幸福感到愉悦而非嫉妒，对他人之所需伸出援助之手而非冷漠甚或落井下石。通过这种付出，自己人生的价值和意义得到了提升，促进他人的幸福也成就了

---

① ［德］叔本华：《伦理学的两个基本问题》，任立、孟庆时译，商务印书馆1996年版，第260页。
② ［英］亚当·斯密：《道德情操论》，谢宗林译，中央编译出版社2015年版，第2页。
③ ［英］休谟：《人性论》（下册），关文运译，商务印书馆1980年版，第352页。

我们自己的幸福。这种出于善意的悲悯和同情能够将两个人的情感联结，使他们感到有人与他情感一致，这能使人感到极大的安慰和愉悦；相反，他人的冷漠和嘲讽则使当事人产生极大的苦恼和失望。

2. 关怀

关怀是友善价值观的核心要求，其基本含义是关心，更是一种普遍的道德情怀，往往具有行为倾向性。在伦理学中，关怀伦理和正义伦理的理念相反，但是二者紧密联系。一方面，正义指人们做必须做的事情，得到应得的东西；而关怀则是对对方的利益给予更多的重视，并由此乐于做更多的事情，得到比应得更少的东西。关怀是一种价值追求和高端伦理，正是关怀使得我们的世界富有温度。另一方面，关怀和正义二者紧密联系，不可片面强调其一，关怀伦理的建设要以正义伦理为基础，正义伦理要体现关怀的温度。如果没有正义，就失去了对善恶、权利义务的界定，人们实施关怀的积极性也会受挫。如果没有关怀，正义则会变得冷漠而僵硬。内尔·诺丁斯主张教育要培养有能力、关心人、爱人也值得被爱的人。在她那里，关心是一种关系，关心双方都要满足一些条件。她还强调关心教育的连续性问题从外延上论述了关心自我，关心身边的人，关心陌生者和远离自己的人，关心动物、植物和地球，关心人类创造的物质世界，关心知识。马丁·布伯倡导的"我—你"世界，弗洛姆提倡的存在关系，沈晓阳的关怀伦理学中，在关怀情感和关怀态度上都要坚持主体间模式，把关怀对象看成与自己平等共存的"同胞"和"伙伴"。当前大学生中存在一些"自私""公主病""宅"等现象，其本质上是对自身的关注远远大于对他人、社会和国家的关注，最终反而画地为牢。因此，促进大学生友善价值观的生成，必须克服这种现象。

3. 勇气

勇气是"心灵的一种属性，这种属性使得一个人能够坚定、毫无畏惧，或毫无胆怯地面对危险和困难"。勇气可以分为血气之勇和道德之勇，其中道德勇气包含着"对道德原则的坚守，对捍卫那些原则的危险的充分意识，以及对那种危险心甘情愿的忍耐"[①]。本书所指的即这种道德勇气。

[①] [美]拉什沃思·基德尔：《道德勇气：如何面对道德困境》，邵士恒等译，北京时代华文书局2016年版，第9、8页。

道德勇气具有弥散性的属性，当它和友善相结合，就是友善勇气。这种勇气指主体以友善为价值原则，虽然意识到可能产生的风险，但仍对这种可能的危险加以忍耐和克服的一种心理属性。友善勇气是友善价值观生成的重要保障，没有勇气，友善价值观也只能成为空谈。正如孔子所言："见义不为，无勇也。"（《论语·为政》）然而，当前社会是一个风险社会，人们的言行都可能产生种种不可估量的后果，再加上媒体对恐惧的制造作用，使得人们在面对陌生人的求助甚至帮助时，虽然有时生发同情之感和帮助的冲动，但更经常的是抱以警惕、戒备之心，选择冷漠处之。这是因为友善勇气的获得需要底气的支撑，这种底气主要来自主体对自身的助人能力具有信心，社会对助人行为的公正评价、对好人正当利益的合理保障。因此，促进当代大学生友善价值观生成，需要培养其具有友善勇气的心理属性和助人能力作为保障。

4. 礼和礼貌

礼指社会生活中由于风俗习惯而形成的行为准则、道德规范和各种礼节。礼貌指以言语、行动所表现的恭敬谦虚，内含尊敬的意蕴，对个人修养和社会秩序都有着重要的作用。儒家思想中蕴含着丰富的礼思想。首先，孔子从"礼""言"等角度指出了"仁"的具体要求。颜渊问仁，子曰："克己复礼为仁。一日克己复礼，天下归仁焉。为仁由己，而由人乎哉。"（《论语·颜渊》）"司马牛问仁，子曰：仁者其言也讱。曰：其言也讱，斯谓之仁也乎？子曰：为之难，言之得无讱乎？"强调了如何为"仁"。其次，荀子持性恶论，因此主张以"礼"行"仁"，认为"礼者，人道之极也"，具有规范行为的作用。他指出社会组织对人类生活的重要性，即"力不若牛，走不若马，而牛马为用，何也？曰：人能群，彼不能群也。……一则多力，多力则强，强则胜物"（《荀子·王制》）。为了保持群体生活，他提出"礼"的重要性，即"礼起于何也？曰：人生而有欲，欲而不得，则不能无求，求而无度量分界，则不能不争。争则乱，乱则穷。先王恶其乱也故制礼义以分之，以养人之欲，给人之求，使欲必不穷乎物，物必不屈于欲，两者相持而长，是礼之所起也"（《荀子·礼论》）。礼和礼貌有助于框定规则，理顺关系，促进人际和谐。我国素有礼仪之邦的美誉，然而在生活中，有许多不讲礼貌、恶言恶语等因素导致人际摩擦和矛盾的事件，需要引起关注。

5. 忠恕

忠恕，即推己及人的处世方法，是儒家思想的核心内容。曾子曰："夫子之道，忠恕而已矣。"（《论语·里仁》）用孔子的话来说即"忠恕违道不远，施诸己而不愿，亦勿施于人"（《礼记·中庸》）。忠恕的具体含义即"己所不欲，勿施于人"（《论语·卫灵公》），"己欲立而立人，己欲达而达人"（《论语·雍也》）。孟子认为人性本善，"恕"是友善的具体方法和原则，即以孝悌为基础，推己及人、由近及远，主张"亲亲而仁民，仁民而爱物"（《孟子·尽心上》），提出"老吾老，以及人之老；幼吾幼，以及人之幼"（《孟子·梁惠王上》）……"孩提之童，无不知爱其亲者；及其长也，无不知敬其兄也。亲亲，仁也；敬长，义也。无他，达之天下也"（《孟子·尽心上》）。基督教的黄金定律，"你们愿意人怎样待你，你们也要怎样待人"；康德的"绝对命令"的道德要求，即"要这样行动，使得你的意志的准则任何时候都能同时被看作一个普遍立法的原则"[①] 等与孔子的忠恕思想有异曲同工之妙。此外，在孔子的思想中，还推人及物，强调通过"时禁"保护自然，如"树木以时伐焉，禽兽以时杀焉"（《礼记·祭义》）；张载在《西铭》中提出"民吾同胞，物吾与也"的思想，指出人与人、人与物的兄弟关系，也是这种方法的运用。然而，当代大学生中存在一种"以自我为中心""公主病"等现象，将自己不愿意做的事情推托给别人。这导致人际矛盾。因此，忠恕是大学生践行友善价值观的重要理念。

6. 包容

包容，即宽容、大度，是一种人生境界和智慧，也是友善的态度要求。包容是达到和谐的重要美德，具有丰富的内涵：在微观层面，是个体接纳自我，同时给他人空间，对他人的小缺点予以的一种容许；在中观层面，是社会对弱势群体的接纳和帮助，协调发展；在宏观层面，是国家与国家、人类与自然之间的一种平等相待，和谐发展。包容在当前社会更具必要性。首先，随着现代化发展，当前社会呈现出个体化特征，个人从集体中脱嵌出来，主体意识更强，具有更多样的特点和发展状态，需求更加多样，对自我的期望越来越高，人与人之间利益之争、矛盾之处也越来越

---

① ［德］康德：《实践理性批判》，邓晓芒译，人民出版社2003年版，第39页。

普遍。包容可以帮助人们更好地处理与自我、他人的关系。其次，和平与发展成为时代主题。随着经济全球化发展，各国之间经济利益、文化和价值观冲突日益普遍。用包容的理念来处理国际关系更具现实性。最后，很长一段时间里，经济的发展是以自然和生态为代价的，人类对自然一味地索取，导致环境破坏、资源浪费、生态失衡等问题。用包容的理念处理人与自然的关系更具现实性。包容具有重要的价值。其一，对于个人来说，可以避免由于较小道德问题而得理不饶人，从而导致的非道德行为，防止道德异化，切实做到"治病救人"，提升个人道德水平；同时对自我小缺点的接纳有助于自爱，促进个体身心健康发展，幸福生活。其二，对于社会来说，一方面，对弱势群体的关注和社会协调发展有助于维护社会稳定，营造良好社会氛围。另一方面，对他人的不当行为予以宽容就意味着不再为此发怒，更不会为此而把怒气发泄到其他人的头上。这样就切断了"迁怒"的链条，并通过对他人的关怀启动"迁爱"的链条。可见，宽容是营造关怀氛围的重要环节。其三，对于国家和人类来讲，可以解决全球化中存在的文化交锋、全球问题，实现人类命运共同体建设和持续发展。此外，包容本身就有一种感化的教育力量，能够使人们受到感染，转化行为。同时，在对包容的强调中，应该注意防止对不良行为的放纵这一现象的产生，做到容而不纵才是真正的友善。

7. 感恩

"感恩是一种对外界（他人、社会、自然等）给予自己的恩惠产生认知并伴随积极情绪的复合社会认知过程，即包括感恩意识、感恩情绪和感恩行为的社会认知过程。"[1] 在友善价值观中强调感恩是十分必要的，这是因为友善具有相互性。受助者是一个流动性极强的概念，今天的施助者，可能会变成明天的受助者。因此，只有"将关心置于关心的关系之中"，才能使友善以滚雪球的速度在全社会壮大。感恩是中西方社会均提倡的一种情感、特质和美德，是人类道德生活和处理人际关系的重要原则，作为美德的感恩具有重要作用。其一，对于受助者，感恩会使得人们珍视施助者的付出，并促进其从弱势群体走向自立者、施助者，扩大社会中的友善群体。其二，对于整个社会，感恩能够唤醒和构筑社会良心。良心是在人

---

[1] 蒲清平、徐爽：《感恩心理及行为的认知机制》，《学术论坛》2011年第6期。

的行为与自己的道德观念的比较中产生的情感反应,在人的道德生活中对自我、对他人起着道德评判和道德监督的作用。良心主要有利于"扬善",即正面发挥作用,提升道德境界,主动关怀周围的人和物。这是因为懂得感恩的人对他人的感受和疾苦更加敏感,乐于实施亲社会行为,而这种帮助行为可能指向社会中的任何一员。其三,对于施助者,感恩有助于互惠。施助者也可能遇到各种困难和风险,感恩不仅是对其奉献精神、关爱精神的肯定和激励,还有助于构筑针对好人好事的社会安全网,在其需要帮助时得到及时、高效的援助。

8. 责任

和同情一样,责任也是友善价值观的重要动力。责任"是指由一个人的资格（包括作为人的资格和作为角色的资格）所赋予、并与此相适应的从事某些活动、完成某些任务以及承担相应后果的法律和道德要求"[①]。作为一个人,不论他属于哪个家庭、从事何种职业、参加什么社团,也不论他是哪个国家的公民,都有一些基本的、共同的责任必须承担,如尊重人格、敬畏生命、保护环境等。康德从责任的约束程度将责任区分为完全的责任和不完全的责任[②],其中完全的责任是外在的、强制的责任,由法律规定;不完全的责任是一种内在的、自己施加于自己的责任,是一种道德义务或超义。正是人们对于自我、家人、他人、自然的责任感,使得人们按照相应角色的道德规范行事。随着现代化发展,社会日益呈现出个体化特征,人们也主要为自己负责。当前社会存在的一些道德冷漠事件,其实质是道德责任的漂浮、推脱和分散等带来的责任感缺失。此外,责任感若缺少友善的价值内核,则可能带来恶。如由小团体和宗教极端教义带来的责任感可能导致霸凌、宗教极端行为等不友善后果。这一点不难发现,当我们翻看宗教历史的时候,我们发现许多虔诚信仰的人甚至一些宗教极端分子,出于一种神的趋势作出无情的、无人性的、让人不寒而栗的事情。因此,要培育大学生合宜的责任感,促进亲社会行为。

---

① 沈晓阳:《关怀伦理研究》,人民出版社2010年版,第90页。
② [德]伊曼努尔·康德:《道德形而上学原理》,苗力田译,上海人民出版社2012年版,第8页。

三 友善价值观生成的界定

(一) 生成与培育、发生、养成的概念辨析

生成,英文是 generate,即生长、成为,是一种自主性活动,和预设相对应。既指事物从无到有、从小到大、从弱到强的生长、发展过程,也指事物从一种状态到另一种状态的过渡、转换过程,强调过程性、内生性、个性化。过程性指某一活动或行为是一个过程,即有其发展的路径和先后顺序,不能急于求成,否则就是空中楼阁。内生性是指某一活动萌芽发端于自身,发展力量来自自身,发展过程必须由自身经历和完成。个性化是指某一项活动是一个个体化的过程,当每个个体的主观能动性和创造性被调动起来的时候,其发展方向就会冲破框架和预设,发散性发展,呈现出个性化和差异化。生成性思维是现代哲学的基本思维方式,重视过程、关系、创造、个性、非理性、具体,反对本质、实体、预定、同一、抽象。[1] 在生成性思维指导下,教育中的人是一种复杂的、多样的"生成性"存在,具有未完成性和创造性,生命有限性与自我超越性。教育的本质就是通过人的自我建构而促进价值实现,这个过程是确定性与不确定性相统一的变化过程,人也因此具有了更多的个性、超越性和创造性。"过程属性是教育的基本属性"[2],具体表现为非预设性、不确定性和动态性等。非预设性指教育过程和结果是不可完全复制和再现的,在具体的环境和情境中表现得更加丰富和具体,常常出现教育者意想不到的情况。不确定性指教育由于自身及其影响因素的复杂性而表现出的非线性发展态势。动态性指要用发展、变化、创造的眼光来把握教育主体、教育任务和目的、教育内容、教育方法路径、教育关系等,而非用静止的、僵化的眼光来看待这些因素和过程。

培育,英文是 cultivate,foster,即培养、教育,是一种对象性活动,常常以外界事物为对象。指主体使某对象及其某个方面发育成长,这种对

---

[1] 李文阁:《生成性思维:现代哲学的思维方式》,《中国社会科学》2000 年第 6 期。
[2] 郭元祥:《论教育的过程属性和过程价值——生成性思维视域中的教育过程观》,《教育研究》2005 年第 9 期。

象可以是实体性的生物，也可以是精神性的某种情感和价值观念，强调外在性、对象性、规律性。外在性指在这一对象性活动中，培育者处于外部，对培育对象、培育过程和规律进行分析和研究，设计、组织和实施培育过程。对象性是从主体来讲。在培育过程中，除了占主导地位的培育者之外，培育对象的存在也十分重要。脱离了对象，培育就无从谈起。规律性是指培育是一项具有规律的活动，违背规律，则必然起不到预设的效果。

发生，即产生，与起源相对应，强调过程的追寻而非源头的追溯。发生学在英文中是 embryology，发生研究把事物看作一种过程加以描绘。文化和道德观念不是一个事件的降临，没有确定不移的开端。它是在多重因素的交互作用下，从一个阶段到另一个阶段，一种状态到另一种状态的过程。故我们常常研究道德的发生、发展和更迭。发生常常具有主客体同一性、节点性、系统性。首先，发生具有主客体同一性，强调主体的自我能动性和自我的力量。其次，发生具有节点性。当我们说到"发生"时，我们的思维往往从某一具体现象着手，即从节点开始，追溯其历史过程、预测其未来。这一被我们作为研究契机的具体现象，常常是在内外部条件相对成熟的时候，在某一时刻应运而生的，有节点性。最后，发生具有系统性。这是从内外两方面来讲的：从内部看，事物的发生具有其内部的要素、组织和功能；从外部看，事物的发生需要一定的环境和条件，需要在一定的集体环境下发展。

养成，英文是 form，意为培养使之形成，常常和行为、习惯等词连用，表示内化成俗。在最早的时候，"养"是和"野"相对的，指"驯、育、培"，代表了人类文明的过程。在道德的发展中，当某种美德和规范适应了社会需要、成为协调社会关系的良好准则时，就为人们的行为提供了准则，在反复的实践和训练中，形成自觉的、主动的良好习惯。养成具有反复实践性、正向选择性、过程性、不可逆性。首先，养成具有反复实践性。这是指为了使对象养成良好行为习惯，必须对其进行反复的训练，使其反复实践，且其养成目的是生活实践，其结果也要在实践中检验和确证。其次，养成具有正向选择性。从源头和发展来看，养成是一个从"野蛮"到"文明"的发展过程，具有明确的高层次性和正向选择性。第三，养成具有过程性，即在养成的过程中应该循循善诱，给对象一定的时间和锻炼机会，注重从小事的积累。最后，养成具有不可逆性，即要抓住人生的重要阶段和重要契机，进行养成教育，否则将会造成不可逆的不良结果。

总体来说，四个概念具有区别，不能混用，同时又以生成为核心，相互联系。培育作为外因，往往是生成的必要非充分条件；发生是生成过程的某种状态和阶段；养成是生成的标志和检验标准。本书以友善价值观的"生成"为研究对象，是因为其更具自主性、个性化，更贴近事实，符合当代大学生身心特点，而且这个概念也更具包容性，内含了培育和养成。笔者认为，个体道德性的生成一般包含两个基本过程，一则是道德理性的培育和建构，二则是道德行为习惯的养成。以往的预设性教育思维，常常重视应然状态的追求、教育规律的探寻，轻视对实然状态的把握、生活世界的关注；追求预设的目的的达成，忽视过程的多变；追求同一性，忽视差异性；推崇理性和抽象，贬低感性和具体。而在现实的校园生活中，人与人的交流无不投入了情感、态度和价值观，传统教育观指导下的教育则力图以同一性、规律性消解教学中人的生命的丰富多彩性，切割教学的完整意义，抽空了教育过程的生命和生活本质。可见，以生成性思维为指导，以现实生活为向度，以大学生自身为主体是当前培育和践行友善价值观的必经之路。

(二) 友善价值观生成的概念界定

友善价值观生成是指在遵循友善价值观生成规律的基础上，综合运用多种方法和途径，在长期的和反复的教育、疏导、生活、实践中，对友善的认知、情感、意志、信念、行为等从无到有、从弱到强、从肤浅到深刻、从偶然到必然的发展过程。它以同情、关怀、勇气、忠恕、礼貌、包容、感恩、负责等友善的基本理念为主要内容，旨在使其在日常生活实践中坚守和践行友善价值观。友善价值观生成具有实践性、过程性、系统性、自主性、个性化。

其一，实践性是友善价值观生成的总体特征。从生成过程看，友善价值观作为一种社会意识，是对社会存在的反映，正是在实践和体验中，人们才得以获取自己的价值观。从生成的评判标准看，友善价值观是否生成，这是一个实践的问题，应该在实践中进行检验。其二，友善价值观生成具有过程性。友善价值观生成过程包括认知、情感、意志、信念、行为、习惯等生成的子过程，培育和践行友善价值观，不是一件立竿见影的事情。我们要遵循道德发展规律，使其入眼、入脑、入心、践行；要客观地看待积极培育和践行社会主义核心价值观以来的成果和不足，将它看作社会主义精神文明的长期过程坚持下去。其三，友善价值观生成具有系统性。友善价值观的生成本身是一个有机系统，有其组成要素，各要素具有不同的功能和地位，构成友善价值观整体。此外，友善价值观的生成并非在真空中，而是在鲜活的生活世界中进行的，受到生活世界中复杂因素的影响。由此，必须以系统的观点来培育和践行友善价值观，关注影响其生成的内部因素和外部因素。其四，友善价值观生成具有自主性。在促进友善价值观的生成中，主体具有多样性，既可以是外部因素，又可以是内部自我因素，然而起到关键作用的，则是内部自我因素。在友善价值观生成研究中，必须重视主体自身的作用，在对外部因素研究的基础上，深入微观心理层面，调动主体的意愿、培养主体能力。其五，友善价值观生成具有个性化特点。从过程看，友善价值观生成具有自主性，每个主体会呈现不同的特点，且友善价值观的生成过程包括若干子过程，具有多端性，极有可能从知、情、意、信、行、习各环节开始；从结果看，生成的友善价值观具个性化的样态，具有不同的边界和底线。

第二章　当代大学生友善价值观现状及生成特征

> 人的思维是否具有客观的［gegenständliche］真理性，这不是一个理论的问题，而是一个实践的问题。人应该在实践中证明自己思维的真理性，即自己思维的现实性和力量，自己思维的此岸性。关于思维——离开实践的思维——的现实性或非现实性的争论，是一个纯粹经院哲学的问题。①
>
> ——［德］卡尔·马克思

为客观了解当代大学生友善价值观及其生成的现状、影响大学生友善价值观生成的因素等问题，提高促进大学生友善价值观生成的针对性和实效性，本研究从友善评价、友善认知、友善认同、友善情感、友善意志、友善信念、友善行为等维度对大学生友善价值观及其生成状况进行调查。本课题组于2017年8月至10月在武汉市选取了12所不同层次的高校②作为施测学校，进行了"当代大学生友善价值观生成状况的调查"，该调查主要采取问卷调查法和质性研究法。

问卷调查主要使用课题组自编的调查问卷，共63个题项，考虑到被试的填写意愿，本调查问卷的设计主要采取封闭式和半封闭式的选择题，主要包括表格题、排序题、单选题、多选题，涉及被试的背景信息、友善价值观的现状、影响其生成的因素、引导其生成的途径等问题，同时采取匿

---

① 《马克思恩格斯选集》第1卷，人民出版社2012年版，第134页。
② 12所施测学校包括武汉大学、华中科技大学、华中师范大学、武汉理工大学、华中农业大学、中国地质大学（武汉）、湖北大学、中南民族大学、湖北工业大学、武汉体育学院、武汉商学院、湖北生物科技职业学院。

名的填写方式以期被试呈现出真实的想法。本调查采用随机抽样与分层抽样相结合的方法，调查范围包括大一至大四的学生，专业遍及理工、文史艺术、医药、农林、财经类，抽样较为合理。问卷调查主要以纸质发放、现场回收的方式进行，保证了问卷的有效性。调研共发放问卷1200份，回收有效问卷1130份，有效回收率为94.17%。问卷所有数据采用SPSS 22.0软件进行统计分析。被试基本情况如表2-1所示。

表2-1　　　　　　　　调查样本基本情况分布

项目	类别	人数（人）	百分比（%）
性别	男生	494	43.8
	女生	633	56.2
年级	大一	248	22.0
	大二	268	23.8
	大三	363	32.2
	大四	249	22.1
专业	文史类	273	24.2
	理工类	361	31.9
	艺体类	75	6.6
	农林类	59	5.2
	医学类	121	10.7
	财经类	200	17.7
	其他	41	3.6
政治面貌	中共党员（含预备党员）	105	9.3
	非中共党员	1024	90.7
生源地	村、镇	464	41.1
	县城	259	22.9
	城市（区）	407	36.0

注：本次问卷调查共收回有效问卷1130份，样本总数不足部分为缺失值。

此外，本课题还采用质性研究的方法，了解大学生友善价值观及其生成状况。我们在不同层次院校，以随机抽样的方式选取了32名本科生，由访谈小组（1—2名访谈员构成），根据"当代大学生友善价值观生成研究访谈提纲"进行面对面访谈、QQ 访谈、邮件访谈，访谈内容包括对友善的认知，对大学生友善价值观及其教育现状评价，和陌生人、同辈群体的关系，促进和阻碍友善价值观生成的因素等。所有访谈事先征得受访者同意，进行了全程录音或记录，进而转化为文本资料。笔者运用扎根理论，对访谈资料进行整理、登录、逐级编码（具体编码方式见表2-2），进而进行理论建构。编码是一级编码、二级编码、资料序号的组合，第一位数字是二级编码（1—6），代表访谈的六个维度，第二、第三位数字是一级编码（01—20），代表访谈的具体问题，第四位、第五位、第六位由大写字母 X（代表学生）和数字（01—32）组成，代表样本序号。编码代表资料序号，如编码 101X01，是指二级编码为"对友善的认知"，一级编码为"是否了解"，序号为 X01 的访谈资料。本研究尽可能保持受访者本土化表达，对访谈中的间断、重复等进行了删减，对过于口语化的表达进行了解释和转化，并对文字顺序进行适当调整。

表2-2　　当代大学生友善价值观生成研究质性资料编码

三级编码 （核心编码）	二级编码 （聚焦编码）	一级编码 （初始编码）	文本表达示例
当代大学生友善价值观现状及影响因素分析	1：对友善的认知	01：是否了解	"了解"，不是特别了解，模糊知晓，不了解
		02：包括哪些内容	助人为乐、感谢、理解、尊重、真诚、平等
		03：认知渠道	横幅，新闻，入党（入党答辩、党课考试）
	2：对大学生友善价值观及其教育现状评价	04：现状如何	大部分能做到；没有做到真正的友善
		05：有无必要促进其生成	肯定有必要、很有必要、相当有必要
		06：学校有哪些措施进行相关教育	辅导员（知礼懂礼讲礼教育），老师讲新闻，社团

续表

三级编码 (核心编码)	二级编码 (聚焦编码)	一级编码 (初始编码)	文本表达示例
当代大学生友善价值观现状及影响因素分析	2：对大学生友善价值观及其教育现状评价	07：您希望思想政治教育者从哪些方面促进生成	多提供一些志愿服务，考核中增加实践分数
	3：和陌生人关系	08：如何看待好人受委屈报道	只是小概率事件；伤心，心蛮凉的
		09：这些报道对您有何影响	会坚持自己；会有点犹豫；心里会有一点芥蒂
		10：是否会以个人利益为代价主动帮助陌生人	会主动帮助陌生人；会根据个人情况提供帮助
		11：举一个您亲身经历的助人事件	帮老太太搬自行车，参加志愿者协会
	4：和同辈群体关系	12：寝室关系如何	挺好、融洽、很不错、还不错、非常和谐，很ok
		13：身边有无孤立、伤害同学的事件	自己或身边出现过孤立、语言伤害等事件
		14：是否孤立伤害过别人	孤立过别人，语言伤害过别人
		15：怎么评价这些行为	一般孤立都建立在被孤立人有做得不对的地方
		16：遇到这种事会怎么做	我会找原因，然后融入同学；如果别人说，我就听着，不会主动参与那种讨论
	5：促进友善价值观生成的因素	17：客观促进因素	读书、父母影响，身边人的感染
		18：主观促进因素	心里会过意不去，别人的一句"谢谢"蛮舒服
	6：阻碍友善价值观生成的因素	19：客观阻碍因素	同学没帮；负面报道；自己吃过的亏
		20：主观阻碍因素	从众心理，性格因素，理论方面了解较少

一 当代大学生友善价值观的总体状况

当代大学生友善价值观现状主要表现在对友善现状的评价,对友善的认可,友善认知,友善情感,友善意志,友善信念,友善行为等维度。当代大学生对友善价值观有着较高的认同度,对友善的丰富内涵有一定了解,同时能够在生活中积极践行友善价值观。然而,也存在一些不容忽视的问题,如对友善价值观的理解较为模糊和片面、对不友善现象过于纵容、友善意志易受打击、友善信念易动摇、友善行为表现出差等性[1]和迟疑性等。

(一) 对友善现状评价较好,但对社会风气较为不满

多数大学生对自身生活中人们友善价值观总体状况比较满意,同时也指出一些不足,少数同学表示对现实身边人的友善价值观不满意。在问卷调查中,当问及"我觉得身边的人都很友善"时,高达64.7%的学生选择符合,14.9%的同学选择不符合,20.5%的同学选择不确定。[2] 在质性研究中,32名受访者中,有16名在肯定大部分同学能做到友善、比较健康向上的前提下,指出也存在一些小问题。正如有同学认为:"当代大学生友善观现状处于中上等,都接受过一定的道德教育,有一定的友善价值观的思想基础和行为基础,但仍存在一小部分友善道德缺失或不完善的同学,由此导致一些不友善的恶劣行为。"(204X17)此外,还有16名受访者认为当前大学生没有做到真正的友善,对其不是特别看好,用诸如"社会化""看破红尘""警惕和防备"(204X16)、"伪善"(204X06),"距离""冷漠"(204X14),"公主病"或"自私"(204X23)等来形容当代大学生友善价值观。可见,当代大学生对自己群体友善价值观状况满意度

---

[1] 本书所用差等性一词,借鉴了儒家的差等之爱,特指主体依据对象与自身关系远近的不同而区别对待,即友善由内向外、推己及人的发展模式,对家人最友善,其次是朋友和熟人,最后是陌生人。

[2] 本书为更好地展现大学生在某一题项上的认同状况,必要时将"基本符合"和"非常符合"合并为"符合";将"不符合"和"较不符合"合并为"不符合"。

较高,但是也能够清楚认识群体中出现的一些问题。

与对大学生群体的评价相比,他们对当前社会风气表现出更多的不满。问卷调查中,当问及"我认为公务员和行政部门常常以'规定'为由,冷漠地处理我的问题"时,选择符合的学生高达48%。当问及"我认为当前社会中有一些人为了炒作、获利而行善"时,选择符合的学生高达62.4%。当问及"我认为当前网络暴力、语言暴力比较严重"时,选择符合的学生高达71.7%。可见,与对自身群体评价相比,当代大学生对当前社会风气满意度较低。令人欣慰的是,当代大学生对于现实中出现的不友善现象能够理性认识。深入访谈中,当问及"您怎么看待扶摔倒的老人反被讹、受助人避而不见、拒绝帮助施助者等事件"时,同学们能够理性看待。正如有同学所说:"我觉得这是人与人之间信任的一种问题,对于扶摔倒老人反被讹事件不是一种普遍性的,它是个例。有句话说得好,'不是老人变坏了,而是坏人变老了',我觉得不能把这个个例,上升到社会普遍风向的问题。"(308X13)

与此同时,我们还要警惕将个人苦难全盘推给外部原因的倾向,引导学生正确分析现实问题。访谈中有同学说道:"我认为不能把这些责任简单地归咎于一个人,因为'讹'的人肯定穷,不然不会去讹别人,这类人肯定是处于我们社会的底层,经济条件差,而这些人又找不到工作,只有去讹人了……这也是我们国家现在的状况造成的吧,底层人民生活太难了,实在没办法维持正常生活。"(308X06)这是一种典型的错误思维,需要进行矫正和引导。

(二) 友善认同度较高,但友善认知具有模糊性

当代大学生对友善价值观具有较高的认同度,调研发现,当问到"我认为友善价值观是每个大学生都应该具有的"时,高达79.7%的学生选择符合,当问及"我认为有必要对当代大学生进行友善价值观教育"时,仍有高达73.1%的学生选择符合。质性研究表明,34名受访者中,仅有3位同学表示没必要促进大学生友善价值观生成,主要认为大学生价值观已经形成,强调大学生自己在慢慢体悟中生成友善价值观(205X04),学校引导"起不到实质作用"(205X25)。多数同学用"肯定有必要""很有必要""相当有必要""当然有必要""非常有必要"等肯定性语言来表示对

促进友善价值观生成的认可。具体原因从社会层面来看主要有三个：首先，从年龄看，大学生承上启下，对父辈、后代均会有较好影响。正如有学生说："现在的中年人或者中年以上的人，他们都特别没有礼貌。这一代人已经很难改变啦，但是我们必须从我们这一代一开始做这个事，把现代大学生给培养好，然后等他们到中年的时候那么社会的风气就肯定好了，他们平时的行为也会或多或少地会感染身边的人吧。然后我们这一代人的父母刚好是中年人，如果我们大学生做得好的话，也可以使父母的行为也变得友善一点的。"（205X12）其次，从人数看，随着高校扩招，大学生人数多，促进大学生友善价值观生成，有助于提升友善之人在社会中的比例。最后，大学生素质参差不齐，自我价值观认知模糊，若不加以正确引导和培育，则可能存在负面倾向性，增加社会不稳定因素。从个人层面来看，生成友善价值观是大学生全面发展的内在要义，有利于大学生身心健康发展，正确处理人际关系，过幸福的生活。正如学生所说："没有友善价值观的大学生即使在学术上再有成就也没有人情味，不会为人处世，处理不好人际关系最终还是会吃亏的。"（205X16）此外，当问及"我觉得在当前社会下依然要大力弘扬雷锋精神"时，选择符合的学生高达70.6%，可见，虽然雷锋距离当代已经久远，但是当代大学生对其认同度依旧较高。

　　虽然大学生对友善价值观具有较高的认同度，然而他们对友善价值观的认知则表现出模糊性，具体表现为模糊、片面和浅表。其一，当代大学生对友善价值观的认知较为模糊。友善是日常生活中经常出现频率较高的词语，然而在问卷调查中，当问及"我了解友善价值观的内涵"时，选择符合的学生仅有54.3%，还有26.4%的学生选择不确定，表现出一定的模糊性。质性研究中，极少有学生能用系统化的语言表达友善价值观的内涵，正如有同学说："生活中就是和朋友交往这些，都会涉及这个概念，很隐性的，只是不会说出来。"（102X26）此外，当代大学生对自我友善价值观认知不足，表现出潜意识化和模糊化，正如有学生所说："多数大学生在谈及信仰、价值观这一问题时往往显得比较迷茫无措，没有完全认识和理解自己的价值观。"（101X19）其二，当代大学生对友善价值观的认知多样却片面。大学生对友善的内涵理解较为多样，如在问卷调查中，93.3%的学生认为推己及人、助人为乐属于友善价值观，88%的学生认为友善包括礼貌、善言，72.6%的学生认为"保护环境、善待动物"属于友善价值观，此外，还有81.7%的学生认为回应和感恩属于友善价值观的内容，这是以往我们在研究友善价值观时没有注意到的。在深入访谈中，同学们用多样化、多视角、多层次的语言等来说明自己理解中的友善价值观，然而他们对友善价值观的理解还有一定的片面性，如当问及"我认为友善和利益相对立，否则就是伪善"时，29.1%的同学选择符合，20.4%的同学选择不确定，这警示我们必须直面认知误区，对友善价值观的内涵进行解读和澄清。其三，当代大学生对友善价值观较为熟悉，但对其理解较为浅表。人们往往在生活中使用友善二字，但也只是在生活中浅显地了解，缺乏深刻理解。正如有学生所说："人人都知道有友善两个字，人人都知道怎么写，但人人都解释不来这两个字。"（101X07）总之，大多数学生对友善价值观的理解停留在日常生活方面，极少有学生提到参加公益慈善、见义勇为等行为，更少有学生将友善提升到社会治理、国家治理的高度来理解，这提醒我们在全社会培育友善价值观，必须直面友善认知误区和盲区，加强对友善价值观内涵的解读和传达，促进人们友善认知提升。

（三）友善情感较强，但行为评价具有纵容性

友善价值观情感指人们对友善价值观的一种倾向性，主要由义务感、荣誉感、幸福感、羞耻感等来表现。如在访谈中，许多学生在谈及友善问题时，常常用到"心凉""蛮温暖""开心"等情感性词汇来表达自己的想法。当代大学生有着较强的友善价值观情感，他们倾向于在助人中体验快乐和幸福，他们渴望在友善的互动中获得温暖，如有75.5%的同学会在公交车上主动给老弱病残孕让座。他们有着较强的正义感，对好人受委屈事件表示伤心和谴责，但同时对不友善行为的评价具有放纵性。如当问及"看到年轻人不给老弱病残孕让座，我认为可以理解"时，有高达43.5%的学生选择符合，还有23.6%的同学选择不确定。而当问及"看到女司机多次违章变道被暴打的报道，我觉得可以理解打人者"时，竟然有25.1%的学生选择符合，21.4%的同学选择不确定。这表明当代大学生严于律己，具有较高的友善情感，但也不断降低自己的道德准则和衡量标准。道德主要靠舆论约束，而这有可能导致舆论监督失灵，道德底线失守，我们必须关注这一问题，引导当代大学生做到对其宽而不纵。

（四）友善意志较明确，但具有波动性

友善意志是指人们克服种种困难和阻抗，践行友善价值观的心理过程。当代大学生有着较强的友善意志。问卷调查显示，当问及"我在任何情况下都不会改变对友善的坚持"时，选择符合的学生比例达53.7%。质性研究中，当问及"是否会以个人利益为代价主动帮助陌生人"时，32人中，大部分人表示，在大部分情况下，会主动帮助陌生人，即便是要牺牲个人利益。正如有学生所讲："牺牲的是暂时的个人利益，在主动帮助别人后，收获是更多的……他（受助者）会觉得这个世界上有好人，他会感激你……收获了感情和精神上的安慰。"（310X14）

但同时我们应该看到，当代大学生友善价值观意志依然会受到一些打击，社会的负面报道可能改变和消磨他们的友善意志。质性研究显示，接触社会负面报道后，32名受访者中，只有5人表明会坚持自己，坚定实施友善行为；其余的可以分为怀疑派或斗争派、自我保护派、坚决不管派。部分同学面对需要帮助的人，常常表现出思想斗争、犹豫、担忧等心理。正如有学生说道："这些事情的报道，让我的思想也在扶和不扶之间作斗争，让我感觉人性的冷漠，世界的黑暗。甚至内心感到害怕。"（309X18）可以说，对于当代大学生来说，存在一些阻抗因素打击其友善意志，本书将在第三章集中展开论述。对这些因素的重视和研究，将有助于对大学生进行脱敏，扫除友善价值观生成的障碍。

（五）友善信念初步确立，但具有犹豫性

友善信念是人们对于践行友善价值观的一种强烈的责任感和坚定的想法。一方面，多数大学生友善信念初步确立。问卷调查显示，当问及"我信仰'德福一致'，即讲道德的人比较有福气"时，有58.1%的学生选择符合。深入访谈中，在谈到"您怎么看待扶摔倒的老人反被讹、受助人避而不见、拒绝帮助施助者等事件"时，许多同学表示即便遇到这样的事情，也不会放弃友善信念。正如有同学所说："对于扶摔倒老人被讹，虽然有这样的事情发生，但是我一直相信这只是少数，而且，我个人也不会因为怕被讹就不去扶，我可以先做好对自己的防护，通过拍照片以作证据、寻找证人等方式保护自己，即使面临有可能被讹的风险，我也不会做

一个冷漠的路人。"(308X16)

另一方面,部分人对友善信念持怀疑甚至否定态度。问卷调查显示,有21%的学生对"德福一致"表示不确定,这说明当代大学生在友善信念上表现出一定的怀疑和犹豫。其余20.9%的学生选择不信仰"德福一致",这表明小部分同学甚至产生认知偏差,摒弃了"德福一致"的信念。当问及"扶老人反被讹,受助人避而不见施助者等报道使我不想管太多"时,有37.9%的同学直言符合,有高达31.1%的同学选择不确定,表现出对其信念的怀疑和动摇。正如深入访谈中,当问及"扶摔倒的老人反被讹,受助人避而不见、拒绝帮助施助者等报道对您有什么影响"时,有学生说:"之前我可能会毫不犹豫地去帮助他,但是现在报道出来,我可能会有些犹豫,这些报道出来还是会有影响的。"(309X20)

(六) 友善行为较自觉,但具有差等性

当代大学生总体上能够自觉践行友善价值观。按照不同对象来分析,我们可以看到以下现状。第一,当代大学生能够善待自我,问卷调查中,当问及"我热爱生命和生活,并能够合理安排自己的生活"时,有高达73.8%的同学选择符合。第二,当代大学生能够善待父母家人,但同时也呈现出一些小问题。问卷调查中,71.9%的同学表示"我经常主动联系父母,关心父母",同时有52.3%的同学表示"我曾因为小事向家人抱怨,对家人发脾气",这可能由于人在亲密的人面前容易暴露和发泄自己的情绪。第三,当代大学生重视朋友和同学,能够友善待人,但在面临一些特殊情境时,显得有些迟疑。问卷中,当问及"朋友遇到困难时,我能够积极给予关心和帮助",高达80.2%的学生选择符合。当问及"您怎么看待孤立同学、讲他人闲话、语言攻击等行为"时,有50.2%的同学选择"不对,不参与,也不会出头",还有5.2%的学生选择"可以理解,必要时也会参与"。质性研究显示,当代大学生认为孤立、语言伤害等事件很普遍,同时普遍对孤立、语言攻击等持反对态度,认为这种事情对被孤立者来说是变相暴力,严重伤害他人自尊心,甚至造成被孤立者懦弱、抑郁等。但也存在一些认知偏差,比如个别同学表示可以理解这种行为,认为该孤立现象是性格原因造成的,而且他人有言行的自由。在行为上也表示自己不会出头干预,正如有同学所说:"我也不会去制止这种行为,因为这是别

人的事啊，别人也有讨论的自由啊，别人有别人的看法，只是我介意啊，我也不会去要求别人也这样看，所以我不会制止。"（415X22）

但是，当代大学生友善践行具有差等性，在面对陌生人时表现出友善和迟疑的矛盾倾向。一方面，大学生乐于帮助陌生人。质性研究中，受访的32名学生都能讲出一件自己帮助他人的事情。问卷调查显示，有57.6%的人"能主动关心陌生人的感受，并提供帮助"，有75.5%的同学能"在公交车上主动给老弱病残孕让座"，比例较高，这表明他们面对陌生人，能够积极践行友善价值观。但另一方面，面对陌生人，当代大学生友善价值观具有显著的差等性和迟疑性。差等性，即在对待自我、家人、朋友、同学、陌生人、动物时，表现出的一种由近及远、由重要到不那么重要的排序。问卷调查显示，与对朋友的关心相比，同学们对陌生人的关心比对朋友的关心低了22.6个百分点，当问及"和陌生人相比，我更倾向于帮助家人、亲友、同学"时，65.4%的学生选择符合。迟疑性，即他们有帮助的冲动和倾向性，但在行为之前常常产生的一种思索、权衡和犹豫。问卷调查中，在题项"看到有人被偷窃，我能够当场提醒被偷的人"上，有42.8%的人选择符合，还有38.7%的人选择不确定。在题项"遇到老人跌倒，您会怎么做"上，仅有30.3%的人选择"主动上前扶起"，比例较低，28%的人选择"找好证据再帮忙"，39.6%的人选择"视情况而定"，这说明当代大学生面临一些情景的时候，缺乏必要的道德勇气。当然，大学生的迟疑有着复杂的因素，笔者将在第三章进行详细分析。

此外，当代大学生认为保护环境、善待动物也属于友善价值观，然而在实践中，却常常作出一些对环境和动物不友善的行为。如问卷调查显示，有79.4%的学生表示自己"为方便，使用一次性塑料制品"，56.7%的学生表示自己"丢垃圾时不分类"，39.7%的学生表示自己曾"采摘花草、踩踏草坪"，36.2%的学生曾"浪费水资源"，还有17.2%的学生表示曾"食用野味，甚至伤害小动物"。这表明从认知向行为的转化是一个复杂的过程，而友善价值观的生成决不能仅仅以认知为终点，必须关注现实和实践。

二　不同群体大学生友善价值观的差异分析

当代大学生人数众多，特征复杂，调查当代大学生友善价值观现状，不仅要了解其普遍性和共性,还应该把握特殊性和个性,了解不同性别、年级、政治面貌、生源地的大学生,其友善价值观是否具有一定的差异性和特性。

(一) 男女大学生友善价值观的差异比较

1. 女生比男生对友善现状更加不满

当代男女大学生对学校的友善现状较为满意,但对社会风气普遍评价不高。他们大多希望社会通过"营造良好的社会氛围"来促进大学生友善价值观的生成,选择此项的男生有75.9%,选择此项的女生有80.9%,女生略高于男生,差异不大。这也从侧面反映大学生对社会氛围评价不高,其中女生对社会氛围更不满意。网络是当代大学生的第二生存空间,他们对网络空间的氛围评价也不高。在"我认为当前网络暴力、语言暴力比较严重"这一题项上,男女生观点存在明显差异($X^2 = 10.935$, $P<0.05$),在此题项上,男生选择符合的有66.7%,女生选择符合的有75.7%,女生显著高于男生,女生对网络空间氛围表示更加不满。

2. 友善认同、认知、意志存在差异显著

第一,女生对友善价值观的认同度高于男生。男女生在"我认为友善价值观是每个大学生都应该具有的"这一题项上存在显著差异($X^2 = 6.020$, $P<0.05$),在此题项上女生的认同度为81.6%,男生的认同度为77.1%,女生对友善价值观的认同度显著高于男生,表明女生比男生更认可友善价值观。

第二,对友善内涵的理解中,男生比女生更加排斥利益,也更强调道德勇气,而女生比男生更加强调保护环境和小动物,更加强调对方的回应。首先,男生比女生更加排斥利益。交互分析得知,男女生在"我认为友善和利益相对立,否则就是伪善"这一问题上存在显著差异($X^2 = 22.555$, $P<0.05$),男生选择符合的有36.0%,女生选择符合的有23.9%,男生比女生更加排斥友善夹杂利益。其次,男生和女生都强调道德勇气,男生仅略高于女生。在"您认为下列哪些属于友善价值观的内容"一题中,多重响应分析发现(见表2-3),在"见义勇为"这一项上,选择的男生有64.7%,选择的女生有62.8%,男生仅略高于女生,差别不大,这可能由于社会原因,男生和女生在社会性别的某些方面趋同,

都具有较强的道德勇气,但男生仍略高于女生。再次,女生比男生更加注重保护环境和善待小动物。在"保护环境、善待动物"这一项上,男女生存在较大差异。选择该项的男生有65.5%,选择该项的女生高达78.2%,女生显著高于男生,女生更加关爱小动物和环境,这可能和女生更具有关怀的品质有关。最后,女生比男生更看重对方的回应和感恩。如在"回应和感恩"这一项上,男女生也存在较大差异,选择该项的男生有78.9%,选择该项的女生有84.0%,女生显著高于男生,更加期待对方的回应和感恩,这可能与女生更加感性,容易注重情感互动有关。

表2-3　　　　男女生在友善价值观内容上的差异分析

选项	男生(%)	女生(%)
善待自我	79.3	79.1
推己及人、助人为乐	91.7	94.8
见义勇为	64.7	62.8
礼貌、善言	86.0	89.7
保护环境、善待动物	65.5	78.2
回应、感恩	78.9	84.0

第三,友善意志上,女生较男生,略敢于坚持自我友善价值观,但也更具模糊性。男女生在"我在任何情况下都不会改变对友善的坚持"这一题项上存在显著差异($X^2=9.081$,$P<0.05$),女生选择符合的有54.3%,男生选择符合的有52.6%,女生对友善价值观的坚持略高于男生。但同时,应该看到,女生选择不确定的有32.1%,男生选择不确定的有27.3%,女生显著高于男生,这表明女生友善意志的自我认知比男生较为模糊。出现以上矛盾的现象,可能和女生一方面更具关怀品质,另一方面又较为柔弱和缺乏安全感有关。

3. 友善践行、道德勇气、行为期待存在更大差异

如果说在思想层面,男女生存在显著差异的话,那么在行为层面,男生女生则存在更大差异。

第一,男生的不友善行为比女生多。在人际关系方面(见表2-4):首先,男生之间较为疏远和冷漠。在"室友常常各忙各的,交流较少"这

一题项上，男女生存在显著差异（$X^2=13.913$，$P<0.05$）。有30.8%的男生选择符合，21.3%的女生选择符合，男生显著高于女生。其次，男生中孤立现象较女生多。在"我被室友或同学孤立过、攻击过"这一题项上，男生选择符合的有20.5%，女生有15.0%，存在显著差异（$X^2=16.308$，$P<0.05$），女生显著低于男生。一般认为，男生多大大咧咧，心胸宽广，为人处世较好，而女生"小团体"现象、孤立现象较多，调查结果却和传统的想法相反，其背后的原因有待进一步考察。最后，男生发表的攻击言论较女生多。在"我通过网络发表过攻击他人的言论"这一题项上，男生选择符合的有29.8%，女生有16.7%，存在显著差异（$X^2=26.995$，$P<0.05$），女生显著低于男生。这可能和我们传统文化中，教育女生更能忍耐，而男生比女生更具攻击性、冲动性，男生更难以压制自己的脾气和想法有关。

表2-4　　男女生在友善价值观践行（人际关系）上的差异分析

题项		性别		X^2
		男生（%）	女生（%）	
室友常常各忙各的，交流较少	不符合	52.4	61.8	13.913**
	不确定	16.8	16.9	
	符合	30.8	21.3	
我被室友或同学孤立过、攻击过	不符合	57.7	69.4	16.308***
	不确定	21.7	15.6	
	符合	20.5	15.0	
我通过网络发表过攻击他人的言论	不符合	59.5	70.3	26.995***
	不确定	10.7	13.0	
	符合	29.8	16.7	

注：＊表示$P<0.05$，＊＊表示$P<0.01$，＊＊＊表示$p<0.001$，下同。

在人与自然环境关系方面，男女生友善行为存在显著差异。在"您做过以下哪些行为"这一题目中，多重响应分析发现，6个选项中，除了一项女生高于男生，一项男生和女生基本无差异，其余的选项均为男生高于女生（见表2-5）。在"采摘花草、踩踏草坪"这一项上，做过此行为的男生有45.6%，女生有35.5%，显著低于男生。在"食用野味或伤害小动物"这一项上,做过此行为的男生有 25.9%,女生有 10.5%,女生显著低于男生。在"丢垃圾时不分类"这一选项上,有过此行为的男生有 58.5%,女生有 55.9%,比例普遍偏高,基本无差异。在"浪费水资源"这一项上,做过此行为的男生有 39.1%,女生有 34.2%,有一定差异,男生比例略高于女生。在"为方便,使用一次性塑料制品"选项上,男生做过这一行为的有 73.9%,女生有 84.5%,男女生存在显著差异,女生明显高于男生。在"随地吐痰"这一选项上,男生做过这一行为的有 15.3%,女生有 5.2%,存在显著差异,男生明显高于女生。

表 2-5 男女生在"您做过以下哪些行为"上的差异分析

选项	男生（%）	女生（%）
采摘花草、踩踏草坪	45.6	35.5
食用野味或伤害小动物	25.9	10.5
丢垃圾时不分类	58.5	55.9
浪费水资源	39.1	34.2
为方便,使用一次性塑料制品	73.9	84.5
随地吐痰	15.3	5.2
都没有	7.3	6.2

第二,男生较女生更具道德勇气。道德勇气是人们面对风险和危险的时候,能够遵循一定的道德原则、捍卫道德价值的一种优秀品质。当代大学生有一定的道德勇气,敢于坚持一定的道德原则,但是仍有大部分学生缺乏这种勇气,选择犹豫或冷漠。在"看到有人被偷窃,我能够当场提醒被偷的人"这一题目中,男生选择符合的有 49.3%,女生选择符合的有 37.7%,存在显著差异（$X^2=15.155$,$P<0.05$）,男生显著高于女生,这可能与社会对男、女生有着不同的期待有关,如期待男生勇敢,女生含蓄、温柔等。在"遇到老人跌倒,您会怎么做"这一题目中,男生和女生存在显著差异（$X^2=13.046$,$P<0.01$）（见表 2-6）。其中选择"走开,怕惹麻烦"的男生有 3.7%,女生仅有 0.8%,男生明显高于女生,差异显著。

表2-6　　　　　　男女生在遇到老人跌倒做法上的差异分析

选项	男生（%）	女生（%）
主动上前扶起	31.8	29.1
找好证据再帮忙	26.8	29.0
走开，怕惹麻烦	3.7	0.8
视情况而定	37.7	41.1
X^2	13.046**	

第三，和男生相比，女生与家人、朋友、室友更亲近，对陌生人的警惕更强。当代大学生多从人际关系层面理解友善价值观，也能够在生活中较好践行，但男生和女生的人际友善具有不同特点（见表2-7）。在题目"我能主动关心陌生人的感受，并提供帮助"上，男生选择不符合的有14.0%，女生有17.6%，存在显著差异（$X^2 = 6.094$，$P < 0.05$），女生显著高于男生，这表明和男生相比，女生对陌生人更多了一些警惕和拒绝。在题目"我经常主动联系父母，关心父母"上，男生选择符合的有68.4%，女生有74.6%，存在显著差异（$X^2 = 7.520$，$P < 0.05$），女生显著高于男生，可能由于女生更善于表达对家人的爱，而男生则更加内敛。在题目"朋友遇到困难时，我能够积极给予关心和帮助"上，男生选择符合的有77.1%，女生有82.5%，存在显著差异（$X^2 = 9.808$，$P < 0.01$），女生高于男生，更加重视朋友。

表2-7　　　　　　　　男女生人际友善差异分析

题项		性别		X^2
		男生（%）	女生（%）	
我能主动关心陌生人的感受，并提供帮助	不符合	14.0	17.6	6.094*
	不确定	29.8	23.9	
	符合	56.3	58.5	
我经常主动联系父母，关心父母	不符合	14.4	13.7	7.520*
	不确定	17.2	11.7	
	符合	68.4	74.6	

题项		性别		X^2
		男生（%）	女生（%）	
朋友遇到困难时，我能够积极给予关心和帮助	不符合	11.5	11.4	9.808**
	不确定	11.3	6.2	
	符合	77.1	82.5	

第四，当代大学生在实施友善行为后有一些期待，女生更加具有道德期待，而男生的期待则更具利益性。以往的研究，往往重视友善行为的实施，忽视友善行为实施后的结果，本调查研究发现，当代大学生在友善行为之后，内心往往怀揣着一些期待。在"当您善待、帮助他人，为他人牺牲自身利益时，您期待对方怎么做"这一题目中，男女生存在显著差异（见表2-8），仅有17.9%的男生和11.0%的女生选择"对对方没有任何要求"，且男生比例显著高于女生。选择"给予回应，如微笑、点头"的男生有72.1%，女生有78.5%，存在显著差异，女生明显高于男生。选择"表达感恩之情"的男生有47.9%，女生有51.7%，存在一定差异，女生高于男生。选择"给予利益补偿或回馈"的男生有19.6%，女生有13.0%，存在一定差异，男生高于女生。选择"传递友善和温暖"的男生有62.9%，女生有75.4%，存在显著差异，女生明显高于男生。

表2-8　男女生在"当您帮助他人时，您期待对方怎么做"上的差异分析

选项	男生（%）	女生（%）
给予回应，如微笑、点头	72.1	78.5
表达感恩之情	47.9	51.7
给予利益补偿或回馈	19.6	13.0
传递友善和温暖	62.9	75.4
诚实守信	37.9	38.6
对对方没有任何要求	17.9	11.0

4. 影响友善生成的因素存在显著差异

在影响友善价值观生成的因素方面，媒体报道、社区、家人对男女生友善价值观均有较大影响，但也表现出一些差异。

第一，媒体一般性的恶性事件报道对男生影响较大，而针对"女大学生"的报道对女生影响较男生大（见表2-9）。一方面，普遍性的道德恶性事件的报道对男生影响大于女生。在题目"扶老人反被讹，受助人避而不见施助者等报道使我不想管太多"中，男生和女生存在显著差异（$X^2 = 7.580$，$P<0.05$），男生选择符合的比例为42.1%，女生选择符合的比例为34.7%，男生显著高于女生，更容易受到媒体对社会恶性道德事件报道的影响。另一方面，以"女大学生"为主角的恶性事件报道对女生影响显著大于男生。在题目"媒体对'女大学生失联'的报道让我对陌生人产生戒备甚至恐惧"中，男生和女生存在显著差异（$X^2 = 10.373$，$P<0.01$），男生选择符合的比例为44.7%，女生选择符合的比例高达52.1%，女生显著高于男生，这可能是因为女生生理柔弱，自我保护意识较强。

表2-9　　　　不同媒体报道对男女生友善价值观影响的差异分析

题项		性别		X^2
		男生（%）	女生（%）	
扶老人反被讹，受助人避而不见施助者等报道使我不想管太多	不符合	27.5	33.8	7.580*
	不确定	30.4	31.5	
	符合	42.1	34.7	
媒体对"女大学生失联"的报道让我对陌生人产生戒备甚至恐惧	不符合	29.6	21.5	10.373**
	不确定	25.7	26.4	
	符合	44.7	52.1	

第二，社区、家人等因素对女生的影响较男生大。社区风气、家庭教育和家风等因素对男女大学生的影响重要性存在差异（见表2-10）。首先，家庭教育对女生影响大于男生。在题目"家人从小教育我要助人为乐"中，男生和女生存在显著差异（$X^2 = 8.632$，$P<0.05$），男生选择符合的比例为77.7%，女生选择符合的比例为81.7%，女生高于男生，这表明女生比男生更多地受到家人友善价值观教育，这可能和家长更注重培养

女孩子的爱心有关。在题目"父母教育我不要轻信陌生人，不要和陌生人讲话"中，男生和女生存在显著差异（$X^2=13.675$，$P<0.01$），男生选择符合的比例为53.6%，女生选择符合的比例为64.4%，女生显著高于男生，这表明女生家长教育孩子要更加警惕陌生人，与前文相比，表明家长的教育存在矛盾性，即一方面希望女孩子更有爱心，另一方面又希望女孩子警惕和远离陌生人以保证自身不受伤害。其次，社区风气、村风民风对男女生的影响存在显著差异，在题目"社区风气、村风民风在善待他人，为他人服务方面对我有影响"中，男生和女生存在显著差异（$X^2=6.679$，$P<0.05$），男生选择符合的比例为65.8%，女生选择符合的比例为72.3%，女生显著高于男生。

表2-10　　家人、社区对男女生友善价值观影响的差异分析

题项		性别		X^2
		男生（%）	女生（%）	
家人从小教育我要助人为乐	不符合	8.7	10.1	8.632*
	不确定	13.6	8.2	
	符合	77.7	81.7	
父母教育我不要轻信陌生人，不要和陌生人讲话	不符合	25.3	20.1	13.675**
	不确定	21.2	15.5	
	符合	53.6	64.4	
社区风气、村风民风在善待他人，为他人服务方面对我有影响	不符合	16.4	11.7	6.679*
	不确定	17.8	16.0	
	符合	65.8	72.3	

第三，男生比女生更看重贫富差距对友善价值观的影响。在题目"我认为贫富差距大，易导致心态失衡，戾气严重，人也较为冷漠"中，男生和女生存在显著差异（$X^2=9.755$，$P<0.05$），男生选择符合的比例为52.6%，女生选择符合的比例为43.6%，男生显著高于女生，更加看重贫富差距问题对友善价值观的削弱作用。这可能和男生成功的标准中，事业和经济方面占据较大部分，且传统观念里，男生肩负的生活经济负担比女生更重有关。

5. 认知途径存在一定差异

男女生了解友善价值观的途径存在一定差异，女生多通过新闻媒体来了解，男生多通过校园文化宣传来了解。在题目"您是通过哪些途径了解友善价值观的"中（见表2-11），男生按比例多少从高到低排在前三位的是"校园文化宣传"、"新闻媒体"（网络、电视、报刊）、"课堂教育"（党课、公共课），女生按比例多少从高到低排前三的是"新闻媒体"（网络、电视、报刊）、"校园文化宣传"、"课堂教育"（党课、公共课），男女生存在一定差异。其中选择"新闻媒体"（网络、电视、报刊）的女生有72.8%，男生有60.2%，男生显著低于女生。选择"政府宣传"（横幅、墙画等）的女生有52.4%，男生有40.4%，男生显著低于女生。

表2-11　　　男女生在了解友善价值观途径上的差异分析

选项	男生（%）	女生（%）
课堂教育（党课、公共课）	60.0	63.9
校园文化宣传	65.8	68.5
同学、朋友	49.4	48.4
家人	51.8	50.0
政府宣传（横幅、墙画等）	40.4	52.4
新闻媒体（网络、电视、报刊）	60.2	72.8
其他	4.7	4.3

总之，对比研究发现，男女大学生在对友善的现状评价，友善认知、践行，影响因素，了解途径上存在显著差异。女生比男生对当前社会友善现状更加不满，对友善价值观的认可和意志显著高于男生；男生比女生有更多的不友善行为，但也比女生更具道德勇气；女生在友善行为实施后，比男生更多地持有期待，但男生的期待更具利益性；男女生友善行为均有差等性，但女生差等性更强；社区、家人、关于女生的恶性事件报道对女生影响较大，贫富差距、一般性道德恶性事件报道对男生影响较女生更大。

人们常常在性别方面有种刻板印象，将女性看成道德的守护者，而将男性看作英勇的征服者。不同性别的学生在友善价值观现状上的差异既有性别的原因，也有文化和社会因素。一方面，从生理学意义上看，男生较为强壮，在运动技能和体能占绝对优势，女生则相对弱小，因此，在特定道德情境中，男生比女生更具道德勇气。天生的弱者身份更有助于女性在特定情境中对对方产生移情，加上女生因其独特的生理特征，具有孕育的能力，因此更多地具有关怀品质。另一方面，从社会因素来讲，社会对男性角色往往予以勇敢、理性、担当、成功等标签，这就不难理解，男生在面对特定道德情境的时候往往比女生更加有勇气，且在对友善行为的期待上更加理性，期望利益方面的回馈。而女生则往往被贴上温柔、照料、感性、柔弱等标签，面对他人，女生往往最乐意表达善心，但同时也更渴望温暖的社会环境，于是对对方具有更多的道德期待。正如哈佛大学教育心理学家卡罗尔·吉利根认为的那样，男性倾向于"公正伦理"，其中包含着权利、公平的对待，而女性更加敏感，倾向于"关怀伦理"，它强调责任、帮助他人、"不要伤害任何人的非暴力前提"。值得注意的是，随着社会进步，在后现代主义和女性主义影响下，女汉子也涌入当代人视野，他们性格直爽，但是内心善良，在道德勇气上与男生相差甚少。

（二）不同年级大学生友善价值观的差异比较

1. 对大学生友善现状的评价高于社会，且各年级存在差异

第一，不同年级大学生对自身群体友善价值观评价普遍较高，但各年级存在显著差异，大二学生评价最低。在题项"我觉得身边的人都很友善"中，大一至大四选择符合的比例依次为 63.7%、55.2%、70.0%、68.5%，各年级存在显著差异（$X^2 = 18.569$，$P < 0.05$），其中大二为最低点，大一其次，大三、大四呈现上升趋势（见图 2-1）。

第二，不同年级大学生对社会中友善价值观践行状况评价普偏低，各年级存在显著差异，大三学生评价最低，大二次之。在题项"我认为当前社会风气不适合'多管闲事'"中，大一至大四选择符合的比例依次为 30.2%、36.6%、37.2%、32.3%，各年级存在显著差异（$X^2 = 14.721$，$P < 0.05$），大三认同度最高，大二其次（见图 2-2）。在题目"我认为公务员和行政部门常常以'规定'为由，冷漠地处理我的问题"中，大一至大四选择符合的比例依次为 37.9%、45.9%、52.1%、54.6%，各年级存在显著差异（$X^2 = 19.891$，$P < 0.05$），大四比例最高，大三其次（见图 2-3）。

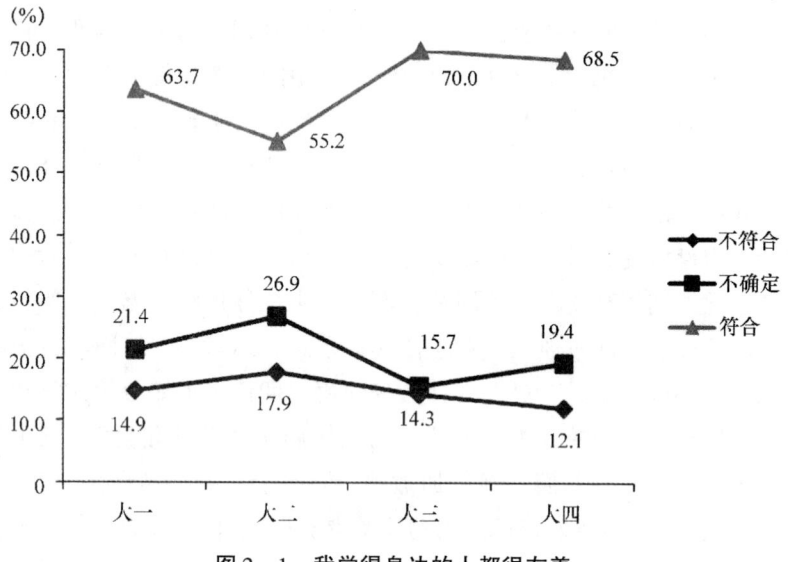

图 2-1 我觉得身边的人都很友善

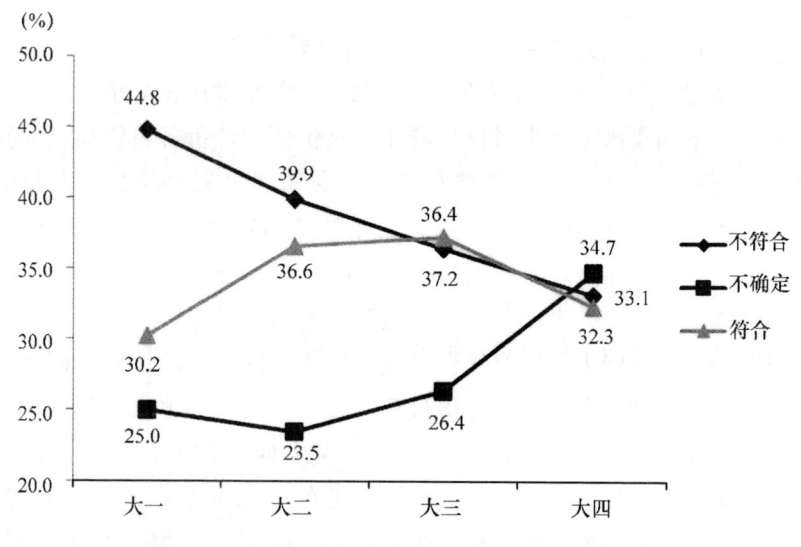

图 2-2 我认为当前社会风气不适合"多管闲事"

第二章 当代大学生友善价值观现状及生成特征

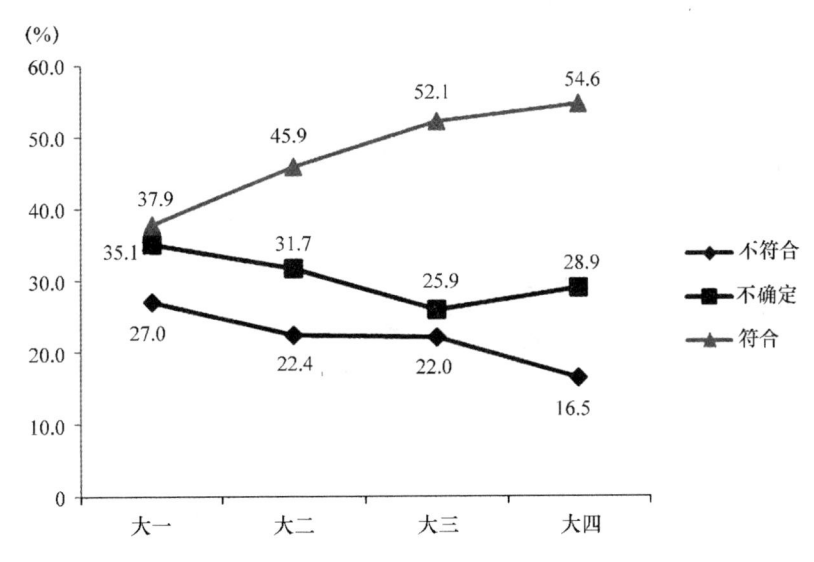

图 2-3 我认为公务员和行政部门常常以"规定"为由，冷漠地处理我的问题

第三，当代大学生对社会不友善现象的评价更具包容性甚至纵容性，大三包容性更强。在题项"看到年轻人不给老弱病残孕让座，我认为可以理解"中，大一至大四选择符合的比例依次为 36.3%、41.0%、52.6%、40.2%，各年级存在显著差异（$X^2 = 22.780$，$P<0.05$），大三比例最高（见图 2-4）。如果说前一题体现了当前大学生友善评价的包容性，则题项"看到女司机多次违章变道被暴打的报道，我觉得可以理解打人者"的调查，则体现了当代大学生对不友善行为的纵容。调查显示，大一至大四选择符合的比例依次为 21.4%、28.0%、29.8%、19.3%，各年级存在显著差异（$X^2 = 13.277$，$P<0.05$），大三比例最高，体现出一种冷漠和对不友善行为的纵容；大四学生面对这种事件，表现得更加理性（见图 2-5）。

2. 友善认同、认知、意志、信念存在显著差异

第一，当代大学生对友善价值观的认同度均比较高，同时存在差异，其中大二学生的认同度低于其他年级。在题项"我认为友善价值观是每个大学生都应该具有的"中，大一至大四选择符合的比例依次为 82.6%、73.1%、78.5%、85.9%，各年级存在显著差异（$X^2 = 17.771$，$P<0.05$）大二认同度最低，大四认同度最高（见图 2-6）。这表明当代大学生对友善价值观的认同度呈上升趋势，可能和大学教育、校园氛围有重要关系。

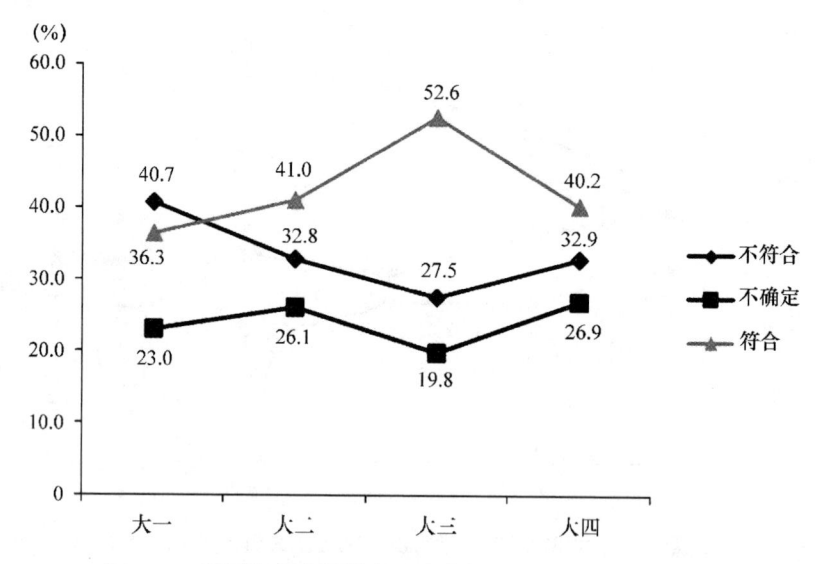

图 2-4　看到年轻人不给老弱病残孕让座，我认为可以理解

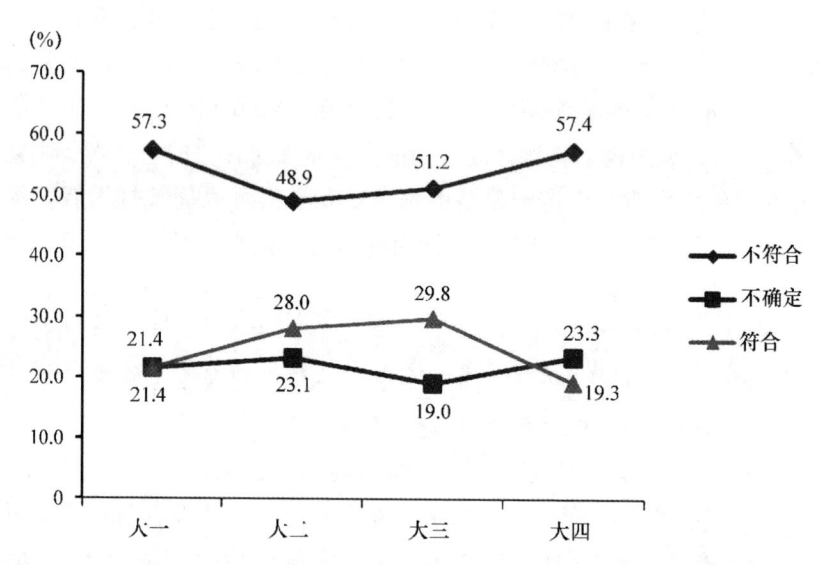

图 2-5　看到女司机多次违章变道被暴打的报道，我觉得可以理解打人者

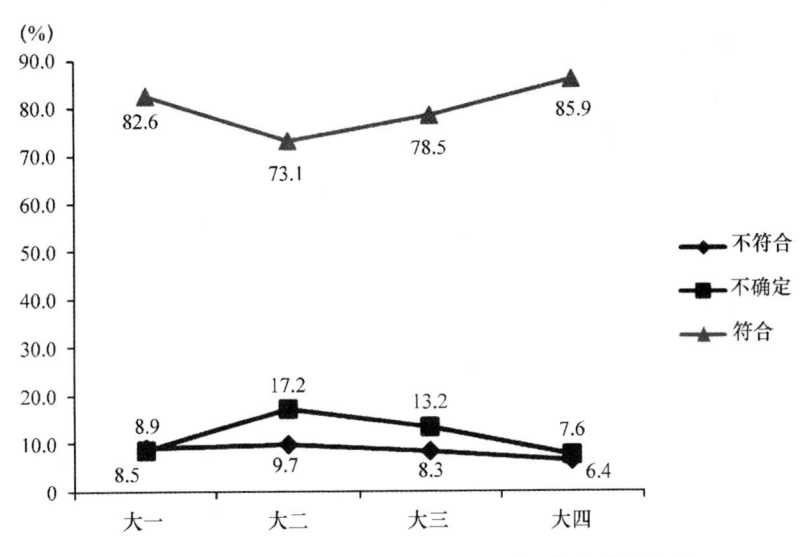

图 2-6 我认为友善价值观是每个大学生都应该具有的

此外,各年级对雷锋精神的认同度也很高,但不及对友善价值观的认可,从大一到大四的认同度依次为 74.9%、65.7%、70.5%、71.9%,大二最低。这表明,一方面,学生对新时代精神文化符号的需求和渴望;另一方面,大二是大学生思想变化的关键时期和转折点,学校需要抓住此关键时期对其加以引导。

第二,各年级大学生对友善价值观的认知较为模糊,并存在差异。首先,大三学生最排斥友善中夹杂利益。交互分析得知,在题项"我认为友善和利益相对立,否则就是伪善"中,大一至大四选择符合的比例依次为 28.2%、27.2%、35.0%、23.3%,各年级存在显著差异($X^2 = 13.305$,$P < 0.05$),其中大三最高,片面地理解了友善和利益的关系问题。其次,大四学生更看重善言善语。在题项"我认为友善需要对他人好言相待,注意言辞"中,大一至大四选择符合的比例依次为 78.9%、70.3%、77.3%、83.1%,各年级存在显著差异($X^2 = 20.443$,$P < 0.05$),大四最高,注意到了善言善语在友善价值观中的重要地位。再次,大一学生更看重道德勇气。在"您认为下列哪些属于友善价值观的内容"一题中(见表 2-12),在"见义勇为"选项上,大一至大四选择的比例依次为 66.9%、60.1%、64.3%、63.5%,大一的比例最高,更加看重道德勇气在友善中

的作用。最后，大四学生更强调保护环境和小动物、回应和感恩。在"您认为下列哪些属于友善价值观的内容"一题中（见表2-12），在"保护环境、善待动物"选项中，大一至大四选择的比例依次为72.6%、69.0%、72.3%、77.1%，大四的比例最高，更加关注保护环境、善待动物。在"回应、感恩"选项中，大一至大四选择的比例依次为84.3%、73.9%、81.7%、88.0%，同样是大四的比例最高，更加看重对方的回应和感恩。

表2-12　　　各年级大学生在友善价值观内容上的差异分析

选项	大一（%）	大二（%）	大三（%）	大四（%）
善待自我	79.0	75.4	80.9	81.1
推己及人、助人为乐	91.5	89.6	94.7	97.6
见义勇为	66.9	60.1	64.3	63.5
礼貌、善言	90.3	86.2	87.5	88.8
保护环境、善待动物	72.6	69.0	72.3	77.1
回应、感恩	84.3	73.9	81.7	88.0

第三，各年级友善意志存在差异，大一最强，大二略弱。在题项"我在任何情况下都不会改变对友善的坚持"中，大一至大四选择符合的比例依次为59.9%、47.2%、53.9%、54.6%，各年级存在显著差异（$X^2 = 18.283$，$P<0.05$），大一最高，大二最低。

第四，各年级友善信念存在差异，大四最强，大二最弱。在问卷调查中，我们将友善信念具体化为对其核心思想，即"德福一致"的相信情况。调查结果显示，各年级对"德福一致"的态度具有差异性。在题项"我信仰'德福一致'，即讲道德的人比较有福气"中，大一至大四选择符合的比例依次为53.8%、51.1%、62.7%、63.1%，各年级存在显著差异（$X^2 = 31.169$，$P<0.05$），大二最低，大四最高。

3. 友善践行、道德勇气、行为期待差异较大

第一，总体看来，各年级大学生友善价值观践行状况较好，但都做过一些不友善行为，且存在差异。一方面，总体上，各年级大学生能够较好

践行友善价值观，大四学生最好，大二较差。在题项"我在公交车上会主动给老弱病残孕让座"中，大一至大四选择符合的比例依次为 72.6%、70.9%、75.2%、83.9%，存在显著差异（$X^2 = 16.546$，$P < 0.05$）。在题项"我热爱生命和生活，并能够合理安排自己的生活"中，大一至大四选择符合的比例依次为 71.4%、67.9%、76.6%、79.0%，存在显著差异（$X^2 = 14.489$，$P < 0.05$）。在题项"我会向善待我、帮助我的人报以回应、感恩甚至回馈"中，大一至大四选择"符合"的比例依次为 77.0%、74.9%、79.8%、87.5%，存在显著差异（$X^2 = 14.967$，$P < 0.05$）。以上三个题项中，大四的比例均为最高，大二的比例均为最低，这说明很可能大二是学生友善价值观发展的矛盾期和关键期，大学经历对大学生友善价值观生成有积极意义。另一方面，各年级大学生都存在不友善现象。在题项"我和室友或同学一起孤立、攻击过别人"中，大一至大四选择符合的比例依次为 14.9%、16.4%、18.0%、8.8%，存在显著差异（$X^2 = 14.572$，$P < 0.05$），大三比例最高，大四比例最低。在题项"我通过网络发表过攻击他人的言论"中，大一至大四选择符合的比例依次为 23.0%、22.8%、25.1%、17.7%，存在显著差异（$X^2 = 17.788$，$P < 0.05$），大三比例最高，大四比例最低。在"您做过以下哪些行为"一题中，多重响应分析发现，大一至大四选择最多的三项均为"为方便，使用一次性塑料制品""丢垃圾时不分类""采摘花草、踩踏草坪"。在"为方便，使用一次性塑料制品"选项中，大一至大四选择的比例依次为 75.7%、80.6%、76.9%、87.1%，大四最高。存在严重知行脱节，这可能和大四学生课少等生活方式有关。在"丢垃圾时不分类"选项中，大一至大四选择的比例依次为 50.6%、55.2%、59.6%、61.4%，大四最高，大三次之，这表明可能我们的学校教育存在空场或负向作用，需要引起警惕。在"随地吐痰"选项中，大一至大四选择的比例依次为 13.0%、9.0%、11.4%、4.8%，大一最高，大四最低，可能和学校进行了素质教育有关。

第二，各年级学生均有一定的道德勇气，大一学生更具道德勇气。各年级同学都能够主动提供帮助，但也存在差异，大一最好，大二最犹豫。在题项"看到有人被偷窃，我能够当场提醒被偷的人"中，大一至大四选择"符合"的比例依次为 49.6%、36.1%、45.5%、39.5%，存在显著差异（$X^2 = 16.645$，$P < 0.05$），大一学生比例最高，面对此类情境，表现出较多的道德勇气；选择"不确定"的比例依次为31.9%、45.5%、35.0%、44.0%，大二学生比例最高，表现出较强的犹豫性，这可能是大学以来，突然增多的负面信息打破了学生原本的价值观，但新的价值观尚未形成的原因。然而，出乎意料的是，在题目"遇到老人跌倒，您会怎么做"中，大一至大四选择"主动上前扶起"的比例依次为34.7%、25.0%、31.2%、30.2%，大一最高，大二最低，且各年级比例均低于"看到有人被偷窃，我能够当场提醒被偷的人"中选择符合的比例。这说明与可能被小偷报复的风险相比，他们更害怕被讹诈的风险，而这可能和近年来一些道德负面事件及其报道有关。

第三，各年级学生能够在人际关系中较好践行友善价值观，且具有差等性特征。大四学生与家人、朋友更亲近；大二学生与家人、朋友最疏远，对陌生人的警惕更强。首先，各年级大学生在践行友善价值观时具有典型的差等性，其中大四学生最明显。在题项"和陌生人相比，我更倾向于帮助家人、亲友、同学"中，大一至大四选择符合的比例依次为54.8%、64.0%、68.3%、73.1%，均超过一半比例，且呈上升趋势（见图2-7），存在显著差异（$X^2 = 21.051$，$P < 0.05$），其中大四学生比例最高，其友善行为最具差等性。这可能和自身经历有关，也反映出大学生对待陌生人愈发冷漠，这是我们教育需要关注的问题。其次，具体说来，各年级学生与家人、朋友的关系较好，其中大四学生与家人、朋友更亲近。在题项"我经常主动联系父母，关心父母"中，大一至大四选择符合的比例依次为71.8%、65.3%、74.7%、75.9%，其中大四学生比例最高，大二学生比例最低。在题项"朋友遇到困难时，我能够积极给予关心和帮助"中，大一至大四选择符合的比例依次为80.6%、74.3%、81.5%、84.7%，各年级均比较高，且存在显著差异（$X^2 = 14.121$，$P < 0.05$）。其中大四学生比例最高，大二学生比例最低。以上两组数据比较，一方面，大二学生选择符合的比例均最低，更加需要教育和引导；另一方面，第二组数据均高于第一组数据，侧面反映各年级学生对朋友的关心高于父母，对家人有一定的忽视。最后，各年级对陌生人都较为关心，其中大一学生最关心陌生人。在题项"我能主动关心陌生人的感受，并提供帮助"中，

大一至大四选择"符合"的比例依次为 63.3%、53.0%、59.7%、54.2%，存在显著差异（$X^2 = 13.694$，$P < 0.05$）。其中大一学生比例最高，大二学生比例最低，在大一和大二之间，学生的思想处于两极。这恰恰说明了低年级学生尚未形成成熟理性的友善价值观，需要针对大一、大二的不同需要进行教育引导。

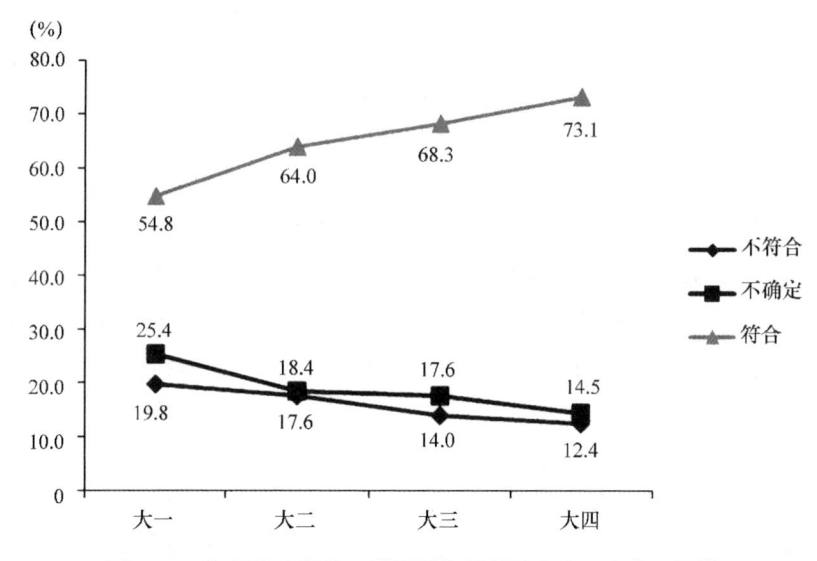

图 2-7 和陌生人相比，我更倾向于帮助家人、亲友、同学

第四，各年级学生在实施友善行为后对对方持有一些期待，大四期待率最高，大二学生最期待利益补偿或回馈。在题项"当您善待、帮助他人，为他人牺牲自身利益时，您期待对方"怎么做中，多重响应分析发现，按选择比例，各年级排在前四位的均为"给予回应，如微笑、点头"，"传递友善和温暖"，"表达感恩之情"和"诚实守信"，且大四学生对每一项的期待比例均最高。在"给予利益补偿或回馈"这一题项上，大一至大四选择的比例依次为 12.1%、20.0%、16.4%、14.5%，存在一定差异，其中大二选择此项的比例最高，说明大二学生更加关注友善中的利益问题。

4. 媒体恶性事件报道对各年级学生影响差异显著

媒体恶性事件报道对各年级学生影响较大，且存在显著差异，对高年级学生的影响比低年级大。在题项"我认为当前媒体的报道有一定的误导作用,消解社会正能量"中,大一至大四选择"符合"的比例依次为50.6%、59.3%、63.8%、69.0%,均非常高,且存在显著差异($X^2 = 25.963$,$P < 0.05$)。大一选择符合的比例最低,大四选择符合的比例最高,呈上升趋势。这表明高年级学生对媒体消解正能量有更深刻的体验。在题项"扶老人反被讹,受助人避而不见施助者等报道使我不想管太多"中,大一至大四选择"符合"的比例依次为29.6%、39.3%、45.7%、32.9%,存在显著差异($X^2 = 29.348$,$P < 0.05$),大一选择"符合"的比例最低,大三选择"符合"的比例最高,呈倒"V"形,在大三出现拐点。此外,一些特殊的社会恶性事件报道对各年级大学生也有较大影响,且存在显著差异,同样对高年级学生的影响比低年级大。在题项"媒体对'女大学生失联'的报道让我对陌生人产生戒备甚至恐惧"中,大一至大四选择"符合"的比例依次为39.1%、48.5%、50.7%、56.2%,存在显著差异($X^2 = 21.507$,$P < 0.05$),大一选择符合的比例最低,大四选择符合的比例最高,呈上升趋势。

5. 认知途径上高年级比低年级更具社会性

在了解友善价值观途径上,从低年级到高年级愈发受到社会因素的影响。即低年级多通过学校的一些教育,高年级多通过社会宣传和传播了解友善价值观。在题目"您是通过哪些途径了解友善价值观的"中(见表2-13),大一选择比例排在前三位的是校园文化宣传,课堂教育(党课、公共课),新闻媒体(网络、电视、报刊)。大二、大三选择排前三的为校园文化宣传、新闻媒体(网络、电视、报刊)、课堂教育(党课、公共课)。大四选择排前三的为新闻媒体(网络、电视、报刊)、课堂教育(党课、公共课)、校园文化宣传。其中,在"新闻媒体"(网络、电视、报刊)选项上,一年级至四年级学生选择的比例依次为62.9%、63.5%、66.8%、77.0%,呈上升趋势。在"政府宣传"(横幅、墙画等)选项上,一年级至四年级学生选择的比例依次为46.1%、36.8%、50.8%、54.8%,呈上升趋势,愈加具有社会性特征。这提醒我们大学生终将回到社会,而促进他们友善价值观的生成,必须关注其自主性。此外,需要注意的是,从大一到大四选择课堂教育(党课、公共课)的比例依次为66.9%、56.4%、62.3%、64.1%,存在显著差异,其中大一比例最高,大二比例最低，这提醒我们注意强化课堂对大二学生的影响。

表 2-13　　各年级大学生在了解友善价值观途径上的差异分析

选项	年级（%）			
	大一	大二	大三	大四
课堂教育（党课、公共课）	66.9	56.4	62.3	64.1
校园文化宣传	72.2	65.0	68.7	63.7
同学、朋友	46.5	46.2	52.5	48.0
家人	51.8	48.5	53.9	47.6
政府宣传（横幅、墙画等）	46.1	36.8	50.8	54.8
新闻媒体（网络、电视、报刊）	62.9	63.5	66.8	77.0
其他	6.5	4.9	3.1	4.0

总之，对比研究发现，各年级大学生友善价值观整体呈现向善、向好趋势发展，同时在现状评价，对友善价值观的认同度、认知、意志、信念、践行，影响因素，了解途径上存在显著差异。其中，二年级学生的友善价值观现状较其他年级略差，需要引起关注。大二学生对大学生友善价值观现状评价最低，大三学生对社会友善价值观现状评价最低，但也更具包容性甚至纵容性。各年级均对友善价值观有较高的认同度，其中大二认同度最低。各年级大学生对友善价值观的认知较为模糊和片面，大一学生更看重道德勇气，大二学生则最期待利益补偿和回馈，大三学生最排斥友善中夹杂利益，大四学生更看重善言善语，强调保护环境和小动物、回应和感恩。大一学生最能坚持友善价值观，大二学生友善意志略弱。大四学生相信"德福一致"的人最多，大二学生相信的人最少。各年级学生友善实践更具差等性和期待性，其中大四学生与家人、朋友更亲近，大二学生与家人、朋友最疏远，对陌生人的警惕性更强；大四学生对对方期待最高，大二学生最期待利益补偿或回馈；大一学生最具道德勇气。媒体恶性事件报道对高年级学生影响较低年级大。在了解友善价值观途径上，从低年级到高年级愈加受到社会因素，如社会宣传和传播的影响。

各年级大学生在友善价值观上的差异，主要由其价值观形成发展规律引发，大学四年，正是在从平衡到不平衡，最后到新的平衡中，大学生的价值观得以刷新和建构。由于本调研主要在 2017 年 9 月至 10 月进行，大一新生刚入校，同学之间尚不熟识，互动和矛盾也相对较少，在人际关系方面大家都处于小心维护的状态。此外，大一新生的思想状况较多表现为高中时期的状态，高三阶段主要忙于高考，较少受到社会、媒体、政府宣传等的影响，其友善价值观较多受到家长、书本的影响，整体稳定向好。大二时期，是大学生面对矛盾和困惑的高发期，一方面，由于同学之间日渐熟悉，集体生活学习中难免产生摩擦，同时有些人尚缺乏妥善处理问题的能力；另一方面，进入大二，同学们大多有了手机和笔记本电脑，触网较多，同时通过校外活动接触社会，接收校园和书本之外的信息逐渐增多，思想受到极大冲击，与大一相比，从平衡走向不平衡，易出现思想波动。大三、大四阶段的学生，经过学校引导、自我选择、同伴释惑等，逐渐形成的稳定、自觉而又向善的价值观。

(三) 不同生源地大学生友善价值观的差异比较

1. 对社会友善现状评价存在差异

一方面，不同生源地大学生对社会友善价值观践行状况评价普遍不高，且存在显著差异，城市生源地学生评价最低。各生源地大学生对学校的友善践行状况较为满意，但是对社会风气普遍评价不高。大多数学生希望社会通过"营造良好的社会氛围"来促进大学生友善价值观的生成，选择此项的村镇、县城、城市学生比例分别为 74.9%、81.8%、81.3%，这也从侧面反映大学生对社会氛围评价不高。此外，网络是当代大学生的第二生存空间，他们对网络空间的氛围评价也不高。在题项"我认为当前网络暴力、语言暴力比较严重"上，村镇、县城、城市生源地学生选择符合的比例分别为 66.4%、72.1%、77.6%，呈上升趋势，存在显著差异（$X^2 = 14.801$，$P < 0.01$），城市生源地学生显著高于其他学生，对网络空间氛围表示更加不满（见表 2-14）。在题项"我认为公务员和行政部门常常以'规定'为由，冷漠地处理我的问题"中，村镇、县城、城市生源地学生选择符合的比例分别为 43.1%、49.0%、52.8%，呈上升趋势，存在显著差异（$X^2 = 10.240$，$P < 0.05$），城市生源地学生显著高于其他学生，对当前行政部门友善价值观践行状况表示最不满（见表 2-14）。在题项"我认为当前社会中有一些人为了炒作、获利而行善"中，村镇、县城、

城市生源地学生选择符合的比例分别为 60.9%、58.5%、66.6%,均超过一半,存在显著差异（$X^2 = 14.806$,$P < 0.01$）,且城市生源地学生显著高于其他学生,认为当前许多友善行为内含着利益和炒作的成分（见表 2-14）。

另一方面,不同生源地大学生对社会不友善现象的评价具有包容性,城市生源地学生包容性更强。在题项"看到年轻人不给老弱病残孕让座,我认为可以理解"中,村镇、县城、城市生源地学生选择符合的比例分别为 37.9%、41.7%、51.1%,存在显著差异（$X^2 = 20.238$,$P < 0.001$）,且呈上升趋势,城市生源地学生显著高于其他学生,对社会不友善现象更具包容性,村镇生源地大学生有着较强的道德监督精神（见表 2-14）。

表 2-14 　　不同生源地大学生对当前社会友善价值观践行现状评价的差异比较

题项		村、镇（%）	县城（%）	城市（区）（%）	X^2
我认为当前网络暴力、语言暴力比较严重	不符合	16.4	15.5	10.6	14.801**
	不确定	17.2	12.4	11.8	
	符合	66.4	72.1	77.6	
我认为公务员和行政部门常常以"规定"为由,冷漠地处理我的问题	不符合	23.3	24.3	19.4	10.240*
	不确定	33.6	26.6	27.8	
	符合	43.1	49.0	52.8	
我认为当前社会中有一些人为了炒作、获利而行善	不符合	13.6	21.7	12.8	14.806**
	不确定	25.5	19.8	20.6	
	符合	60.9	58.5	66.6	
看到年轻人不给老弱病残孕让座,我认为可以理解	不符合	36.4	37.5	25.8	20.238***
	不确定	25.6	20.8	23.1	
	符合	37.9	41.7	51.1	

表头"家庭所在地"

2. 友善认同、认知、信念存在一定差异

第一,各生源地学生对友善价值观的认同度普遍较高,同时存在差异。其中城市学生最认可友善价值观,县城学生对友善价值观的认同度最低。在题项"我认为友善价值观是每个大学生都应该具有的"上,村镇、县城、城市生源地学生选择符合的比例分别为 78.7%、74.0%、84.5%，存在显著差异（$X^2=11.451$，$P<0.05$），城市学生对友善价值观的认可显著高于其他生源地学生，县城生源地学生对友善价值观的认可最低，这可能由于人们常常比较重视城、乡文明建设，而县城虽然经济发展较农村好，但一定程度上忽视了其文明建设造成的。

第二，在对友善价值观的认知上，不同生源地的学生均比较模糊，城市生源地学生认知相对比较清楚，村镇生源地学生更看重道德勇气的地位。首先，不同生源地学生对友善价值观认知都比较模糊，同时存在显著差异，城市生源地学生认知相对比较清楚。在题项"我了解友善价值观的内涵"中，村镇、县城、城市生源地学生选择符合的比例分别为 54.3%、51.4%、56.3%，存在显著差异（$X^2=9.970$，$P<0.05$），城市生源地学生显著高于其他学生。其次，县城生源地学生更看重道德勇气，保护环境、善待动物的地位。在题项"您认为下列哪些属于友善价值观的内容"上，多重响应分析发现，在"见义勇为"选项中，村镇、县城、城市生源地学生选择符合的比例分别为 62.9%、69.5%、61.1%，具有较小差异。在"保护环境、善待动物"选项中，村镇、县城、城市生源地学生选择符合的比例分别为 72.1%、74.1%、72.4%，具有较小差异。在这两个选项中，县城学生的比例均最高，更加看重道德勇气、保护环境和善待动物。

第三，城市生源地学生最信仰"德福一致"，县城生源地学生相信得最少。中国传统文化相信善有善报、恶有恶报，福报也成为许多人行善积德的重要动力。当前社会"德福一致"信仰受到挑战，人们常常发问，为什么好人不长命，好人没好报？调查研究显示，当代大学生中，仅有五成至六成学生信仰"德福一致"，城市学生信仰的最多，县城学生信仰的最少。在题项"我信仰'德福一致'，即讲道德的人比较有福气"中，村镇、县城、城市生源地学生选择符合的比例分别为 58.2%、52.3%、61.6%，存在显著差异（$X^2=9.658$，$P<0.05$），县城学生信仰的最少，城市学生信仰的最多。

3. 友善践行存在显著差异

第一，在人与自然环境方面，各生源地学生的不友善行为存在差异。在"您做过以下哪些行为"题项中，在"采摘花草、踩踏草坪"选项上，村镇、县城、城市生源地学生选择的比例分别为 38.6%、42.6%、

39.7%。在"食用野味或伤害小动物"选项中，村镇、县城、城市生源地学生选择的比例分别为17.5%、19.8%、15.4%。在"丢垃圾时不分类"选项上，村镇、县城、城市生源地学生选择的比例分别为56.3%、58.5%、56.8%。以上三个选项均存在差异，都是县城学生比例最高。在"浪费水资源"选项上，村镇、县城、城市生源地学生选择的比例分别为38.1%、38.0%、33.3%，城市的学生最低，这可能和平时节约资源的宣传教育、水费管理制度等相关。在"随地吐痰"选项上，村镇、县城、城市生源地学生选择的比例分别为11.4%、10.1%、7.4%，村镇学生最高，城市学生最低。

第二，不同生源地的学生均有一定的道德勇气，但村镇学生更具道德勇气。在"遇到老人跌倒，您会怎么做"这一情境性题目中，在"主动扶起"选项上，村镇、县城、城市生源地学生选择的比例分别为32.5%、29.7%、28.1%，存在一定差异，村镇学生比例最高，最具道德勇气。而县城学生选择"找好证据再帮忙""走开，怕惹麻烦"的最多。

第三，在人际关系中，城市学生最关心陌生人和朋友，村镇学生最关心父母，县城学生在对待父母上表现不如其他两生源地学生。各生源地学生在面对陌生人、父母、朋友时，其友善行为存在显著差异（见表2-15）。首先，城市学生最关心陌生人。在题项"我能主动关心陌生人的感受，并提供帮助"中，村镇、县城、城市生源地学生选择符合的比例分别为53.3%、54.1%、64.6%，存在显著差异（$X^2=13.520$，$P<0.01$），城市生源地学生显著高于其他学生。这可能是城市社会更具陌生人社会的特征，人们习惯了陌生人的存在，而村镇则为传统意义上的熟人社会，对陌生人更为提防和警惕的缘故。其次，村镇学生最关心父母，县城学生与父母联系最少。在题项"我经常主动联系父母，关心父母"中，村镇、县城、城市生源地学生选择符合的比例分别为74.4%、65.6%、73.2%，存在显著差异（$X^2=14.935$，$P<0.01$），村镇和城市学生显著高于县城学生，县城学生和父母关系相对疏远。最后，城市学生最关心朋友。在题项"朋友遇到困难时，我能够积极给予关心和帮助"中，村镇、县城、城市生源地学生选择符合的比例分别为75.9%、78.0%、86.5%，存在显著差异（$X^2=16.479$，$P<0.01$），城市生源地学生最高，村镇生源地学生最低。这可能因为村镇更是传统意义上的大家庭，更看重亲人，而城市主要

是现代意义上的核心家庭，朋友成了家庭的重要拓展，因此，城市学生更看重朋友。

表2-15　　　　　　　不同生源地学生人际友善差异分析

题项		家庭所在地			X^2
		村、镇(%)	县城(%)	城市(区)(%)	
我能主动关心陌生人的感受，并提供帮助	不符合	17.1	18.5	13.0	13.520**
	不确定	29.6	27.4	22.4	
	符合	53.3	54.1	64.6	
我经常主动联系父母，关心父母	不符合	12.7	20.8	11.1	14.935**
	不确定	12.9	13.5	15.7	
	符合	74.4	65.6	73.2	
朋友遇到困难时，我能够积极给予关心和帮助	不符合	14.0	12.4	7.9	16.479**
	不确定	10.1	9.7	5.7	
	符合	75.9	78.0	86.5	

第四，各生源地大学生在实施友善行为后均有一些期待，村镇生源地学生期待性较低，但希望对方诚实守信；城市生源地学生更具道德期待，且更具利益性（见表2-16）。在"当您善待、帮助他人，为他人牺牲自身利益时，您期待对方怎么做"这一题目中，各生源地学生存在一定差异。首先，在对对方的期待中，各生源地学生选择最多的三项均为"给予回应，如微笑、点头""传递友善和温暖""表达感恩之情"。在"给予回应，如微笑、点头"选项上，村镇、县城、城市生源地学生选择的比例分别为72.2%、77.9%、78.5%，城市生源地学生最高，村镇生源地学生最低。在"传递友善和温暖"选项上，村镇、县城、城市生源地学生选择的比例分别为70.4%、67.1%、71.1%，城市生源地学生最高，县城生源地学生最低。在"表达感恩之情"选项上，村镇、县城、城市生源地学生选择的比例分别为45.7%、53.5%、52.6%，县城生源地学生最高，村镇生源地学生最低，这可能和村镇学生多比较朴实有关。其次，村镇生源地学生多希望对方诚信，城市生源地学生的期待则更具利益性。在"诚实守

信"选项上,村镇、县城、城市生源地学生选择的比例分别为41.7%、36.4%、35.6%,城市生源地学生最低,村镇生源地学生最高,这可能是由于村镇学生较为朴实善良,只希望帮到了需要帮助的人,至于其他方面,则较少有期待。在"给予利益补偿或回馈"选项上,村镇、县城、城市生源地学生选择的比例分别为13.9%、17.1%、17.3%,村镇生源地学生最低,城市生源地学生最高,其期待最有利益性,这可能是由于城市更多受到商品经济的影响,人们对自身利益愈加观照的原因。

表2-16 不同生源地学生在"当您帮助他人时,您期待对方怎么做"上的差异分析

选项	村、镇(%)	县城(%)	城市(区)(%)
给予回应,如微笑、点头	72.2	77.9	78.5
表达感恩之情	45.7	53.5	52.6
给予利益补偿或回馈	13.9	17.1	17.3
传递友善和温暖	70.4	67.1	71.1
诚实守信	41.7	36.4	35.6
对对方没有任何要求	14.3	13.6	13.8

总之,对比研究发现,不同生源地大学生在现状评价,对友善价值观的认可、认知、信念,践行上存在显著差异,其中县城生源地学生友善价值观现状表现较差,需要引起我们的注意和思考。不同生源地大学生对社会友善价值观践行状况评价普遍不高且具有包容性,城市生源地学生评价最低,其评价也最具包容性。各生源地学生大多认为有必要对大学生进行友善价值观教育,城市学生最认可友善价值观,县城学生认同度最低;不同生源地学生对友善价值观认知都比较模糊,但城市生源地学生对友善价值观的认知相对比较清楚,县城生源地学生更看重道德勇气、保护环境、善待动物的地位,村镇生源地学生更看重道德勇气的地位;村镇生源地学生最信仰"德福一致",县城生源地学生相信得最少;村镇学生最具道德勇气,各生源地学生在人际关系上具有差等性特征,城市学生最关心陌生人和朋友,村镇学生最关心父母,县城学生在对待父母上表现不如其他两生源地学生。各生源地大学生的友善行为均有一些期待,村镇生源地学生

期待性较低，但希望对方诚实守信；城市生源地学生更具道德期待，且更具利益性。

不同生源地学生在友善价值观上的差异，主要是由村镇、县城、城市环境的差异引发的。尽管随着城镇化、现代化发展，城乡交流增多，但这并不能掩盖城乡二元体制带来的城乡差异。首先，村镇地区往往比较闭塞，人际交流比较简单，可以说是传统意义上的熟人社会，陌生人成了村镇的异类。其次，直到现在，土地流转制度在当代农村遇到阻碍，小农经济仍是农村经济主流形式，家族意识阻碍着家族之间的交往，往往出现"各扫门前雪"的情景。同时，正是由于这种简单的人际关系，农村学生更为朴实，具有最高的道德勇气。城市是经济发展水平最高的地域，它作为文明进程的产物，同时也孕育着现代文明。市民公约、文明城市创建活动等塑造着城市学生的友善价值观。此外，现代都市也是一种陌生人社会、开放的社会，每个人以核心家庭，甚至个体的形式存在，他不得不与陌生人频繁交往，正是在这种交往中，形成了对陌生人的一种合宜的交往法则。县城经济水平虽然不如城市，但较村镇也更为发达和开放，不过，在城乡一体化进程中，往往重视城市和乡村这两个对立存在的地域，一手抓文明城市建设，一手抓美丽乡村建设，却将县城精神文明建设置于弱势地带，这需要引起我们的重视，全方位促进村镇、县城、城市友善价值观培育和践行。

三 当代大学生友善价值观生成的特征

大学生友善价值观生成，是指在遵循友善价值观生成规律和大学生身心发展规律的基础上，以生活为向度，通过多种途径，运用多种方法，在长期的教育和实践中，使大学生对友善价值观的认知、情感、意志、信念、行为等从无到有、从片面到全面、从幼稚到成熟、从肤浅到深刻的发展过程。它以友善价值观为主要内容，以大学生为客体，旨在使当代大学生终身自律，在日常生活中自觉践行友善价值观，发挥其在提升国民道德水准，构建社会主义和谐社会中的重大作用。当代大学生友善价值观生成的构成要素主要包括促进者、生成者、中介，其中促进者包括政府、学校、家庭和学生主体自身，生成者是大学生，中介主要包括友善价值观的目标和内容，友善价值观生成的原则与方法，友善价值观生成的路径与机制。引导和促进当代大学生生成友善价值观，必须从生成主体、过程、途径、因素、方法等方面把握当代大学生价值观生成特点，做到有的放矢。

（一）生成主体具有自主性和从众性

当代大学生友善价值观生成具有自主性和从众性的矛盾特征，既重自我建构，轻外部引导，又易受他人影响。当代"95后"大学生离开家庭，来到校园集体中生活，他们自信、阳光，有着鲜明的个性，具有强烈的自主意识，对父母、老师或其他外界的观念持怀疑或不信任的态度，敢于坚持自我，渴望把握建构自己道德精神世界的权利，不希望别人的干涉和指点，但同时又容易受身边人影响，选择从众、随大流。一方面，当代大学生成人感和自我意识较强。问卷调查中，在题项"我认为友善价值观的生成关键在个人自主建构、自觉践行"上，高达74.6%的学生选择符合。在题项"下列促进友善价值观生成的方式中，您最喜欢哪些"上，50.3%的学生选择自我总结和反思，排列第二位。深入访谈中，也有学生明确表示："我认为没有必要促进大学生友善价值观的生成，因为我认为友善价值观是在人与人相处过程中，在社会大环境下成长过程中，大学生自己慢慢体会感悟所获得的一种价值观，如果通过第三方的介入去促进友善价值观的生成，我觉得无异于'揠苗助长'，所获得的可能只是表面上的'友善'，而无法让大学生真正从内心去理解并践行友善价值观。"（205X04）由此，在友善价值观的生成中必须以学生为主体，明确学生诉求。

另一方面，当代大学生容易受到身边人的影响。问卷调查中，在题项"促使您对他人友善、实施帮助的主要原因有哪些"中，选项"他人友善行为的感染"的加权平均数为0.125，排列第四，是促进友善行为的重要原因。在题项"阻碍您对他人友善、实施帮助的主要原因有哪些"中，选项"父母叮嘱我少管闲事"的加权平均数为0.066；"别人都不管，我不想出头"的加权平均数为0.034，父母和他人是阻碍友善行为的重要原因。正如深入访谈中，谈及哪些因素促进了友善价值观生成，同学们多次提到身边人，例如同学、父母、老师等。正如学生们所说："如果身边的人很友善，你也会被感染，加入他们。可能是一种从众心理吧，如果别人不管，你去管，就会有点特别，突出了你"（517X01），而"在成长的过程中，与周围人的一种交往（很重要），如果周围人对你散发一种善意的态度，那我也会以善意回报他们。主要是一个大环境的影响，会促成你的（价值观）养成"（517X13）。在谈及哪些因素阻碍了友善价值观生成时，有学生表示，"同学没帮，你想去帮，但也不会去做，不然，有点和他们不一样"（619X01）；而且，"人们的态度也会对我友善价值观产生影响。比如说我做了善事得到肯定，这会促进我友善价值观生成，但是如果得到的是质疑和批评，就会阻碍我友善价值观的生成"（619X04）。由此可见，身边人主要通过感染和评价两方式影响学生，良好的环境和氛围，公正的评价标准和方式有助于促进友善价值观的生成。

总之，当代大学生友善价值观的生成有着强烈的自主性和从众性，在强调自我主体地位的同时，又容易受到身边人的影响。因此，在促进当代大学生友善价值观生成中，既要把友善价值观生成的主角让位给学生，又要注重"隐性教育""评价机制"的运用，着重培养学生的自我教育、自我管理、自我评价、自我建构的意识和能力。

（二）生成过程具有确定性和不确定性

当代大学生友善价值观生成过程既有规律可循，又具有强烈的生活性、具体性、非线性，具有确定性和不确定性的矛盾特征。主要表现在：其一，生成起点具有多端性。友善价值观的生成经历知、情、意、信、行等阶段，这一点是确定的。但是，区别于思想教育、政治教育，它可能发生于友善价值观生成的各个环节，如认知、情感、信念和信仰等，而非必须从认知开始，所以其起点又是不确定的。其二，推进过程具有长期性、阶段性。个体友善价值观的推进不是一节课、一次行为就能完成的，它是一种品质的锤炼和境界的追求，具有长期性，这一点是确定的。友善价值观推进有其特殊的节点和契机，具有阶段性，这一点也是确定的，然而在什么阶段，会遇到什么样的教育契机则是不确定的。当代大学生从大一到大四，呈现出整体向好的局面，同时在大二阶段是友善价值观发展的关键时期。前文对比分析发现，当代大学生友善价值观整体向好，不同年级大学生友善价值观存在显著差异，其中大二是大学生产生迷茫和困惑的多发期，同时也是友善价值观生成的关键期。由于当代大学生友善价值观的生成更加注重感性认知，而感性认知往往是肤浅的、易变的，如心情好坏、对他人的第一印象等因素成为影响友善价值观生成的重要因素，这样必然导致大学生看人下药，违背平等原则，甚至在许多场景中被肤浅的事物蒙蔽双眼，影响友善价值观的生成。因此，虽然大一学生友善价值观状况较好，但并不稳定，在大二阶段产生了重大波动。如大二学生对大学生友善价值观现状评价最低；对友善价值观的认同度最低；最期待利益补偿和回馈；友善意志略弱；最少人相信"德福一致"；与家人、朋友最疏远，对陌生人的警惕更强等现象。由此可见，大二是大学生面对矛盾和困惑的高发期，其思想从平衡走向不平衡，出现重大波动。同时也表明这一阶段的学生急需外界的引导和澄清，否则，任由其发展，可能趋向不良方向。但是在对其引导的时候，可能遇到什么样的教育契机，采取什么样的形式，则是不确定的。其三，推进过程产生的结果具有复杂性。友善价值观从起点到推进过程，是指向友善价值观生成的，这是确定的。然而会遇到什么样的影响因素则是不确定的。在友善价值观生成中，主、客观等复杂因素发挥着复杂作用，有的起促进作用、有的起阻碍作用。友善价值观推进过程可能产生正效果、负效果、零效果等多种结果；友善价值观的推进过程中夹杂着倒退，出现反复现象。

(三) 生成途径具有多维性和交错性

当代大学生友善价值观生成途径具有交错性，时间和空间多维度交错影响。随着互联网技术的发展，媒介的平台和渠道得以广泛拓展，而互联网世界与现实生活空间相对应，成为当代大学生的第二生存空间。从高中进入大学阶段，他们面临日益开放、立体、复杂的生存环境，常常面临信息的轰炸，而这些信息往往虚实难辨，善恶难分，又带有强烈的导向性。但生活和互联网又是密不可分的，互联网本身也是生活的一部分，极大影响着现实生活，推着每一位网民跟着它的信息走。一方面，当代大学生友善价值观生成途径具有时空多维性和交错性。这是说影响当代大学生友善价值观的不仅是现实三维生活空间，甚至二次元世界也对其产生巨大影响；不仅是实体空间，甚至网络和媒体空间也对其产生巨大影响。问卷调查显示，在题项"您是通过哪些途径了解友善价值观的"中，选择"新闻媒体"（网络、电视、报刊）的比例高达66.7%，选择"校园文化宣传"

的有 66.7%，选择"课堂教育"（党课、公共课）的有 61.6%，选择"家人"的有 50.3%，选择"同学、朋友"的有 48.2%，选择"政府宣传"（横幅、墙画等）的有 46.8%，由此可见，网络、电视媒体、平面媒体对当代大学生影响最高，学校生活和家庭生活对大学生影响重大，社会信息与政府宣传响应显著。另一方面，时空多维性和交错性贯穿大学生友善价值观生成的各个环节。在输入过程中，各种性质的信息进行着斗争，如学校的教育、网络的舆情、家人的叮嘱、朋友的经历等等，无时无刻不发生着交锋；在接受过程中，新纳入进来的信息与旧有的信息进行着斗争和更迭；在外化过程中，内部信息与外部信息，当前情境与历史经历进行着信息的交流；在养成过程中，自我信息与外界各个时间、空间上的信息进行着沟通，共同发挥着或促进、或阻碍、或纠正的作用。

（四）生成动力具有期待性和回馈性

当代大学生友善价值观生成动力具有期待性。当代大学生在实施友善行为后，往往表现出对对方的一种期待，而这种期待是否能够达成，事关下一次友善行为的内在动机和驱动力。一方面，当代大学生不太愿意做道德先行者，希望他人友善在先，环境和氛围好转在先。深入访谈中，不少同学提到友善价值观，会提及平等、回应、感恩、感谢、相互尊重、相互之间的宽容、相互之间的帮助等词眼，这表明在大多数大学生心中，友善具有相互性，甚至希望他人做道德先行者，正如有学生所说，"如果一个人一开始对你不礼貌、不好相处，你为什么去帮助他？所以说我觉得，友善每一个人都应该具备"（619X07）。另一方面，当代大学生希望对方对自己的友善行为进行回应，也希望得到对方甚至其他人的肯定和认同。正如有学生所讲，"回应和感恩是作为一个人基本的道德，有良知的人知道要给别回应和感恩"（102X02），"牺牲的是暂时的个人利益，在主动帮助别人后，收获是更多的……他（受助者）会觉得这个世界上有好人，他会感激你……收获了感情和精神上的安慰"（310X14）。"若是真正的需要帮助，即使以小利益救他人于危难或者困境还是愿意，只希望对方能说句谢谢。假如一句谢谢都没有还是感觉有些不值得。"（310X30）由此可见，当代大学生仍然处于思想转变的关键期，迫切渴望别人的认可和回应，这将成为他们生成友善价值观的重要动力。

(五) 生成方法具有体验性和多样性

当代大学生友善价值观生成在方法上重感性体验和实践，轻理性认知。大学生友善价值观生成的方式具有生活性、灵活性、多样性。友善价值观及其生成具有强烈的生活性特征，它可能在教育中推进，也可能在生活中受到感染推进；可能由强制规则推进，也可能由非强制性因素渗透推进。当代大学生友善价值观生成中，更加注重自身"心情""快乐""幸福"等体验，轻视甚至反感道德理性知识的作用。一方面，在友善价值观输入、接受过程中，学生们更喜欢体验的方式方法，对于学校和老师进行的理论教育、辩论赛等，学生参与热情不高。深入访谈中，同学们表示各学校开展了丰富的友善价值观教育活动。例如，辅导员进行知礼懂礼讲礼教育、老师讲新闻、私下与老师聊天；思想道德修养与法律基础课、马克思主义基本原理课、通识课、素质课、形势政策课、社会人际交往课、心理健康课、感恩系列教育课程等的灌输；社团相关活动、主题团组织活动、聚会活动、青年志愿者服务活动、思想政治教育类的比赛、新媒体平台线上宣传、主题讲座、宣传画报、征文、捐款活动；课下走访调查、服务社会积极分子评优评先、人际关系测试和测评、户外素质拓展等，可谓丰富多彩。但也有同学用"程式化""假大空"等词眼形容学校相关教育，多数学生认为实践体验活动比理论教育更有效。正如有学生表明："（我们学校）没有什么这方面（友善价值观教育）的活动吧，只是演讲，但是同学们买账的并不多，感觉没有必要，因为即使现在改变了，也是自己的'善'，以后社会上还是老样子，'人善被人欺'，社会大环境都是这样的，我们个人也没办法改变。"（206X06）问卷调查也表明这一问题，在题项"下列促进友善价值观生成的方式中，您最喜欢哪些"中，选择"公益实践活动"的学生高达63.0%，选择"课堂理论学习"的学生仅有27.9%，选择"学习先进典型"的学生仅28.8%，因此，在输入、接受过程中，必须注重方式方法的转变和创新。另一方面，在输出和养成过程中，学生们也更加受到自身感性体验，如喜欢、开心、幸福、温暖、寒心等情感、情绪因素影响。如在问卷调查中，在题项"我心情好的时候比心情糟的时候更乐于助人"中，68.3%的学生选择符合。在题项"促使您对他人友善、实施帮助的主要原因有哪些"时，通过计算各选项的加权平均数，排在第一位的是"友善待人使我快乐",加权平均数为 0.228;第二位是"我当时心情好",加权平均数为 0.078;第三位是"对对方印象好",加权平均数为 0.087。在题项"阻碍您对他人友善、实施帮助的主要原因有哪些"中,"以前有不愉快的助人经历"的加权平均数为 0.098,排在第四位。可见,在当代大学生友善价值观的生成中,他们真正体验到的情绪、情感、心境等起着重要作用,在促进当代大学生进行友善价值观生成中,应该注重"共情"方法的使用、"情感"氛围的营造、"体验"实践机会的创设等。

第三章　当代大学生友善价值观生成的影响因素

> 人，虽然有天赋同情的本能，但对于发生在他人身上的事件，其心情激荡的程度，绝不会像主要当事人自然感受到的那样强烈。他的同情感赖以产生的那个处境转换的想象，只不过是个短暂的心思。他自己安全无虞的念头，他自己不是真正受难者的念头，不断地自动闯入他的脑海里，虽然这种念头不至于妨碍他怀有某种和受难者所感觉到的有几分类似的感情，却足以使他的那种感情无法像受难者本人那样强烈。[①]
>
> ——［英］亚当·斯密

道德活动是自律性和他律性的统一，当代大学生友善价值观的生成也并非在真空中进行，而是受复杂因素影响的。其影响因素既有历史维度，又有现实维度；既有客观维度，又有主观维度。总体看来，当代大学生主要受到社会、学校、家庭、同辈群体、主体自身等多方面影响，这些因素对他们友善价值观生成发挥着促进和阻碍的双向作用。因此，在前文对大学生友善价值观及其生成现状分析的基础上，本章将影响大学生友善价值观生成的因素划分为社会环境、学校教育、家庭教育、同辈群体、主体自身等方面，全面剖析每种因素带来的影响。

---

① ［英］亚当·斯密：《道德情操论》，谢宗林译，中央编译出版社2015年版，第19—20页。

一 社会环境是影响大学生友善价值观生成的重要客观因素

个人组成社会，而每个人的思想又带有这个时代的底色，正如古斯塔夫·勒庞所说，"一个人终其一生性格保持不变的事情，只有在小说里才能看到。只有环境的单一性，才能造成明显的性格单一性"①，时代的变迁和社会的变化，具体表现在政治、经济、文化、社会、生态等方面，这些因素在为大学生友善价值观的生成带来机遇的同时，也带来了挑战。

（一）社会发展为大学生友善价值观生成带来机遇

1. 国家的高度重视为当代大学生友善价值观的生成提供强大支持

进入新时代，社会在政治、经济、文化、社会生活等方面经历了巨大转变。正是在这样一个时代，党和政府比以往任何时候都重视人们的道德状况，更加努力建设一个道德共同体。尤其在当前，我国社会主要矛盾已经转化为"人民日益增长的美好生活需要和不平衡不充分的发展之间的矛盾"，这种美好生活，必然是一个美好而又合乎善的要求的生活。在这里，存在一种良善的关系，即和睦、包容、友好、合作、真诚的关系。

国家对大学生友善价值观生成的影响主要通过政治生态和政治制度建设进行，主要方式是约束式、宣传式、引导式。第一，国家的政治生态环境直接影响到友善价值观的内在动力。"德福一致"是人们追求美德的重要因素，获取幸福是人们友善的重要因素，只有道德和幸福一致，即越友善越有福、越冷漠越无福的时候，人们才会对友善孜孜以求。而政治是否清明决定了一个社会是否德福一致。政治生态越清明，社会公平程度越高，友善和幸福越一致，人们则会更加追求友善；政治生态腐败和污浊，那些追求私利的人愈加幸福，拥有友善的人却愈发凄惨和不得志，则人们越容易放弃对友善的追求甚至转向对伪善的追求。第二，国家通过制度、

---

① ［法］古斯塔夫·勒庞：《乌合之众：大众心理研究》，冯克利译，中央编译出版社2015年版，第5页。

法律、规约和守则，禁止一些恶的行为，倡导友善行为。制度建设是影响品德形成的最主要因素，起根本性和决定性的作用，正如邓小平所讲："制度好可以使坏人无法任意横行，制度不好可以使好人无法充分做好事，甚至会走向反面。"[①] 当一个人进入社会生活中来，基于参与公共生活的需要，他必将接受国家的普遍性规范和约束。国家的这一约束主要通过强制力，如规范、惩罚进行的。具体说来，主要通过道德法、道德政策等来推动施行。正如习近平总书记所说，"法律是底线的道德，也是道德的保障"[②]，"要用法律来推动核心价值观建设……使符合核心价值观的行为得到鼓励、违背核心价值观的行为受到制约"[③]。随着社会物质、精神发展取得进步，国家将道德标准和规范推向更高的层次，促进社会中的人以更良善的方式生活，如对于社会诚信缺失问题、食品药品安全问题等，不仅败德，而且违法，必须施以法律惩罚。同时，国家的这种干预又是有限的，主要在公共领域，如对于公平、诚信等的规约，而在私域则较少干预。当然，一些过去属于私域的事情也可能由于国家的重视，被拓展到公域中来，如在公共场合抽烟是一种不友善行为，会对他人健康造成伤害。第三，国家通过宣传措施，提升了大学生对于友善价值观的知晓度和认知度。正如问卷调查显示，在题项"您是通过哪些途径了解友善价值观的"中，46.8%的学生选择"政府宣传"（横幅、墙画等），可见，政府的宣传在大学生友善价值观生成中起到了重要作用。第四，国家通过一些道德行动计划，拓展了大学生参与友善实践的途径，使其友善情感和信念得到升华。在现代国家治理中，道德行动计划的实施有助于解决专项问题。例如文明城市创建活动能够从整体上提升市民素质，建构和善的生活氛围；希望工程的实施有助于解决教育资源不平衡问题，并使得人们关注并积极投身到公益事业中来；公益广告的宣传有助于提升人们对于友善的体验和需求。

尤其在当前社会，我们党和政府高度重视党自身的建设和政治清明，对于友善问题尤其重视，这些为大学生友善价值观的生成提供了新机遇。第一，确立友善作为社会主义核心价值观的地位，必将促进大学生对其关

---

① 《邓小平文选》第2卷，人民出版社1994年版，第333页。
② 《习近平谈治国理政》第2卷，外文出版社2017年版，第134页。
③ 《习近平谈治国理政》第1卷，外文出版社2018年版，第165页。

注。党的十八大报告中,"友善"被列为社会主义核心价值观之一,其地位从美德和私德提升到价值观的高度。这一举措对大学生友善价值观生成的重要贡献表现在两个方面:一方面,有助于增加社会中真挚的温情,构建社会主义和谐社会;另一方面,有助于发挥道德对法治的支撑、滋养等作用,为全面依法治国创造较好的环境。第二,网上网下、政企宣传促进了友善价值观立体化传播。将友善价值观融入生产生活中,使其无处不在,无时不有,这扩大了大学生对友善价值观的知晓度和认同度。第三,党和政府坚持正面性引导有助于传播社会正能量。党和政府十分重视正面引导,通过法律引导,公民道德建设工程,群众性精神文明创建活动,学习宣传道德模范活动等,有助于集聚社会正能量,弘扬友善价值观。第四,党和政府对传统文化的重视丰厚了友善价值观的底蕴。习近平总书记强调指出,"博大精深的中华优秀传统文化是我们在世界文化激荡中站稳脚跟的根基","抛弃传统、丢掉根本,就等于割断了自己的精神命脉"。[①]"仁爱"是中国古代伦理思想的核心,古代先贤围绕着"仁爱"问题展开丰富的争鸣。中国传统友善文化构成了我国友善价值观的理论底色和逻辑起点。党和政府重视中华民族精神命脉,强调在文化自信的树立中要"不忘本来",这无疑深厚了友善价值观的底蕴。

2. 物质生活水平的提升为友善价值观的生成提供基础

物质生活水平和精神文明状况是辩证统一的。马克思主义认为,物质决定意识,而意识作为上层建筑又能反作用于物质,二者辩证统一于实践中。原始社会的道德没有阶级性,进入阶级社会以来,奴隶社会、封建社会、资本主义社会的价值观都深深地打上了阶级的烙印,只有在社会主义社会,才能建立无产阶级的道德和价值观。

当前社会发展之快,每个人体会最明显的便是经济发展之迅猛和物质生活水平提升之迅速,经济的发展为精神文明的进步提供了基础,也对精神文明提出了更高的要求。这一变化有利于促进友善价值观的生成。一方面,物质生活水平的提升为精神文明的提升提供了基础和保障,从而有助于友善价值观的生成。中国古语有言,"仓廪实而知礼节,衣食足而知荣辱"。西方著名的心理学家马斯洛的需要层次理论也认为,人的需要按照

[①] 《习近平谈治国理政》第 1 卷,外文出版社 2018 年版,第 164 页。

层次由低到高依次为生理需要、安全需要、社交需要、尊重需要、自我实现需要，而只有较低层次的需要得到满足，才能够激发出人对更高层次的需要，他指出："人的一切需要和欲望最终都是在生理需要基础上产生的，都是生理需要相对满足的产物。"① 生理需要和物质生活水平之间的联系最为紧密，一个人的生理需要和物质需求满足得越充分，他做一个友善之人的道德需要便越强烈。党的十九大报告指出，"我国社会主要矛盾已经转化为人民日益增长的美好生活需要和不平衡不充分的发展之间的矛盾"②，这种美好生活需要，不仅是解决温饱问题和对物质生活水平的更高期待，而且是对社会民主、法治、公平、正义、安全、诚信、友善等的更高期待。另一方面，美好生活的达成和市场经济的进一步发展又需要友善价值观作为一种精神力量。其一，只有那些具有社会责任担当和为人民服务理念的企业才能在市场经济的激烈竞争中取胜。在市场经济中，每个人都被假设为理性经济人，遵循利益最大化原则行事，以往的一些小企业通过投机倒把、钻空经营，可能获得了一些利益，然而随着市场经济的进一步发展和深化，这些企业被市场经济的大潮淘汰，最终真正长久发展的是那些秉持企业责任、服务人民的企业，因为只有真正为人民服务的企业，才能够得到人民的支持和拥护，获得长久发展。反观国内外，那些拥有良好口碑的企业，都有着为促进人类发展进步而努力，为提高人民生活质量而服务的企业精神。其二，现代分工的发展使得人与人的依赖程度更高。现代分工促进了人们朝专业化方向深入发展，但也使得个人的能力越发专一化，因而，在社会生活的其他方面，加强了对他人的依赖，人与人之间相互联结、相互服务的关系越发明确。没有这种意识、画地为牢的人，必然不能融入现代社会生活中。所以，这种相互服务的关系中内含着友善的价值要求。

3. 文化的发展为大学生友善价值观生成提供了丰富的载体和形式

价值观是文化的核心内容，文化可以滋养价值观。通过检索《辞海》，广义上的文化"指人类社会历史实践过程中所创造的物质财富和精神财富

---

① Abraham H. Maslow, *Motivation and Personality* (second edition), New York : Harper & Row Publishers, 1970, p. 59.

② 习近平:《决胜全面建成小康社会 夺取新时代中国特色社会主义伟大胜利——在中国共产党第十九次全国代表大会上的报告》，人民出版社 2017 年版，第 11 页。

的总和",狭义上的文化"指社会的意识形态,以及与之相适应的制度和组织机构"①,本书使用的是广义概念上的文化。文化具有多样性和层次性,庞朴先生在《文化的民族性与时代性》一书中探讨了文化的结构层次,"把它划分为三个层次,就是说物的层次(物质的层次),心的层次(或叫心理的层次),中间是心和物互相结合的层次"②。以此为据,我们认为文化由内向外可以分为三个层次,第一个层次是意识形态、道德和价值观;第二个层次是从载体层面讲,分为文化的物质载体和非物质载体;第三个层次是制度层,包括法律制度和风俗习惯等。其中价值观和道德是核心,物质和非物质载体是文化的表现形式和承载方式,制度是文化的凝结和传承形式。

文化和价值观相互依存,相互联系,相互转化。人类一切活动都受到价值观的引导,文化是多,价值观是一;文化是末,价值观是本;文化是表,价值观是里。当前文化发展为大学生友善价值观的生成带来了机遇。第一,城市文明的发展对友善价值观生成起到促进作用。文明是文化中的精华部分,城市文明是在城市的建设发展实践中,形成的城市物质文明、精神文明和制度文明的总和。其中精神文明是城市文明的深层结构,包括城市心理、价值观念、城市道德、思维方式、审美情趣等内涵。物质文明是城市文明的载体,主要是文化设施,包括以下六类:文化教育类,如学校、图书馆、科技馆等;展览观赏类,如博物馆、美术馆、纪念馆等;文化演艺类,如演艺团体、话剧院等;广播电视类,如电台、电视台等;休闲娱乐类,如公园、广场、体育场等;历史文化类,如名胜古迹、遗迹等。现代城市中,这些文化设施的建设为人们追求真善美的人文精神提供载体,有助于丰富精神生活的内容,提升精神生活的层次。制度文明是城市文明的凝练,不同国家和民族的城市由于种种因素,会形成独特的城市制度文明。具体到我国,随着社会主义市场经济的发展,城市的物质文明日益丰富,制度文明日益走向现代化,精神文明日渐提升。对于个体而言,人们经历了从单位人向社会人的转变,生活领域更加广阔,自主精神也日渐增强,但也由于单位制解体和脱离熟人社会,个体之间变得愈加松

---

① 《辞海》,上海辞书出版社1989年版,第4022页。
② 庞朴:《文化的民族性与时代性》,中国和平出版社1988年版,第71页。

散。不过，随着经济多样化发展，城市经历了从街道到社区的管理模式转变。在现代城市社区中，人们拥有实在可见的共同利益，增强了对社区和邻居的依赖，唤醒和强化了人们的参与意识和互助精神，这种重情谊、相互关心的亲善氛围，正是友善价值观生成的重要氛围。

第二，对优秀传统文化的重视和文化产品的日益丰富为友善价值观生成提供了滋养。伴随着经济全球化进程的，是文化的日益丰富和多样，如文化品位的层次化、文化形式的多样化、文化内涵的丰富化。具体说来，对传统优秀文化的重视、以人民为中心的创作导向的确立对友善价值观的生成有促进作用。其一，当前社会下，国家更加注重优秀传统文化的创造性转化和创新性发展，为友善价值观的生成提供了丰厚资源。中华优秀传统文化蕴藏着解决当代人类面临的难题的重要启示思想。党的二十大报告强调指出："中华优秀传统文化源远流长、博大精深，是中华文明的智慧结晶，其中蕴含的天下为公、民为邦本、为政以德、革故鼎新、任人唯贤、天人合一、自强不息、厚德载物、讲信修睦、亲仁善邻等，是中国人民在长期生产生活中积累的宇宙观、天下观、社会观、道德观的重要体现，同科学社会主义价值观主张具有高度契合性。我们必须坚定历史自信、文化自信，坚持古为今用、推陈出新，把马克思主义思想精髓同中华优秀传统文化精华贯通起来、同人民群众日用而不觉的共同价值观念融通起来，不断赋予科学理论鲜明的中国特色，不断夯实马克思主义中国化时代化的历史基础和群众基础，让马克思主义在中国牢牢扎根。"[1] 这对在新时代中华优秀传统文化的传承、弘扬和现代转化提出了要求，指明了方向。中华传统美德蕴含着中华民族历久弥新的精神内涵，2019年《新时代公民道德建设实施纲要》指出："中华传统美德是中华文化精髓，是道德建设的不竭源泉。要以礼敬自豪的态度对待中华优秀传统文化，充分发掘文化经典、历史遗存、文物古迹承载的丰厚道德资源，弘扬古圣先贤、民族英雄、志士仁人的嘉言懿行，让中华文化基因更好植根于人们的思想意识和道德观念。深入阐发中华优秀传统文化蕴含的讲仁爱、重民本、守诚信、崇正义、尚和合、求大同等思想理念，深入挖掘自强不息、敬业乐

---

[1] 习近平：《高举中国特色社会主义伟大旗帜　为全面建设社会主义现代化国家而团结奋斗——在中国共产党第二十次全国代表大会上的报告》，人民出版社2022年版，第18页。

群、扶正扬善、扶危济困、见义勇为、孝老爱亲等传统美德,并结合新的时代条件和实践要求继承创新,充分彰显其时代价值和永恒魅力,使之与现代文化、现实生活相融相通,成为全体人民精神生活、道德实践的鲜明标识。"习近平总书记指出,"中华文明延续着我们国家和民族的精神血脉,既需要薪火相传、代代守护,也需要与时俱进、推陈出新"①,强调了中华优秀传统文化的作用。中国传统文化蕴含着丰富的友善资源,以孔子、孟子、荀子为代表的儒家"仁爱"文化、"礼"文化思想是古代友善思想的核心;墨家提倡的"兼爱"思想有着进步意义;道家倡导"无为",反对儒家仁义思想的功利主义,强调将道德变成一种无意识行为,是更高层次的仁义;佛教作为一种外来文化,其"慈悲"思想对中国传统伦理思想影响深远,甚至早已融入祖先的文化命脉中;中国特有的家训文化中,也包含着为仁、为善的思想,对这些优秀资源的挖掘、重视为友善价值观的生成提供了根源和滋养。其二,以人民为中心的创作导向,使得文化产品能够最大限度地发挥正能量作用,为友善价值观的生成营造良好氛围。友善价值观主要包括认知、情感、意志及其外化。现实中,不难看到一些受过良好教育的人,满嘴仁义道德,却做着趋炎附势、忘恩负义的事情。这是因为情感在友善价值观中占据着决定性的地位和作用,这些人虽然具有完备的友善认知,但却缺少真挚的情感。氛围对人们的情感状况有着重大作用,社会氛围差,人们就常常各扫门前雪,社会氛围好,人们更可能乐于关心自身之外的事物。文化作品作为一种基于现实而又高于现实的创造,具有一种感染的力量,富有引领性和中介性,能够连接社会现状和更高的人生境界,为人们呈现出符合真善美的事物,起到促使人们反思现实、反思假恶丑、追求美好生活的作用。

第三,网络技术的发展,为友善价值观的生成提供了更多载体。其一,以网络技术支撑的新媒体为友善价值观的生成营造了舆论氛围。圣西门指出:"人们把舆论称为世界的主宰,这是十分正确的。它是一个伟大的道德力量,只要明显地表现出来,就必然要压倒人间的其他一切力量。"②媒体呈现的事物对人们的行为有着深刻的影响,利用网络和媒体倡

---

① 《习近平谈治国理政》第 2 卷,外文出版社 2017 年版,第 340 页。
② 陈力丹:《舆论学:舆论导向研究》,上海交通大学出版社 2012 年版,第 46 页。

导真善美，传扬善行善举，有助于促进友善价值观的生成。例如河南卫视的《爱心调解》节目，通过调解真实的矛盾促进社会人际和谐，公益广告从温暖的细节出发呼吁关爱他人。其二，网络成为联结大学生与社会的重要中介，拓展了大学生的社会接触面。当前以网络为核心的新媒体成为大学生的第二生存空间，他们在网上获取信息，在网上品味现实生活，在网上发表个人观点，在网上感受人间冷暖。例如，电影《忠犬八公的故事》讲述了人与动物的温情故事，人民日报微信公众号在 2017 年劳动节前后推送的《9 个普通人的手，你可能从没注意过》潜移默化地加深了人们对身边人的关注和关爱。其三，网络以互动的方式提供了交流平台，推动了人们关于真善美的演说和讨论。在网络上，人们就某一道德事件，畅所欲言地进行探讨，这种网络大讨论对于澄清事实、提升友善价值观认知有着重要作用。正如有学者所指出的，"优质的、有概念基础的教导事半功倍。它创造了有目的对话的舞台，使得概念框架的应用按照新的理解建构"①。

4. 民间组织的道德整合力量对友善价值观生成有着直接的促进作用

民间组织，在国外也称为"非营利组织"或"非政府组织"，是区别于政府组织和市场主体的社会公民自组织。20 世纪 90 年代以来，我国民间组织开始大规模发展。民间组织的增加是社会人文关怀增强的重要表现，在互联网时代，各种民间组织也走上了更多的平台，拓展了社会面向，如中国志愿服务网、中国社会组织网等通过网络扩大了影响力。民间组织具有活动形式的实践性、活动目的的公益性、人员组成的志愿性和管理模式的民主性，具有较强的道德整合功能。民间组织的道德整合功能可以界定为"以服务社会为目标，以志愿精神为动力，通过在社会公益事业、行业组织、弱势群体、民主政治、社会资本、生态环境等方面实施规范、约束、教化、救助、引导、保护、倡导、激励、惩戒等方式，来实现对整个社会成员道德意识、价值取向和道德理念的整合，从而实现美好和谐的社会伦理秩序的行为过程"②，在扶危救困、公益慈善、保护环境等方面有重大作用，同时能够有效引导社会价值取向。我国知名度较高的公益

---

① ［美］拉什沃思·基德尔：《道德勇气：如何面对道德困境》，邵士恒等译，北京时代华文书局 2016 年版，第 239 页。

② 龙静云、李茂平：《民间组织在现代公民社会中的道德整合功能》，《江汉论坛》2007 年第 11 期。

项目主要有希望工程、壹基金、春蕾计划、慈善一日捐等，公益慈善组织是民间组织中最具道德性的组织，社会慈善机构主要包括敬老院、儿童福利院、公益基金组织、社区互助组织等机构，它们致力于扶贫与发展、环境与生态保护、传统文化资源保护、教育、卫生、提高妇女、儿童、残疾人、老年人的地位和生存状态等，倡导公民互助友善，从受助到自助，再互助，再助人，从而推动社会文明和谐。

公益慈善活动对大学生友善价值观的生成有促进作用，主要通过参与实践、宣传引导、榜样示范、信任营造等方式发挥作用。其一，公益慈善活动以其巨大的影响力引导着人们参与到相关的行为实践中来，且通过网络拓展了大学生参与实践的途径。除了参与传统的现实层面的公益慈善活动，大学生们通过手机、电脑等终端，通过微信、微博、支付宝、论坛等平台能够更加容易地参与到公益慈善中来。例如2014年从国外发起，然后蔓延至中国互联网圈的"ALS冰桶挑战赛"让更多的人知道了被称为"渐冻人"的罕见疾病，并且达到了募款的效果。其二，公益慈善活动中涌现出了一批道德先行者，生动的榜样垂范成为友善价值观培育的生活素材，能够有效促进大学生友善价值观生成。"伟大时代呼唤伟大精神，崇高事业需要榜样引领"[1]，道德模范是友善价值观的形象化和可视化，在公益慈善中涌现出了"微尘"、拾荒助学子的高龄老人刘盛兰、热心公益的磨刀老人吴锦泉、好心人"炎黄"张纪清、关注尘肺病人的演员袁丽和大爱清尘基金会等。这些非政府、非企业、非营利的行为，以为社会弱势群体和公众利益服务为出发点，具有强大的感染力和号召力，为大学生作出了示范。其三，公益慈善组织内部的信任能够增加社会信任，促进大学生友善价值观生成。面对他人的求助，促使人们从犹豫不决到果断行动的最重要因素是信任或者诚信，反之，阻碍人们生成友善价值观的主要因素是社会诚信问题严重。调查显示，在题项"阻碍您对他人友善、实施帮助的主要原因有哪些"中，对各个选项做加权平均数以得出其重要程度，其中"我不知道他的遭遇是真是假"的加权平均数为0.264，排在第一位。质性研究中，当问及"请举一个您亲身经历的助人事件"时，有3人讲出自己被骗的经历，说明这种不好的经历对个人的影响和记忆都是十分深刻的。在

---

[1] 《习近平谈治国理政》第1卷，外文出版社2018年版，第159页。

谈及"阻碍友善价值观生成的因素"时，同学们说："新闻报道看多了，怕被讹"（19X01），还有同学说："应该是人的因素，因为周边人的因素变动挺大的，比如说一些故意欺骗别人的人，以及内心阴暗的人。因为这些人的意图是不好的，这样会利用好人来达成他们不正当的目的，让人不知道如何是好。"（19X03）而民间组织作为一种非营利性、志愿性的自觉联合体，采取民主的管理模式，参与人员和组织内的信任度较高，这种信任作为一种"酵母"，能够促进社会诚信建设。

（二）社会乱象增加大学生友善价值观生成难度

1. 道德冷漠成为大学生友善价值观生成的首要挑战

在当前社会道德领域中，无论学界还是现实生活中，道德冷漠成为人们不可回避的重大现实问题，也是大学生生成友善价值观要面对的首要挑战和总问题。道德冷漠，即"责任推拒和道德麻木，表面上看只是对责任的否定，实际上则是对人性的否定，带有非常严重的人性和社会后果"[①]。

宏观上看，当前中国道德冷漠的形成有着深刻的历史和现实原因。第一，从历史传统角度看，中国普通百姓自古以来缺乏公共精神。"系心于各自的家庭而不知有社会"[②] 的思想根深蒂固，尤其在小农私有制长期影响下，人们更加关注自我利益实现而忽视社群的存在，导致"无可无不可"的道德冷漠及评价失当。正如鲁迅在作品中对国人麻木的看客心理进行的批判，是对传统社会下人们冷漠心态的真实写照。第二，从社会现实角度来看，风险社会下道德成本的提升加剧了人们对陌生人的恐惧。随着经济的发展，我国社会日益迈进现代化，城市规模日益扩大，发展速度日益提升，人们的生活质量得到极大改善，个人的自主选择与活动空间得到巨大拓展，伴随着个体自由度增强的是社会的个体化特征凸显。个体化（individualization）是德国社会学家贝克和英国社会学家鲍曼、吉登斯等提出的一个概念。对于贝克、鲍曼和吉登斯而言，个体化首先是指个体从旧有的社会性羁绊中"脱嵌"（或者说抽离）出来的过程，这些社会性羁绊包括一般意义上的文化传统和那些界定个体身份的社会范畴，如家庭、亲

---

① 高德胜：《道德冷漠与道德教育》，《教育学报》2009年第3期。
② 林语堂：《吾国与吾民》，黄嘉德译，湖南文艺出版社2018年版，第149页。

属关系、社群和阶级等。"简而言之,'个体化'在于,把人的'身份'从'既定的东西'转变成一项'责任',要求行动者承担执行这项任务的责任,并对其行为的后果(包括副作用)负责。"[①] "一旦个体化全部完成,个人从这些始发纽带中解放出来,他又面临新的任务:他必须自我定位,在这个世界上扎下根,寻找不同于其前个体存在状态所具有的更安全的保护方式。"[②] 在这个过程中,个体依照角色规定扮演自己的角色,追求各自的自由与权益,为自己负责。在社会转型期,法律规范尚不健全,人们虽然有了更多的选择和自由,但也更加缺乏安全感和怡然自得,徘徊在自由与孤独带来的二律背反中,成为矛盾性的存在。因此,个体化社会是一种风险社会,道德风险的凸显削减了人们的友善之情和友善之行,面对求助者,人们可能首先想到自己是否会为此付出太多,恐惧和焦虑成为人们心中的阴霾,"助人恐惧症"由此产生。正如问卷调查显示,在题项"扶老人反被讹,受助人避而不见施助者等报道使我不想管太多"中,选择符合的学生比例高达37.9%;在题项"媒体对'女大学生失联'的报道让我对陌生人产生戒备甚至恐惧"中,选择符合的学生比例高达48.8%;在题项"阻碍您对他人友善、实施帮助的主要原因有哪些"中,"好人利益得不到保障,助人风险大"的加权平均数为0.124,是阻碍人们实施友善行为的第三大阻碍因素。以上数据表明,在面临一定情境和陌生人的时候,人们认为自己将面临许多风险,缺乏安全感,"鸵鸟式"的冷漠成为人们最佳的选择。第三,商品经济的思维模式影响了社会道德思维方式。在市场经济激烈的竞争中,各种商家、媒体采取花式促销,"免费领礼品""商品大减价""免费穿衣""充值一百送一百"等各种各样的活动琳琅满目,但多数商家美丽宣言的背后却是"坑"和"套路"。人们吃够了"占便宜"的亏,明白了"羊毛出在羊身上",因此,在市场经济中,人们对"笑脸""优惠""服务"等都贴上了"利益诉求"的标签;对生活中的好人、好事等也持有怀疑、戒备、警惕甚至排斥之心。当这种商品经济的"套路"欺骗了广大消费者,大家就会越来越认为人本质上都是自私的、为自己的利益考虑的,在当前社会,可能存在少数无私奉献的人和事,但

[①] [德]乌尔里希·贝克等:《个体化》,李荣山等译,北京大学出版社2011年版,第22页。
[②] [美]艾里希·弗洛姆:《逃避自由》,刘林海译,上海译文出版社2015年版,第16页。

很难发生在自己身上。于是，当这种"真假美猴王"的故事发生在道德领域时，人们便采取冷漠的方式来自保。

然而，我们在生活中发现，有些人在一些情境下表现出关心的品质，而在一些情境下表现出冷漠的态度，这种区别说明，除了社会宏观因素，还有一些具体的、微观的因素在发挥抑制的作用，具体说来，主要包括旁观者效应、团体迷思、偏差现象。其一，旁观者效应，即在同一情境中的人们抑制了彼此的友善行为。旁观者效应指"当一个人面对他人的困境时，如果有他人在场并可以提供帮助的情况下，个体便会显出比独自一人条件下更少的助人反应，他人的出现抑制了助人行为"[1]。这是由于责任的分担和责任的模糊造成的。随着观众的增加，旁观者会感到自身责任的减少，即认为别人正在或已经在帮助苦难者，自己没必要行动，而其他观众的行为为每一位观众作出了行为指导，若其他人无动于衷，他们也不会做什么，结果是没有任何人行动。此外，由于情境发生的偶然性，特定情境下，即使人们想实施助人行为，也会由于助人行为可能引发别人误解，即将自己看成苦难的引发者而放弃助人行为。最后，当前社会诚信问题严重，媒体对于助人反被讹诈等事件的报道，让人们又多了一个旁观的理由。其二，团体迷思，即在团体中，人们由于顺从的压力和集体合理化影响，采取的一种道德盲视选择。顺从压力，即处于一定群体中的人，虽然自身有行动的冲动，但由于身边人的选择和评价的不同，可能被贴上"爱出风头""另类"的标签，而选择顺从群体；集体合理化，"即团体通过解释消除与其立场相反的警告和失败"[2]，抑制人们的行为，正如勒庞所说，在群体中，"有意识人格的消失，无意识人格的得势，思想和感情因暗示和相互传染作用而转向一个共同的方向，以及立刻把暗示的观念转化为行动的倾向，是组成群体的个人所表现出来的主要特点"[3]，一切感情和行为都受着群体催眠的影响。其三，偏差现象，即将偏差行为重新解释并定义为可接受的行为的倾向。在道德冷漠原因的探究中，我们主要指的是"正

---

[1] 刘抒雅、雷陈珊：《旁观者效应心理机制研究》，《福建论坛》（人文社会科学版）2012年第S1期。

[2] ［美］拉什沃思·基德尔：《道德勇气：如何面对道德困境》，邵士恒等译，北京时代华文书局2016年版，第207页。

[3] ［法］勒庞：《乌合之众：大众心理研究》，冯克利译，中央编译出版社2015年版，第9页。

常化",即将社会中曾经认为不符合道德要求的行为看作正常的、可容忍的现象,从而为自己的行为找到借口。

总之,个体道德冷漠的产生有着复杂的主客观原因。道德冷漠和温暖真情相对立,但它不会仅仅停留在个体选择的层面,最终一定会以种种方式获得社会层面的表达,成为一种社会风气,甚至导致人们对其进行"正常化"处理,磨损和抵消社会真挚的温情,拉大人与人之间的距离,进而冰冷了大学生对他者的关照和热情之心,为大学生友善价值观的生成带来阻碍和挑战。

2. 社会伪善呈现削弱大学生对真善美的追求

受数千年封建专制主义的影响,中国的私民多于公民,私民指的是那些更加关注自身利益,而对于公益则采取盲视的态度的人群。这种道德盲视除了道德冷漠,还有道德伪善现象。问卷调查中,在"我认为当前社会中有一些人为了炒作、获利而行善"题项上,选择符合的学生比例高达62.4%,可见这一现象在当前社会存在之广。伪善(hypocrisy)即伪装、虚假的善良,从外在行为上看符合道德法则,然而内在动机中却隐含着非道德因素,将外在道德行为作为达到自身动机的手段,于是,在主体那里,道德就变成一种虚假的旗号,甚至作恶的工具,伪善比冷漠更危险。东、西方学者对伪善均持否定的态度。在西方,黑格尔认为,伪善"即首先对他人把恶主张为善,把自己在外表上一般地装成好像是善的、好心肠的、虔敬的等等;这种行为不过是欺骗他人的伎俩而已"[①],康德将伪善看作人性中的根本恶,将虚伪、伪善置于其他一切恶性之上;卢梭认为伪善是对道德的一种侮辱。在以儒家为核心的东方文化中,伪善更是恶,孔子认为,"乡愿,德之贼也"(《论语·阳货》),这里"乡愿"即指八面玲珑的伪善者,对伪君子持强烈的反对态度。这种伪善以一种冠冕堂皇的包装,意图摆脱人们对不良动机的谴责,伤害了人们的道德情感,破坏了人与人之间的信任。

社会中伪善现象盛行对当代大学生有着深刻的影响,其形成机制可能会移植到学校中,削弱大学生对真善美的追求,影响大学生友善价值观生成。正如在深入访谈中有学生表示:"我觉得现在的大学生被社会的一些

---

① [德]黑格尔:《法哲学原理》,邓安庆译,人民出版社2016年版,第260页。

负面现象给影响了,大都表现出来的'善'是一些很表面的东西,现在的'善'都带上了利益,或者说是伪善,只是伪装得很善良,这样别人会觉得好相处啊或者生活中少了很多摩擦,甚至好多人会贩卖善良,制造假象去换取一些利益,真正的友善肯定是有的,比如坐公交、地铁让座之类的,但是说实话做这些善事可能会被群嘲,我觉得现在氛围不是特别好。"(204X06)可见,社会中的伪善现象已经或多或少地污染了校园对真善美的价值追求,我们必须警惕伪善的各种形式,剖析伪善产生的原理和机制,因势利导对学生加以引导。

3. 科层制下社会"齿轮"身份弱化大学生责任意识

科层制由于其高效性,成为当前社会各个领域主导的组织方式。科层制由德国社会学家韦伯提出,指由专业人员按照一定的分工和规则进行运转的管理体制,运用于政治体制、经济组织、教育组织等各种组织。科层制有以下几点特征:其一,根据组织目标进行专业化分工,有助于实现整体最优,每个人成为科层制这一机器的零件或齿轮;其二,科层制构成了金字塔的管理模式,实行严格等级制度,低一级的人员在高一级的人员监督管理之下,保证了机制运转效率;其三,科层制遵循严格的规则运行,保证了机制运转的稳定性和连续性;其四,科层制高度尊崇理性,排斥私人感情;其五,科层制管理下,采取量才而用的人才模式。以上这些特征保证了组织管理的效率和效果,然而,当这一模式运用于道德领域时,则会引发一些问题。主要是因为,在这里,人们只是科层制组成的社会机器的零件或齿轮,仅对完成自己的分工负责,以"规则"为中心来行事,使得效率目标和道德价值之间产生一定张力。正如有学者所说,"现代道德是以义务为基础的,或者说以规则为中心的"[1]。在生活中,良法善治等规则框定了善恶的边界,是对善的追求和保障,但是不难发现,有些人却打着遵守规则的旗号为自己的冷漠寻找借口,当他们以"规则至上"为旗号,就只对自己的领导和职务负责,当走到规则的警戒线处,便仁至义尽,可以卸去友善的面孔。调查显示,当问及"我认为公务员和行政部门常常以'规定'为由,冷漠地处理我的问题"时,选择符合的学生高达48.0%,而这些人却不见得是真正的守规则之人。

---

[1] 徐向东:《道德哲学与实践理性》,商务印书馆2006年版,第4页。

"平庸之恶"由汉娜·阿伦特在20世纪60年代提出,"是指一种对自己思想的消除、对下达命令的无条件服从、对个人判断权利放弃的恶"①。这种平庸之恶的产生主要有两个原因,其一,"齿轮理论"引发的"集体罪恶感"成为正常人产生恶行、推卸责任的借口。在科层制这个庞大的机器中,每个人都沦为这个机器的一个零件,正如韦伯在谈到科层制的负面影响时指出的:"效率的逻辑残酷地而且系统地破坏了人的感情和情绪,使人们沦为庞大的科层制机器中附属的而又不可缺少的零件"②,在这里,人们利用其构造来判断这一制度的好坏,用"集体罪恶感"来推卸责任,而对于维持这个系统运行的人们的个人责任,变成了次要的问题,即由于制度原因而产生的恶行,即使A不做,也会有别人替换他来做。其二,"无思",即盲目服从,是产生平庸之恶的根本原因。在现代科层制社会下,人们依照某种规则、某一社会角色的规定来行动,却不思考在具体情境下人们行为的合理性、自我的感受性、对他人的影响性等问题。在这里,人的思考能力逐渐退化,盲目服从成为人们的选择,从而导致人们自我意识和自我责任的消失,成为恶行的无意识的服从者。

　　4. 社会戾气严重激发大学生内心不平衡

　　社会道德文明程度和经济发展状况有着密切的内在联系。如前所述,经济的快速发展能够为友善价值观的生成提供基础,但是经济发展速度只是友善价值观生成的必要而不充分条件。这是因为生理需要和物质需要能否被满足以及满足的程度受两个条件制约:一是经济发展速度和程度;二是社会物质财富分配的公平程度。也就是说,社会的物质财富增长速度越快,分配越充分,人们的物质需要和生理需要满足的程度越充分,进而对道德的需要才会更强烈。然而,反观社会现实,伴随着社会经济快速发展、物质财富日益丰富的现实,呈现出的却是社会贫富差距越来越大的现实。正如清华大学孙立平教授借用"断裂"一词来描述当前社会的贫富差距、城乡隔离,落后的群体甚至被甩出了中国的社会结构之外,社会阶层固化、差距拉大等问题凸显,这显然与改革开放之初"先富带动后富"的

---

　　① 夏青:《教育场域中的"集体无意识":阿伦特"平庸之恶"的教育学探析》,《湖南师范大学教育科学学报》2017年第3期。

　　② [美] D. P. 约翰逊:《社会学理论》,南开大学社会学系译,国际文化出版公司1988年版,第292页。

战略理想有较大差距，在这种经济环境背景下，人们做一个友善之人的道德需要也降低。

贫富不仅是一种经济差异，还内含着身份、地位、文化、资源、道德等差异，当这种社会贫富差距、城乡隔离折射到大学校园中，可能诱发心理失衡，带来一定的隔离和歧视，给大学生的思想带来一定负面影响。一方面，由于经济、学业差异引发心理失衡，带来一系列不友善行为。受户籍管理制度影响，我国城乡二元对立图景影响深远，可以说，城市聚集了现代性的各种资源和福利保障，而农村则成为城市的附庸，社会福利相差甚远。当代大学校园主要设置在城市中，许多城市、县城、农村等家庭经济背景、学习能力不同的学生都聚集到这里读书、生活，在平时的交往中难免呈现出生活习惯的多样性、生活条件和文化品位的层次性、学业成绩的差异性等特征，而这也可能成为同学之间出现隔离、冷漠甚至歧视的重要原因。问卷调查中，在"我认为贫富差距大，易导致心态失衡，戾气严重，人也较为冷漠"题项中，选择符合的学生高达43.5%；访谈调查中，当问及"你觉得是什么原因造成不友善行为的出现"时，有学生表示："和生活条件有关系，有些城市的同学会有点优越感，看不起（乡村的同学）似的，这种优越感会导致不友善的行为出现。"（619X26）校园暴力和校园凶杀案都面临着这样的社会结构背景，如震惊全国的马加爵杀人案和复旦投毒案，就是大学生面临与他人的经济、学业差距产生心理失衡，却不能较好调节，进而引发犯罪的典型事实。另一方面，由于社会隔离，给不同群体贴标签，弱化博爱精神。除了贫富差距引发的以经济、地位、身份、文化差异等为外在表现的社会阶层固化，还有因地域、行业、道德层次等群体隔离，这种社会隔离容易引发社会偏见和欺凌。当前网络和现实社会中，人们对"河南人""东北人"的偏见比比皆是；针对不同职业的偏见也较为常见；宿舍中占多数的同一地域、同一民族、相同生活和文化背景中的学生，针对群体外人员的欺负和孤立等都是这种社会隔离带来的不友善现象，如在一个道德水准并不算高的群体中，常常做好事的"活雷锋"则有可能因为其理想信念和完美追求被人孤立。甚至穿着和外表的差异也能引发社会隔离，如问卷调查显示，在题项"公交车上，我不愿意和穿着邋遢、脏兮兮的人坐在一起"中，选择符合的学生比例为36.4%，更不要说对于社会弱势群体的真心帮助了。

5. 社会诚信问题突出阻碍大学生友善价值观践行

诚信即诚实、守信，是个体表现出来的内在品质，在社会交往层面上，是人际交往的基本原则，一个人若丧失诚信，将很难在社会中立足。正如孔子所说："人而无信，不知其可也"（《论语·为政》）。人与人之间最珍贵的纽带不是商品交换，不是利益的获得和共享，而是心与心之间的真情流露，由诚信产生的信任感是友善价值观的动力源泉，但是在当前社会下面临着前所未有的挑战。生活中不难发现，一些好吃懒做、企图不劳而获之人，常常佯装遭遇了不测。比如"钱包被偷"向路人借钱买车票、吃饭，让路人帮忙充话费并承诺会还；拖着老弱病残行乞；利用网络平台炒作博同情和救助等现象比比皆是，一些好心人发现自己上当一次，便有可能对类似的情况采取"一刀切"的态度，形成不管闲事的心理定式，进而造成助人信念和行为的消退。这种信任危机的发生有着深刻的社会背景因素：一方面，陌生人社会的发展使得诚信的约束力降低。与西方以契约精神为底色的诚信不同，我国的诚信传统基于熟人社会的人际交往原则。在传统熟人社会中，"名声"对一个人的影响极大，而这种名声大多来自熟人的人际评价，一定程度上讲，"好名声"就是一种资源。然而随着现代化和城市化进程加快，社会流动性加大，熟人社会中的人际约束消失，人们为了获取某一利益可能出现失信、撒谎等行为。社会中有些别有用心的人，利用信息不对称，夸大甚至虚构自身困难处境进行"骗捐"，不仅抢占救助名额，而且对全社会的诚信生态都是一种抑制和毁坏。另一方面，网络中的集体无意识降低了对诚信问题的监督。互联网的发展为公益事业提供了便捷的平台，人们只要动动手指就可以点赞、转发、打赏、捐助，微媒体的传播速度和深度已经超越新闻媒体，它具有信息扩散的裂变性和快速性。与此同时，网络由于其高度互动性，构建了一个个主题广场，网民在评论区和点赞区表现出一种集体心理，即固有的个人意识和理性丧失作用，在集体情绪和大众舆论的传染下，产生从众言行。在这种网络心理环境中，"炒作"成为网络特有的功能。网络公益中夹杂了不少炒作信息，看似"真实"的数据变得真假难辨，随着情绪和情感的带入，人们来不及思考便慷慨解囊，然而当人们的善心遭遇营销欺诈的炒作，其友善观就会受到打击。

当前社会诚信生态较差，加上网络从点到面的传播，其生态效应弥漫到大学校园中，会极大阻碍大学生友善价值观生成和践行。对现实的观察显示，H 高校某学生在校园遇到一个乞讨的老奶奶，将自己的牛奶和早餐赠予了她，但老奶奶转身就将牛奶给了身边的中年妇女。该生随后在朋友圈发布了自己被骗的事件，其收到的各种回复无非一种启示：不要相信陌生人，不要泛滥自己的同情心。这种信息在网络的传播，对受众的影响远远超越了发布者自己。问卷调查显示，在题项"您认为造成有些大学生友善价值观缺失的原因有哪些"中，选项"社会信任危机"的加权平均数为 0.151，其重要性排在第三位；在题项"阻碍您对他人友善、实施帮助的主要原因有哪些"中，选项"我不知道他的遭遇是真是假"的加权平均数为 0.264，其重要性排在第一位。由此可见，面对他人的求助，大学生的善心因为社会信任问题而变得颤颤巍巍。正是在这样一个需要人与人相互扶持的陌生人社会，陌生人成为最大的恐惧，这其中最主要的原因就是社会信任缺失的侵蚀，正如深入访谈中，在问及"是否会以个人利益为代价主动帮助陌生人"时，有学生表示："我可能不会主动帮助。因为在我帮助他们之前我并不知道他们是真的需要帮助还是利用人们的善良来欺骗别人。"（310X18）

6. 受助者道德缺失抵消大学生友善价值观生成动力

前文指出，民间组织的发展能够有力促进大学生友善价值观生成，作为一种非政府性、非营利性组织，民间组织帮助行为的有效性，受助者对于帮助行为的肯定和回应是其进一步发展的动力源泉。映射到生活中，受助者的美好品德、能力提升、状况改善是大学生从助人行为中得到满足感，进而形成友善价值观的重要来源，正如深入访谈中，当问及"您认为哪些因素促进了您友善价值观的生成"时，有学生说："在帮助他人之后，他人的高兴、快乐和言语激励了我。"（518X05）问卷调查显示，在题项"当您善待、帮助他人，为他人牺牲自身利益时，您期待对方怎么做"中，选择"传递友善和温暖"的学生有 69.5%，选择"表达感恩之情"的学生有 49.6%，分别列居第二和第三。人们常常更乐于帮助好人，而且若受助者的道德水平较高，其本身就能够对大学生产生感染和激励作用。然而在现实中，出现了受助者无德的情况：由于人们常常乐于帮助那些靠自己能力不能解决问题的人，于是有些人将自己包装成一贫如洗、一无所有的形象，骗取他人同情；一些人将自己的窘境归因于社会和他人，完全放弃自身努力，期待他人的"输血式"帮助；一些人甚至将自己扮成弱者，干起了讹诈的勾当；还有一些人确实困难，但对其接受的帮助视为理所当然，毫无感恩和回馈社会之心。加上一些媒体为了博人眼球，大肆报道受助者无德、施助者心寒的事例，在全社会营造了一种助人恐惧和焦虑，从而不利于大学生友善价值观生成。

当前受助者道德缺失问题主要集中在诚信缺失、自我责任感不足、感恩意识缺乏等方面，其中诚信缺失会削弱大学生对陌生人的信任，弱化大学生对他人的不完全责任，该问题在前文已有阐述，本部分着重谈后两个问题。其一，受助者自我责任感的不足易导致大学生友善价值观情感乏力。受助者的自我责任感就是求助前要把自己当作客体来认知，对自己的能力和困境形成正确的认知并尽最大努力积极摆脱困境。唯物史观认为，内因是事物变化发展的根本原因，助人行为想要达到目标，必须调动求助者的主观能动性，对自己负责。这种自我责任感是助人行为达成效果、受助者摆脱困境的关键力量，是公益慈善资源得到有效运用的重要前提，更是对施助者付出的尊重。当前求助者主要有求助以生存；求助以在不影响生活现状的基础上解决困难；求助以获取利益；身处困境，一味依赖甚至索要捐助四种情况，其中，第一种是正常的求助情况，大多数受助者属于此类情况，但是随着部分人面对贫富差距产生剥夺感，心态失衡，产生了后三种求助现象，其实质是推卸对自我生活的责任。随着"索捐""道德绑架""福利依赖"等现象浮现，"求助者是否值得帮助"成为人们踌躇时考量最多的问题。其二，受助者缺乏感恩之心导致大学生的友善价值观缺乏持续动力。"感恩是一种对外界（他人、社会、自然等）给予自己的恩惠产生认知并伴随积极情绪的复合社会认知过程，即包括感恩意识、感恩情绪和感恩行为的社会认知过程。"[1] 感恩具有矛盾性特征，从内涵上看，它使施助者和受助者紧密联系、相互转化，是感恩图报和施恩不图报的对立统一，正是在这种矛盾中彰显了美德之宝贵。对于受助者而言，感恩作为一种内在力量，能够促进其从弱势群体走向自立者、施助者，扩大人们对友善行为的参与；对于整个社会，感恩是公益慈善的催化剂，能够唤醒和构筑社会良心；对于施助者，感恩有助于构筑针对好人好事的社会

---

[1] 蒲清平、徐爽：《感恩心理及行为的认知机制》，《学术论坛》2011年第6期。

安全网，在其需要帮助时得到及时、高效的援助。当前，有一些观点认为受助者不必感恩、无须感恩，施助者不能要求其感恩，现实中也常常能看到一些受助者对他人的帮助肆意挥霍、对施助者避而不见等现象，而这些也使得大学生友善价值观缺乏持续动力。深入访谈中，谈及"您怎么看待扶摔倒的老人反被讹，受助人避而不见、拒绝帮助施助者等事件"时，许多学生用"伤心""心蛮凉的""寒心""凉透众人的心""失望"等来描述自己的感受，认为这种行为"是一种道德底线的缺失"（308X17），"危害蛮大的，因为它会损失人与人之间的信任度。如果你帮助别人反而被讹，这种报道出来之后，越来越多的人了解了之后，那大家之前可能没有碰到过，但是现在可能也会去吸取教训。这本身也是对真正需要帮助的人的伤害，有时候大家因为防备戒备就不会再去帮助他了。"（308X22）

7. 复杂的网络生态干扰大学生友善价值观生成

正如前文所述，网络的发展为大学生友善价值观的生成提供了更具丰富性、互动性的载体和实践平台。但是，当前网络信息泥沙俱下，各媒体有着复杂的利益诉求，网民群体易产生集体无意识，且网络导致大学生"宅"现象进一步凸显，这些都对大学生友善价值观的生成带来挑战。

第一，网络的匿名性、开放性、互动性，使得网络生活空间多样价值观交锋，给友善价值观生成带来干扰。社会转型以来，旧的价值观已经坍塌，新的价值观尚未建立，西方国家意图扩张其所谓"普世价值"的心非但不死，反而愈加隐蔽，当前可谓价值观整合的重要时期。网络具有全球化、开放性等特点，各种社会思潮充斥其中，成为各种文化和价值观交锋的主阵地，当社会矛盾呈现的时候，一些幕后推手便会不择手段趁势对其炒作，将其推向高潮，肆意抹黑。问卷调查显示，在题项"您认为造成有些大学生友善价值观缺失的原因有哪些"中，选项"网络的匿名性导致邪恶泛起"的加权平均数为 0.063，是造成大学生友善价值观缺失的重要原因。第二，一些媒体丧失道德底线，以负面报道博得眼球，制造社会道德恐惧。媒体对丰富文化产品，提升文化品位，曝光社会黑暗面，促进社会进步等有着重大作用，承担着重大责任。然而当前社会许多媒体具有自己特殊的利益诉求，为了达到这种需要，赚取关注度和流量，便一味迎合恶俗品味，作出一些不负责任的报道，对当代大学生产生不良影响。正如问卷调查显示，在题项"我认为当前媒体的报道有一定的误导作用，消解社会正能量"中，选择符合的学生比例高达 60.9%；在题项"您希望当前社会从哪些方面促进大学生生成友善价值观"中，选择"注重媒体的正面报道"的学生有 57.3%，居第四位。道德恐慌一旦产生，通过媒体哗众取宠得以传播，就会像瘟疫一样肆意扩散，而"夸大恐惧是不负责任的和不道德的。将小范围的风险夸张成国际灾害显然是不道德的"①，媒体必须肩负起社会责任。第三，大学生作为网民群体，容易产生集体无意识，丧失理性判断。当前网络中常用"吃瓜群众"来形容围观人员，他们不了解实情，对声音持围观态度，像极了鲁迅《药》中的那群人。在这种群体中，个人受到群体声音的影响，理性和异质性丧失，像被催眠一样，跟着群体的声音思考问题，至于事实的结果早已不重要，他们要的只是加入这网络狂欢中。第四，大学生触网较多，甚至将网络当成精神避难所，"宅"成为一种常态，对现实生活毫不关心。当代大学生多为"95 后"，网络成为他们的第二生活空间。一方面，脱离了中学紧张的生活，进入相对宽松的大学校园，许多学生不能较好安排自己的生活，放纵自己沉溺网络；另一方面，当代大学生生理上的成熟和心理的幼稚并存，但成人感较强，渴望在现实生活中获取话语权，但却被家长、老师、社会甚至同学边缘化，当他们在现实中遇挫时，就会投身网络世界，寻求精神上的安慰。这样一来，大学生主动拉大了和现实生活的距离，参与现实生活较少，对现实报以冷漠的态度，难以生成友善价值观。正如访谈中有同学提到的："现在电脑科技这么发达，手机这么发达，刚才那位同学三天在寝室不出门，他不需要与人接触，那友善根本谈不上，（因为）友善是人与人之间的，不与人接触（会阻碍友善价值观生成）。"(619X07)

二 学校教育是影响大学生友善价值观生成的主阵地

（一）学校促进大学生友善价值观生成初见成效

学校是进行教育的主阵地，各高校也积极开展相关活动促进大学生友

---

① ［美］拉什沃思·基德尔：《道德勇气：如何面对道德困境》，邵士恒等译，北京时代华文书局 2016 年版，第 254 页。

善价值观生成。问卷调查显示，在题项"我们学校开展了友善价值观教育活动"中，选择符合的学生比例有40.7%。长期以来，随着教育实践和教育理念的发展，我国大学教育在促进大学生友善价值观生成中采取了丰富的方式。

其一，课堂教育是促进大学生友善认知的重要渠道。课堂能够集中时间传递具有科学性、理论性和逻辑性的知识，这对于价值观的树立十分重要。问卷调查中，在题项"您是通过哪些途径了解友善价值观的"中，选择"课堂教育"（党课、公共课）的学生比例高达61.6%，排在第三位；深入访谈中，谈及"您的学校从哪些方面进行友善价值观教育"时，32名学生中有11名学生谈到课堂教育，归纳得知，他们所说的课堂具体分布在思想道德修养与法律基础、马克思主义基本原理、毛泽东思想与中国特色社会主义理论体系概论、形势政策课、社会人际交往课、心理健康课、感恩系列教育课程、团课、党课等。其二，校园文化熏陶是促进大学生友善价值观生成的有效方法。校园文化是和青年文化对接最为紧密，最具吸引力和渗透力的文化，既是大学生友善价值观生成的重要环境因素，又是促进大学生友善价值观生成的载体因素，能够提升教育的趣味性、隐蔽性，达成良好效果。问卷调查中，在题项"您是通过哪些途径了解友善价值观的"中，选择"校园文化宣传"的学生比例高达66.7%，排在第一位；在题项"您的学校开展了哪些宣传与培育友善价值观的活动"中，选择"校园文化宣传"的学生比例高达72.1%，排在第一位，可见其在促进大学生友善价值观生成中的重要作用。访谈得知，这些校园文化活动主要集中在社团实践活动、第二课堂学习实践，如青年志愿者服务活动、课下走访调查、主题团组织活动、捐助活动、班会主题、游戏和聚会活动；思政类比赛，如百生讲坛、演讲比赛、征文活动等，微信、微博等新媒体平台线上宣传，道德模范讲座，宣传画报等。其三，辅导员是大学生友善价值观生成中的独特角色。他们作为学校中与学生接触最频繁的老师，在大学生友善价值观的生成发挥着重要作用，扮演着独特的角色。深入访谈中，不少学生提及辅导员对自己的影响，归纳起来主要包括知礼、懂礼、讲礼教育，借助晚点名宣传友善价值观，通过私下聊天提升学生人际交往能力，讲热点新闻时涉及一些，遇到同学之间人际关系案例时会讲一些相关内容等。其四，评价制度引导督促是促进大学生友善价值观生成的制度保障。

评价作为一种激励机制，对当代大学生持之以恒践行友善价值观有着重要作用，当前高校采取人际关系测试和测评了解大学生人际关系倾向性，通过课堂结课考试或考察，志愿服务活动兑换素质学分，年度评优评先等方式进行友善价值观培育，起到了一定的引导作用。

可见，当前高校做了大量工作来促进大学生友善生成，并取得了一定成效。其一，高校为大学生友善价值观的生成提供了场域。同一学校的大学生来自不同的地区，有着不同的文化背景和生活习惯，大学生的学习不仅仅局限于专业，还拓展到了为人处世等方方面面。高校作为一个集体场所，为大学生学习与人相处的能力，打磨自身品格提供了场域。其二，高校的教育宣传深化和拓展了大学生对友善价值观的认知和理解。通过课堂系统的学习和各种宣传活动，有助于大学生将友善从社会主义核心价值观的高度来把握，从社会公德、职业道德、家庭美德、个人品德等方面来了解其丰富内涵，从道德模范和榜样身上汲取力量和提升道德能力和勇气。其三，高校学生组织直接促进大学生友善价值观参与和践行。高校肩负着培养人才和服务社会的双重职能，公益性社团组织，如圣兵爱心社、义教之家、全纳服务队、星光自闭症儿童帮扶中心等的存在，本身作为一种友善文化符号和榜样示范，通过社团纳新、活动组织和宣传等传递了正能量。更重要的是，大学生初次离开家庭，自身尚不够成熟和独立，很多人没有能力甚至没有渠道进行志愿服务，而这些学生群体的存在为大学生直接参与和践行友善价值观提供了平台和渠道。

（二）学校引导不当弱化大学生友善价值观生成效果

青年时期是一个人价值观面临冲刷和反思的关键时期，高校是大学生友善价值观生成的主阵地，当前许多高校较为重视友善价值观的教育，但也存在一些问题。

1. 部分高校中存在的工具理性倾向阻碍大学生友善价值观生成

"工具理性"由马克斯·韦伯提出，指目的和手段相分离，专注于效率的提升，推动了科技的发展和社会进步，但也剔除了精神的价值和人的发展。在工具理性至上的支配下，科技的力量被人们崇拜，而公平、正义、友善、幸福等价值都黯然失色，教育也被包括其中。大学具有培养人才、发展科学、服务社会的基本职能，可以说立德树人是其首要任务。杜威曾经指出:"教育的过程,在它自身以外没有目的;它就是它自己的目的。"① 然而教育经济化改革以来,部分高校将工具理性放置在至高地位,以科技、市场、利益为导向,重视自然科学发展,轻视人文社会科学和道德教育;重视就业率和专业知识学习,轻视人文精神的培育;重视大学生的成绩,忽视大学生精神生活质量;以"必要的痛苦"作为达到"幸福"的手段,制造着教育痛苦。以这种工具理性为指导,必然不利于友善价值观的生成。

其一,工具理性的推崇导致道德教育的边缘化,致使道德冷漠成为可能。在对工具理性的迷信下,教育也越发关注社会市场需求,变得日益"谋生化"、竞争化,即将教育看作为将来的职业、工作所作的准备,为了比别人谋得更好的活儿,更加突出教育的实用性和技能性。而这些还塑造着所谓"社会性格",即物质、自我和冷漠②,即将物质追求和享受等外在利益作为自我实现的标志和毕生追求,以自己的这些目的为中心,除此之外,毫不关心,麻木地观看着他人的痛苦,甚至将他人的痛苦当作自己的消遣和娱乐。其二,工具理性的推崇导致道德和道德教育的工具化,使道德伪善和精致的利己主义者成为可能。一方面,工具理性导致道德教育的工具化和标准化,道德教育沦为维持政治统治和保证个体修够学分顺利毕业的重要手段;另一方面,工具理性导致道德的工具化,在工具理性视域中,包括道德在内的一切精神追求、他人都成为达到自己外在利益的手段,社会伪善呈现。道德教育的工具化倾向必将培养一批功利主义和极端个人主义特征明显的学生,他们将会成为精致的利己主义者,将他人视为达到自身目的的工具或竞争的对象,在这样的氛围中,学生们难以关心他者。我们的大学生中不乏这样一些工于心计的人,甚至一些经过多年培养的学生党员和干部也忘记了服务他人的人生追求,成为关键时刻捞取各种保研、出国名额,荣誉和证书的"八爪鱼"。其三,对工具理性的推崇导致大学生形成扭曲的成功观,为大学生制造而非消除痛苦,致使大学生远离而非接近幸福,难以自爱。幸福是个人善待自己的普遍原则,学校担负着消除痛苦和制造幸福的重要使命。然而,工具理性的道德教育倾向必然

---

① [美]约翰·杜威:《民主主义与教育》,王承绪译,人民教育出版社 2001 年版,第58页。

② 高德胜:《政治冷漠与教育的谋生化》,《探索与争鸣》2013 年第 5 期。

形成扭曲的成功观，为大学生创造痛苦，致使大学生难以体会真正的幸福，甚至难以自爱。我们通常的观点是幸福需要教育，然而当前一些工具化的教育非但没有给大学生带来幸福，反而制造了痛苦，如应试考试给大学生带来的噩梦和焦虑感；对物质和荣誉求之不得带来的自责和无助感；对他人苦难进行娱乐和嘲讽进而制造更大的苦难等。笔者认为，幸福需要教育，我们的教育更需要幸福，这是因为幸福对道德具有涵养作用，一个幸福的人，必定是有着满意的人际关系的人、一个善良的人。

2. 部分高校通过风险和竞争营造的紧张气氛干扰大学生友善价值观生成

当前社会具有竞争性、风险性等特征。一方面，经济体制改革打破了传统单位制，"吃大锅饭"等现象得以肃清，人们的竞争意识和自我意识得到增强。另一方面，社会的现代化和个人的成长过程是个人从原有集体中脱嵌、独立出来的过程，社会呈现出个体化特征，每个人都为自己的得失和选择负责。当个体被抛向社会的时候，变得无所依靠，失去了保障的人们生活在风险社会之中。

这种社会竞争和风险映射到学校中，得到学校的积极回应，不断用各种机制制造着紧张气氛。适当的紧张有助于人们提高警惕，增强忧患意识，然而不当的紧张则为人们带来了焦虑和痛苦。当前，部分学校制造的紧张氛围阻碍了大学生友善价值观生成。第一，关于学业、就业的紧张气氛导致学生焦虑、封闭和痛苦，"郁闷""宅"现象成为学生中司空见惯的现象。当前社会下，读书成为人们改变命运的重要渠道，许多学生秉持这样的信念跻身大学校园，实现身份的转变成为他们的重要目标。学校和老师也常常以此为教育任务，常常直接或侧面地给学生施加这方面压力，甚至将四级英语考试、挂科等与学生的毕业资格紧密相连，将老师自身经历的那种改变命运的艰苦奋斗经历和焦虑传递给学生。这使得一些学生变得焦虑、恐慌和痛苦，丝毫体会不到教育的幸福，他们常常处于毕业、就业等事情的焦虑、无助之中，感到未来生活的无望，慢慢地他们不再自信，也不喜欢这样的自己，难以自爱。"郁闷""无语"成为大学生的口头禅，"宅"成为他们逃避焦虑和紧张的重要手段，甚至有些学生，为了摆脱心中的焦虑，对自己、身边同学、老师甚至小动物等实施一些自残、暴力、虐待等不友善行为。第二，病态竞争带来的紧张导致同辈群体之间良好关系的消解。由于资源的有限性,人与人相处中的竞争成为必然,尤其是市场竞争理念引入校园后,学生们的竞争意识愈加增强,甚至出现病态竞争,即"总是拿自己和他人作比较,甚至在不需要作这种衡量的情况下也是如此",不仅"要比他人取得更大的成就,而且还要这一成就是独一无二的",隐含着"敌意"①,致使人与人之间的关系变得扭曲。在学校中,不乏由于不良竞争引起的学生之间的敌视、嫉妒、孤立、挖苦等现象,破坏了学生之间的伙伴关系,阻碍了大学生友善价值观的生成。第三,对陌生人的恐惧抹杀了社会信任。由于当前社会存在更多风险,加上教育体制原因,高校将学生的安全问题摆在首位。为此,一方面,部分高校管理者简单粗暴地将学校与社会隔绝开来,防止外部风险向学校渗透,甚至有的高校不再提供校内观光车服务,禁止共享单车的进入等,给学生带来一种校园之外处处是"坑"的印象;另一方面,我们的教育存在矛盾性,一面强调关爱他人,一面却用社会中的各种案例对我们的学生进行"爱的恐吓",将陌生人描述成危险的闯入者,给学生带来一种坏人当道、社会危险的印象,而这造成了学生对人性的怀疑和对社会的不信任,学生的道德冷漠也拥有了最好的借口。

3. 部分高校教育脱离现实生活弱化大学生友善价值观教育实效性

当前高校普遍重视市场需求,重技能和专业,轻人文修养;重专业学习,轻品德修养,存在一种脱离生活的教育倾向。其一,当前部分高校存在以市场为导向的功利主义教育倾向,忽视学生的学习生活体验,重视专业学习和技能培养,轻视人文修养和道德教育。其二,在道德教育中,主要采取德目教育法,将道德浓缩成"精华素",试图利用课堂时间向学生灌输系统化、理论化的道德德目,在真空的理论学习中实现学生的道德化。

道德是生活的重要构成要素,脱离了道德的生活必将一片混乱。而生活是道德生成和发展的土壤,没有生活,道德也无从谈起。脱离生活的高校教育是真空中的教育,不利于大学生友善价值观的生成。第一,脱离生活之域的教育对于友善价值观培育无用。教育的目的是提升生命的质量,

---

① [美] 卡伦·霍妮:《我们时代的病态人格》,刘丽译,台海出版社2017年版,第168—172页。

促进生命的成长,然而脱离生活之域的教育正在培养一批悬置在空中、不食人间烟火、不关注社会问题的大学生,他们甚至不能为亲爱的家人做上一顿简单的晚餐。对于"听话"的学生来说,家人和学校对于学习、就业和竞争的强调,导致他们更加关注自己的事情,而他人成了自己学习之外可有可无的存在,社会中的问题也和自己的学业无关;对于"叛逆""贪玩"的学生来说,自身关于快乐的体验高于师长的叮咛,更高于他人的存在,对于社会也采取默然的态度,将"关心"、他人、社会置之脑后。第二,缺乏生活之韵的教育对学生无效。一方面,缺乏生活之韵的教育致使学生在道德问题面前变得迟钝和漠视。杜威强调"一盎司经验胜过一吨理论",正是生活本身的韵律给人带来各种体验和暗示,从而促进个体道德的形成。而缺乏生活之韵的教育对于学生则是无效的,这是因为,经验世界和情感世界是紧密联系、相互渗透的,生活化的教育有助于增强学生道德情感的真实体验,提升学生情感上的注意力和敏锐性。而脱离了生活之韵,学生难以体验复杂的情感和暗示,其"道德触角"将会变得异常迟钝,只识书本上的"道德",却难以体会现实生活中他人的感受和需要。另一方面,缺乏生活之韵的教育过程是"假大空",在这种精神条件十分空洞和匮乏的情况下,难以培养出有道德的人,正如杜威所说,"从道德的方面看,当前学校可悲的弱点,正是它企图在社会精神条件非常缺乏的媒介中,培养社会秩序的未来成员"[①]。第三,脱离生活幸福的教育对学生无益。教育的目的在于使生命更幸福地存在,实现生命的意义和价值,正如苏霍姆林斯基所说:"要使孩子能成为有教养的人,第一,要有欢乐、幸福及对世界的乐观感受。教育学方面真正的人道主义精神就在于珍惜孩子有权享受的欢乐和幸福。"[②] 苏霍姆林斯基的原则就是教育中的幸福原则,即承认学生有在受教育过程中获得幸福的权利,承认教育活动的幸福主题。此外,必须过问学生的精神生活,让学生告别那种享乐主义的"市侩般幸福的理想"。而我们的教育则正朝着相反的方向发展,即经过这种脱离生活的教育,他们要么更加追求感官和物质的快乐,要么感受着种种压力和竞争带来的焦虑和紧张。总之,我们的学生不是更幸福,而是更不幸了。

---

① [美]杜威:《新旧个人主义——杜威文选》,孙有中等译,上海社会科学院出版社1997年版,第201页。

② 檀传宝:《信仰教育与道德教育》,教育科学出版社1999年版,第169页。

4. 当前高校道德教育具体实施中存在的问题阻碍大学生友善价值观生成

落脚到当前友善价值观教育具体过程中,我们发现存在一些问题,阻碍了友善价值观生成。从教师角度看,当前教师的理念存在一些偏差,不利于大学生友善价值观生成。其一,当前高校教师自身具有功利性,对自身利益的关心多于对他人的关心,难以成为友善的代言人。正如深入访谈中有学生所说:"现在哪怕是专科院校教师以及教职工哪怕是辅导员都有研究生的文凭,他们受到过的教育相当高,但是对于他们来说最重要的是教书和育人吗?最重要的是如何拿到编制,如何转正,如何从主任升到处长,从处长升到院长,从院长升到校长,什么叫友善?学生在老师那里理解不了"(206X07)。其二,当前部分高校教师自身具有冷漠性,师生关系较为疏远,难以让学生在学习的过程中,学会关心他人。问卷调查中,在题项"我和大学老师的关系较为疏远,交流很少"中,选择符合的学生比例达37.5%,还有23.7%的学生选择不确定。这在一定程度上致使需要师生共同参与的教学过程割裂开来,不利于教师正面影响的发挥。其三,当前部分高校教师的教育具有矛盾性,使学生产生矛盾思想。一方面老师作为教书育人的主体,要教育学生关心他人,关爱弱者;另一方面,老师作为管理育人的主体,要保证学生的安全,保护自己的学生不出事,双重角色致使教师的教育常常充满矛盾性,对陌生人提高警惕的教育常常多于帮助他人和友善待人的教育。

从课堂教育的角度看,当前课堂教育在内容、方法、评价上存在一些问题,不利于大学生友善价值观生成。访谈调查中得知,当前高校进行友善价值观教育的课堂主要包括思想道德修养与法律基础、马克思主义基本原理、形势政策课、社会人际交往课、心理健康课、感恩系列教育课程、团课、党课等。一些通识课和素质课的内容较为贴近生活,具有趣味性,且评价方式相对灵活,受到学生欢迎。但一些必修课,如思想道德修养与法律基础、马克思主义基本原理、党课、团课等,则存在一些问题。其一,教育内容脱离生活,略显单薄。当前部分教师教学中脱离社会热点和学生生活实际,就理论讲理论,以政治词汇代替道德教育,就美德提要求,而非真正结合学生的生活进行教育,给学生一种抽象感、空洞感、缺乏温度感。正如深入访谈有学生所说:"我希望学校和思想政治教育者能把友善价值观的建设工作做到深入浅出,从学生日常生活学习方面入手,让学生更易接受其中的道理,而不是一味宣传价值观理论知识"(207X15);还有学生认为:"我觉得讲座、上课这种效率很低,还不如让学生出去感受一下生活,比如说多去帮一下别人,参加义工活动,到地铁、医院、敬老院这种真的挺能帮助别人的,你能感受到一些人遇到的一些困难"(207X11)。其二,传统教育方法吸引力不强,效果较差或失效。不仅理论灌输法遭到学生反感,甚至以往被证明十分奏效的方法,如榜样教育法在当前教育过程中也不那么灵了,出现了"疏离榜样"和"榜样疏离"现象。疏离榜样,即当前大学生中存在的一种疏远而非走近学生榜样的现象,甚至出现了一种对榜样的孤立现象,认为好人就该做好事,就该吃亏,并认为这习以为常、理所当然。由此产生了榜样疏离,即道德榜样的身份可能带来的一系列责任和压力,人们不以成为道德榜样为荣,不追求这种榜样身份。由此,榜样教育法在当前教育中式微。问卷调查中,在题项"下列促进友善价值观生成的方式中,您最喜欢哪些"中,选择"学习先进典型"的学生仅有28.8%,排名倒数第二。其三,教育效果持续性不强。即便老师讲的大家都懂,但过不了多久便会失效,常常是课上明白课下忘,考试知道生活中忘记,仅仅停留在认知层面,不深入生活的教育是苍白和无力的。其四,教育评价多以成绩论英雄,脱离实践。即便进入大学,也难以摆脱"分分分,学生的命根"的命运,这是因为分数在学校中可以带来师生、家长的肯定和荣誉,可以为学生带来毕业证、学位证、奖学金、保研、出国等实际利益。由此,以考试的方式来进行课程评价能够引发学生重视,督促学生按时上课和学习,然而,在这种考核机制下,我们培养出了一些道德知识篓子和道德行为矮子。问卷调查中,在题项"您希望高校从哪些方面促进大学生生成友善价值观"中,选择"教学评价方式更重视实践"的学生有44.5%,排列第四位;深入访谈中,不少学生也表示希望多布置一些实践活动,多给一些实践分。

从校园文化和第二课堂实践的角度看,当前校园文化建设可谓品种繁多,异常活跃,然而其建设中也存在一些缺憾,阻碍了大学生友善价值观的生成。其一,当前高校采取多样化方式进行友善价值观培育,然而也存在为活动而活动,缺乏思想内核引领的现象。其二,活动形式单一化等问题使活动无法达到预期目标。当前高校采取讲座、演讲、知识竞赛、团组织生活等活动促进大学生友善价值观生成。然而,部分学校的活动形式单一、落后,缺乏吸引力,学生们并不买账,常常处于被动式、签到式、功利式参与,即便参与进去,也常常消极抵抗,玩手机或做别的事情打发时间。其三,高校聚焦学生友善价值观生成的校园文化缺乏组织性和计划性,导致大学生友善价值观教育效果欠佳。当前高校促进友善价值观生成的校园文化处于一种被动式、"撒胡椒面"式的零散开展方式,具有随机性和偶然性,常常在某个社会事件发生时才进行警示性教育,尚未形成预先性友善价值观教育机制和体系,也未将其纳入大学生道德教育的必要内容中来。由此,校园文化活动的开展常常效果持续时间较短。其四,校园公益团体和公益实践活动存在的问题阻碍了大学生友善价值观的生成。校园公益团体和公益实践活动是促进大学生友善价值观生成的有效载体和方式,也是大学生最喜爱的方式,但在其具体实施中也存在一些问题。首先,部分高校将志愿服务时间作为学生的一项必修课规定下来,甚至作为毕业资格、评优评先、升学出国的重要要求,这在推动学生参与社会公益实践的同时,也可能带来功利化倾向和选择性参与等问题。如有些活动的参与可能往返要耗费一天,但是只计3小时的志愿服务时间;而有的活动只耗费半天,同样可以计3小时志愿服务时间,学生就会倾向于后者这一"更划算"的活动。其次,当前高校可提供的志愿服务岗位和平台有限,致使报名繁琐、参与机会少,在名额上会照顾高年级学生,低年级学生机会相对少。而在第二章中的调查结果显示,大二正是需要加强引导的关键时期,这样就会错失教育引导的重要时期。最后,当前的志愿服务活动在突破理论教育单调性的瓶颈之余,又偏向了完全抛弃思想性和交流性,缺乏分享公益行动的平台,不利于大家的交流和良好氛围的营造。

三 家庭是大学生友善价值观生成的基础性因素

(一)家庭教育为大学生友善价值观生成提供积淀

家庭是社会的细胞,是人们赖以生存的最基本的社会单位,是友爱产生的源头。2019年,中共中央、国务院印发的《新时代公民道德建设实施纲要》强调,"家庭是社会的基本细胞,是道德养成的起点。要弘扬中华民族传统家庭美德,倡导现代家庭文明观念,推动形成爱国爱家、相亲相爱、向上向善、共建共享的社会主义家庭文明新风尚,让美德在家庭中生根、在亲情中升华。"① 家庭和友善价值观关系密切,家庭在个体尤其是大学生友善价值观生成中发挥着重大作用。

家庭是人的第一所学校,家庭教育在友善价值观培育中发挥着基础性作用。习近平总书记十分强调家庭教育的重要性,他指出,"家庭是社会的细胞。家庭和睦则社会安定,家庭幸福则社会祥和,家庭文明则社会文明。"② 家庭教育为大学生友善价值观生成提供积淀,家庭对大学生的影响是深远而持续的,即便当代大学生离开家庭在外求学,但是家庭对其影响不容小觑。这是因为:首先,当代大学生具有物质精神依赖性、心理尚不成熟等特征,他们遇到困惑时最渴望得到父母的建议和开导。其次,家庭规模变小和独生子女政策的影响使得家长和学生相互联系的意愿均变得较为强烈。再次,手机终端和互联网技术的发展为家长和子女的密切联系提供了技术支持。不同于父辈与祖辈依靠书信来往的传统方式,当前电话、微信、视频、语音、朋友圈、微博等使得家长和大学生的联系更具紧密性、随时随地性。同时,高铁、城铁、轻轨、飞机等现代交通工具的发展,也进一步拉近了学生与父母的距离。最后,正是由于离开父母的庇护,独自在外求学,父母的教诲和叮嘱对于在异乡的学生也显得弥足珍贵,这一定程度上也增强了父母对大学生的影响。

总而言之,家庭对大学生友善价值观的生成有着重要的作用。其一,家庭中长者友善的言行举止为大学生提供了榜样示范。家长是学生的第一任老师,家是一个充满友爱的场所。一方面,每个婴儿都是弱者,他们需要家长悉心地呵护和爱,才能健康成长,在这种对爱的亲身体验中,他们学着去爱别人。另一方面,每位老人也同样是弱者,需要子女的照料,父母的一言一行都会让孩子看在眼里,学着去爱。其二,家风、家训等家庭道德文化为大学生友善价值观的生成提供了内容要求。家训或家教,是指家庭或家族内部父辈和祖辈对子辈、孙辈的训示和教戒,常常以文字或口耳相传的方式传承下来。中国历来重视家训和家教,其中大多以修德、仁

---

① 中共中央、国务院:《新时代公民道德建设实施纲要》,《人民日报》2019年10月28日第1版。

② 《习近平谈治国理政》第2卷,外文出版社2017年版,第353—354页。

爱、和睦为核心，其教育能够直接促进友善价值观的生成。其三，家庭及其向邻里关系的拓展为友善价值观的践行提供了实践场域。传统家庭多为多代共同生活的大家庭，除了血缘关系外，还有由于婚姻契约关系组成的各种关系，这些关系的处理常常需要以和睦为目标，为友善价值观的践行提供了实践场域。其四，家庭教养方式对青年的道德认同和亲社会行为具有重要影响。研究表明，"温暖、民主、支持性的家庭教养对青少年的道德认同产生正向的影响，进而促进了其亲社会行为，降低了其问题行为"，这是因为"当青少年感受到自己是被父母接受和支持的，更容易接受父母的教育，也更容易将父母的道德和规则进行内化，进而形成自己的道德认同"[1]。家庭的温情、民主、认同等为友善价值观的生成提供了有效的心理路径。总之，家庭凭借其强烈的感染力和情感因素，在促进大学生友善价值观生成中发挥着重要作用，正如深入访谈中有同学所说："我觉得家庭氛围就是这样，像爷爷、爸爸，从小就会向我传递善良，他们自己应该也是这样做的。所以言传身教就比较有用"（517X20），正是在这种潜移默化、言传身教的影响下，学生善良的种子得以发芽、成长。

家庭教育中，影响最为深刻久远的便是家风，它"是一个家庭或家族在世代繁衍发展的过程中，逐步形成的传统习惯、生活方式、行为准则与处世之道的综合体，主要内容是其独特而稳定的思想观念和情操、作风。家风的载体形式有两种，一种是大家族的家规、家训，另一种是普通家庭父辈（或祖辈）的身体力行、言传身教"[2]。家风是一个家庭精神文明的集中表现，与社会风气相互作用，一方面，家风是社会风气的具体化，受到社会风气的制约，良好的社会风气能够促进家风朝着良好的方向发展，恶劣的社会风气则可能导致家风朝败坏的方向发展；另一方面，家风能够反作用于社会风气，良好家风能够促进社会风气好转，不良家风则会导致家庭成员道德矮化，助长社会不良风气。家训是家风的重要载体，是家族内部长辈对晚辈的训示和教戒，具有道德性、感染性和传承性，能够使友善价值观在生活中落细、落小、落实。

---

[1] 程琪、赵欢欢等：《家庭教养对青少年社会行为的影响：道德认同的中介作用》，《中国特殊教育》2016年第12期。

[2] 张琳、陈延斌：《传承优秀家风：涵育社会主义核心价值观的有效路径》，《探索》2016年第1期。

中国优秀传统家训中涉及丰富的友善思想，主要包括以下方面。其一，孝悌、求和的治家理念。"和为贵"是治家的重要理念，即强调和睦的家庭氛围和处事方式。孝悌是调整家庭关系的基本要求，孝即对父母的爱，悌即兄弟姊妹之间的友爱。传统中国社会家庭中十分强调孝的地位，将其作为其他一切道德的发端，《孝经》曰："夫孝，德之本也，教之所由生也"，传统大家庭中复杂的手足关系，也需要道德来处理，才能达到和的治家目的。其二，家族互助理念。传统家族较为庞大，难免出现个别困难和弱势群体，面对这种情况，家族中产生了互助的意识和行为，倡导扶危济困。例如，秦州张氏明确规定对鳏寡、孤独、贫老、废疾者，应该进行扶助；甘肃金城颜氏家训规定对于家族弱者，应该审度己力济之，即这种周贫济弱不意味着倾囊相助，而是建立在保证自家用度的基础上，同时这种周济有着亲疏之别。其三，和待邻人的处世理念。乡邻在中国传统社会发挥着重要的生产生活功能，是传统家庭血缘圈的重要拓展，古人十分重视和邻居的相处，强调在遇到邻里纷争时，多忍让。例如，浙江浦江郑氏家族的族训《郑氏规范》叮嘱族人："当以和待乡曲，宁我容人，勿使人容我"[1]；南陵张氏主张乡邻之间应该相互谦让；黄山孙氏家规亦认为邻里乡党及异性亲友，皆应以义相合，"不得以强凌弱，不得以众暴寡，不得以富吞贫。而弱者、贫者、寡者亦不得嫉人之有，反生侵害。孤弱之幼，委曲扶持。或以小事相争，或为劝解和释，语言嫌隙不可介怀。"[2] 其四，重视品德的修身理念。传统家庭十分重视子孙的读书问题，尤其重视他们的道德修养，强调进德修身、砥砺志向。刘备十分重视涵养爱心，告诫其子刘禅，"勿以恶小而为之，勿以善小而不为"。曾国藩在家书中说，"吾辈读书，只有两事：一者进德之事，讲求乎诚正修齐之道，以图无忝所生；一者修业之事，操习乎诵词章之术，以图自卫其身"，即认为读书首先是为了增进道德修业，无愧此生；其次是为了将其作为谋生的手段。第五，强调善恶因果论的约束机制。在约束机制上，传统家庭主要采取善恶因果论来教导子孙。《易·坤·文言》曰："积善之家，必有余庆；积不

---

[1] 转引自张琳、陈延斌《传承优秀家风：涵育社会主义核心价值观的有效路径》，《探索》2016年第1期。

[2] 转引自孙欣《以仁为美，以和为贵——传统家训中的互助伦理》，《河北师范大学学报》（教育科学版）2017年第4期。

善之家，必有余殃"。道教早期经典《太平经》提出"承负说"，承，即今人所承担的先人善恶行为的后果；负，即今人行为对后人产生的影响，指明善恶行为的影响可延续前后五代人，依此约束子孙的行为。此外，由于家人之间血浓于水的情感，子女对父母的训导有很强的信赖感，正如颜之推所说，"夫同言而信，信其所亲；同命而服，行其所服"，即人们更相信关系亲密的人的话，更愿意接受敬佩的人发出的指令。因此，将家规强制和亲情感化相结合，采取亲情感化、日常训诫、仪式规范、氛围熏陶等方式作用于子孙，用温暖的情感、明确的规定、生动的语言、形象的仪式使其在生活实践中践履，能够达到润物细无声的效果。

同时我们应该看到，中国传统家训具有历史局限性，其中蕴含着封建、落后的友善思想。在新时代，应该坚持古为今用、批判继承的原则，以社会主义核心价值观为引领，推动传统家训的现代转型。例如传统家训中"善"的思想，"和谐""宽忍"的待人处世之道等主要强调不给他人添麻烦、宽以待人、严于律己的被动型友善，我们要将其升华为互助、友爱的主动友善；在从熟人社会向陌生人社会转变的背景下，将"孝"理念拓展成"爱"的理念，培育大学生的"友爱"精神，拓展至对他人的服务和帮助；将"善"拓展为"互助"，推动人际关系从工具理性向价值理性的转变，主动关心、帮助他人，形成"我为人人，人人为我"的互助氛围；将传统家训中"光宗耀祖"的成才理念，发展成为"进步成才观"，引领学生树立远大理想和抱负，为推动社会进步而努力，同时感受自身的进步，体会生命历程中普通人的幸福。

（二）家庭结构变迁削弱大学生友善价值观生成基础

随着社会的转型和发展，我国家庭结构和传统时期相比，发生了巨大变化，这些变化为大学生友善价值观的生成带来了诸多挑战，其中最为重要的有以下几方面。

1. 家庭规模变小和代际断层减少了大学生友善价值观生成的资源

核心家庭成为社会主导形态，家庭规模变小和代际断层减少了促进大学生友善价值观生成的资源和场景。国家统计局2020年第七次人口普查数据显示，核心家庭仍是我国家庭的主导形态，但是家庭规模再次缩小，全国范围内，由1982年的4.41人/户，1990年的3.96人/户，2000年的

3.44 人/户，到 2010 年的 3.10 人/户，再到 2020 年第七次人口普查的 2.62 人/户的平均家庭户规模，可见，家庭规模不断缩小，且随着丁克家庭的增多、离婚现象的增多和生育率的下降，这一数据仍呈缩小趋势，[①] 家庭结构出现代际断层，家庭关系变得日益简单。在这些核心家庭中，人们脱离了原来的大家庭，又在一定程度上依赖祖辈对小家庭的照顾，但是小家庭对祖辈的反哺却相对较少，呈现出代际支持危机。此外，手足之间的友爱大量减少，子代对父母的孝顺和赡养也更多以金钱、物质反哺代替精神赡养，更多的是通过电话和视频进行关心。这致使促进大学生友善价值观生成的许多教育资源流失，缺少友善价值观生成的道德场景。

2. 独生子女政策存在的部分缺陷挤压了青年友善价值观的生成空间

独生子女政策的后遗症挤压了大学生友善价值观的生成空间。由于独生子女政策的实施，受教育水平的提升，生活压力增大等多种原因，导致我国当前生育率较低，当代大学生中大多为独生子女。在这种小规模家庭中，亲代会给予子代较多的关注和耐心，孩子享受了父母大部分的爱，这使得他们更加容易获得安全感、自信心和自尊心。但同时，独生子女还受到父母更多的压力，承担父母未完成的心愿，也容易生成一些不良的个性特征。

首先，父母甚至祖辈将家族的希望寄托于独生子女身上，他们将承受过高的期望和压力。望子成龙、望女成凤成为家庭的重要心愿，家长在给予其几乎全部的爱的同时，从学龄起就灌输孩子重知识的成才观、"全班第一"的竞争观，常用"如果你不好好学习，将来长大了就会……"的手段教育孩子。而这些只会给孩子埋下压力、焦虑、恐惧的种子，在成长过程中将他人看作自己超越的目标，站在顶峰的手段，从而难以体会人与人之间相处的幸福。其次，独生子女政策直接带来手足关系的缺失和兄弟姐妹之间社会互动的减少，致使孩子从小丧失部分社会化环境，容易以自我为中心、缺乏合作精神和产生人际关系矛盾等，难以关注他人的感受，缺乏换位思考的能力，共情意识和能力较弱，这些阻碍了友善价值观的生成。最后，独生子女政策的实施增加了家庭风险。"失独"家庭承受的痛苦是难以弥补的，作为父母，对在外求学的孩子最为挂心的还是安全问

[①] 国务院第七次全国人口普查领导小组办公室编：《2020 年第七次全国人口普查主要数据》，中国统计出版社 2021 年版，第 8 页。

题，于是家庭中的道德教育和社会倡导的道德存在一定的矛盾性。问卷调查显示，在题项"家人从小教育我要乐于助人"中，高达80%的学生选择符合；然而在题项"父母教育我不要轻信陌生人，不要和陌生人讲话"中，高达59.6%的学生选择符合，这表明当前家庭在友善价值观教育与社会道德体系在某种程度上存在矛盾性。而且这种矛盾性已经造成一定后果，成为阻碍大学生友善行为的原因之一，如在题项"阻碍您对他人友善、实施帮助的主要原因有哪些"中，选择"父母叮咛我少管闲事"的百分比为19.5%，在谈及"哪些因素阻碍了您友善价值观的生成"时，有学生讲道："父母的一些观念其实我认为就是不对的。还是拿上次那个扒手的事说吧，事后我告诉了失主，然后事后我告诉了我爸妈，我爸妈虽然嘴上没有说不同意，就说如果那个扒手有同伙，我自己的人身可能就会受到伤害。他们这种想法其实也没有错，但是这种想法我觉得还是阻碍了这种友善观念的传播。"（619X12）归根结底，父母的这种矛盾性主要来自社会大环境中的问题，引发其对孩子的担忧。

3. 邻里作为家庭拓展的消失剥夺了大学生友善价值观生成的场景

在传统熟人社会之下，邻人的认同是高效的道德评价机制，而陌生人社会的到来使得作为家庭外延的邻里逐渐消失，邻里教育资源萎缩。传统中国是乡土社会，乡邻是血缘关系的重要延伸，发挥着重要的功能，传统家庭十分重视和邻居的友好相处。国家统计局2020年第七次人口普查数据显示，2000年流动人口规模为12107万人，2010年为22143万人，2020年为37582万人，人口流动的规模日益增大。[①] 可见，现代文明发展的进程推动了人口流动，也推动了陌生人社会的到来。在任何一个平凡的城市我们都能看到一排排紧密相连的房间和阳台，灯光或明或暗，或白或彩，陌生人在这些灯光中来回穿梭，专注于自己的事情，他们是你能够看到却不会触及的人，正如鲍曼所说："在城市中人口密集的区域中，身体上的接近与精神上的远距离是同时存在的。"[②] 在陌生人社会中，每个人都是社会大机器的一部分，承担着某种功能，人与人之间的关系，限定在自身某个

[①] 国务院第七次全国人口普查领导小组办公室编：《2020年第七次全国人口普查主要数据》，中国统计出版社2021年版，第13页。

[②] ［德］齐尔格特·鲍曼：《通过社会学去思考》，高华等译，社会科学文献出版社2002年版，第22页。

利益那方面，排除了许多情感性因素，人与人的关系日趋功能化和浅表化。城市生活中的人们，群己界限明确，私域意识增强，在应付完工作上的压力后，人们只有回到家庭中，才能回归自身最舒适和安全的生存方式，而隔着钢筋和混凝土的一切，对我们来说都成为干扰的因素，包括我们的邻人。于是在城市社会中，不知道自己的邻居为何方神圣已然成为一种见怪不怪的常态。总之，邻里关系的萎缩和家庭边界的内移成为城市生活的常态，随之而来的是友善价值观教育资源的消失。

4. 隔代教养中存在的弊端淡化了青年友善价值观生成的效果

当前由于文化传统、社会发展以及一些其他特殊原因，在孩子尚小的时候，许多父母将更多的时间和精力投入工作中，将孩子的养育照料托付给祖辈。由于多种因素的影响，隔辈教养中存在着溺爱型、监督型、严厉型、放养型、民主型等教养方式，其中前四种教养方式不同程度淡化了青年友善价值观生成的实效。其一，溺爱型教养方式容易滋生青年的惰性，不利于亲社会行为产生。由于补偿心理的作用，一些祖辈在教养孙辈时采取溺爱、放纵、娇惯等方式，致使其失去许多道德实践锻炼机会。加上父母之爱的缺失，青年本身容易形成自我为中心、道德冷漠，自我服务和自我管理能力差等问题，难以形成较好的友善行为习惯。其二，监督型教养方式容易使得青年产生信任危机。"平等与公平是支持信任感增长的重要因素"[1]，一些祖辈对孩子严加看管，扮演督导角色，对孩子采取不信任、不宽容的教养方式，这无疑将孩子置于不平等的位置，不利于孩子对社会和他人信任感的培育，从而容易对外界表现出冷漠的态度。其三，严厉型教养方式容易给青年造成不良示范。一些祖辈秉持"棍棒之下出孝子"的理念，对待养育的孩子采取严厉粗暴的教养方式，一方面容易引起孩子的反常行为，另一方面容易诱发孩子对暴力行为的模仿，产生不友善行为。其四，放养型的教养方式容易致使孩子产生价值迷茫和行为迷思。还有一些祖辈认为把孩子养大就行了的思想，对孩子的价值观念、道德规范等疏于引导，致使孩子更容易受亚文化影响，甚至产生行为偏差或行为越轨。

---

[1] 李佳、易连云：《普遍信任感培养与儿童道德养成》，《学校党建与思想教育》2011年第21期。

四 同辈群体是影响大学生友善价值观生成的直接因素

当前在友善价值观研究中，社会、学校、家庭、网络的影响得到了学界的注意，同时，贯穿在这四个空间之中的同辈群体，对大学生的影响极大。同辈群体是指"由家庭背景、年龄、爱好、特点等方面比较接近而形成的关系比较密切的群体"[①]。大学生同辈群体是指由年龄相仿，社会地位相似，兴趣爱好相同，价值观念相容的个体组成的关系密切的群体。由于大学生同辈群体具有相似的经历、成长阶段、心理状态、文化品位，他们更容易产生精神上的共鸣，学生也更喜欢在同辈群体中学习，正如有学生所说："让同学们自己主持（工作），这样我们同龄人之间也好交流，效果也会好一点儿。"（207X12）当代大学生同辈群体除了具有以往同辈群体的特征，还具有符合大学生自身和时代背景的特点。其一，平等性。不同于正式群体中，老师和学生身份的不同，学生干部和普通学生的划分，在大学生同辈群体中，他们有着相似的成长经历、年龄阶段、身份地位，有着大致相似的爱好，每个人的身份和地位在群体内是平等的，加入群体的动机也都是自觉和自愿的，因此，群体内有着浓厚的民主氛围。即便是群体中的核心人物，其权威的获得也主要是依靠自身人格、能力等魅力而获取，而非依靠权力的赋予。其二，内聚性。由于群体内成员有着相似的观点、共通的情感体验，加入动机具有自觉性、自愿性，而群体内有着共同的价值准则和行为规范，因此同辈群体常常表现出较强的内聚力。其三，网络延展性。随着手机等终端技术和互联网技术的发展，网络成为当代大学生的第二生存空间，同时对其产生重大影响的同辈群体也突破了现实社会，形成了网络朋辈群体，即大学生通过网络结交的年龄阶段、社会地位、兴趣爱好、价值观念等相似的个体形成的关系密切的群体。这种群体的影响更具隐蔽性、渗透性。其四，互助共享性。在同辈群体中，成员之

[①] 陈万柏、张耀灿主编：《思想政治教育学原理》（第三版），高等教育出版社2001年版，第114页。

间是平等的关系,大家经历相似、情感共通、志趣相投,往往在面对问题时,能够互相关照。其五,互感性。指在特定的情境感染中,同辈群体之间往往通过潜移默化的方式互相影响。其六,异质性和多样性。当代大学生的交际范围突破了大学生群体,蔓延至社会同辈中,成员异质性较传统时期更强,也形成了类型更加多样的群体,大学生接触的价值观念也愈加多元。同辈群体对大学生思想和行为具有重大影响,也在一定程度上促进或阻碍了大学生友善价值观生成。

(一) 同辈群体积极作用促进大学生友善价值观生成

1. 同辈群体压力促进大学生产生向上动机,激发友善动力

同辈群体压力有助于大学生突破同一性危机,树立正确的思想观念和道德观点,正确认知自我,规划自我发展。这种作用主要通过大学生渴望被肯定的心理需求而发生的。一方面,成年早期的大学生有着强烈的被肯定需要,处于社会边缘的他们,在同辈群体中找到了满足这种需要的可能。同辈群体往往具有一定的行为规范和道德观念,遵从可能带来认可和接纳,而背离则可能招致疏离和排斥。这对成员起到了压力作用。大学生为了得到群体的认可,将自身的观念和行为趋向同辈群体的要求。另一方面,群体的规范和文化产生的压力对大学生有一种隐形的约束力和向上的推动力,促进大学生关于友善的认知螺旋发展。在群体内部,大学生通过横向比较,尤其是和群体内的榜样、典范等相比较,发现自己的不足,产生向上的动力,向榜样学习。

2. 同辈群体丰富大学生的人生阅历,提升移情能力

同辈群体具有关系的密切性、互动频繁性,通过线上、线下的交流互动,能够丰富成员的人生阅历,提升移情能力。现实生活中,同辈群体往往距离较近,在生活、学习中交集较多,闲谈、倾诉、分享、讨论等有助于开阔大学生的眼界,明辨是非、美丑、善恶。网络终端的推陈出新、互联网技术日新月异的发展为大学生即时分享生活提供便利。如微信朋友圈和公众号、QQ 空间、微博、论坛等,有助于拓展同辈群体的规模,提升同辈群体的异质性,使得他们能够通过自媒体即时发布消息、分享生活、交流体悟,是大学生获得信息的重要来源。通过接触更多的生活经验和生活事件,大学生对社会有了更多的感知和思考,其中对苦难事件、志愿服

务等信息的获取，能够有效提升其移情能力。

3. 同辈群体亚文化蕴含丰富的友善价值观资源，深化友善认知

亚文化，和主流文化相对应，是某一群体内部特有的非主流、局部的文化现象。大学生同辈群体亚文化是指在大学生同辈群体中的非主流文化，对大学生的思想和行为具有很强的渗透力和影响力。这些文化具有边缘性、多样性、反抗性。其一，和主流文化的主导地位不同，青年大学生及其文化常常处于边缘的地位，常常难以得到主流文化的认可。其二，由于大学生同辈群体多以兴趣爱好、思想观点等为形成动力，常常具有多样性，如志愿文化、动漫文化、帮会文化等。其三，反抗性是对权威、传统、等级等进行批判和对抗，标新立异、张扬个性。大学生同辈群体亚文化瑕瑜互见，其中包含的许多正能量观念，加深了对友善的认知。志愿者群体亚文化，如奉献、扶危助困、服务社会、体会幸福、获得自我认同等成为友善价值观生成的重要资源，有助于深化对友善的认知。动漫群体亚文化中蕴含的善良、勇敢、幸福、自我实现等观念使得友善价值观具体可视，有助于加深大学生友善认知。

4. 同辈群体非强制性的方法，促进友善生成

同辈群体丰富了促进大学生友善价值观生成的方式和手段。由于同辈群体具有自愿性、内聚性、互感性等特征，其促进大学生友善价值观生成的方式也常常具有非强制性。其一，典型模仿。大学生具有较强的模仿性，且在群体交往中往往生成向上动力，以核心人物或典型人物为榜样，改变自身的思想和行为。其二，群体暗示。暗示是指以机械方式起作用的方式，不涉及反思性。在群体中，成员之间具有互感性，一种情绪的产生，可能弥漫传染至整个群体，使人们产生情感共鸣。其三，从众。指个体受到群体的压力，放弃自己原有的思想和行为，转而与大多数人保持一致的做法。在一个道德氛围良好的群体环境中，能够有效抑制不友善行为。其四，评价。评价主要通过大学生强烈的被认可需要发挥作用。同辈群体的评价事关自身能否被接纳，通过评价，大学生可以反思自己存在哪些不良行为，然后加以改变。

5. 同辈群体满足大学生交往需要，成为友善实践之域

同辈群体作为大学生生活的重要场域，对于大学生身心健康发展、友善能力提升有重要促进作用。其一，同辈群体能够满足大学生归属需要，

建立自信。同辈群体内成员具有相似性、平等性，对个体的认可度接纳度、包容度较高，在这里，大学生更加容易发现自己的潜力，肯定自我价值，增强自我效能感。其二，同辈群体能够促进大学生心理健康。青年大学生内心锁闭性较强，但是在同辈群体中，他们往往愿意袒露心声，尤其网络和终端技术的发展，为他们表达自我提供便利。网络的便捷性、匿名性、文字加图片的表达模式、互动性等有助于他们随时随地记录生活，交流体验、感悟、心得，表达情绪和诉求，答疑解惑。这有助于疏导大学生情绪，排解困扰，抑制心理不健康导致的不友善行为。其三，内部成员在同辈群体互相关怀和帮助，践行友善价值观。在青年群体的相处中，难免需要相互交流、帮助，在这种交往中，能够更好地培养他们情感的敏感性和为人处世的能力，学会关心、尊重他人。正如苏霍姆林斯基所说："严格地说，自我教育开始于一个人对另一个人的关心，开始于从他人身上看到同自己身上一样好的东西的愿望。"[①] 其四，同辈群体有助于提升大学生责任感和角色认知。同辈群体中往往具有民主氛围，成员之间关系平等，这有助于发挥成员的主动性，提升对群体和他人的责任感。同时，在群体互动中承担不同的角色，有助于锻炼友善能力。

(二) 同辈群体不良影响制约大学生友善价值观生成

1. 同辈群体亚文化乱象加大了友善价值观生成难度

同辈群体最重要的区别在于其文化和价值观的不同，多样多元、瑕瑜互见的同辈群体亚文化加大了友善价值观生成的难度。其一，同辈群体亚文化包含的不良价值观念消解友善价值观。根据群体主导价值观的善恶之分，来自同辈群体的压力可能对成员友善价值观的生成产生积极和消极两方面影响。其亚文化中存在的暴力文化、帮会文化、色情文化可能导致道德观念淡漠和漠视生命，产生孤立、霸凌、侵犯等不友善现象，甚至出现反社会化倾向。其二，同辈群体亚文化具有反抗性和解构性，容易引发大学生道德混乱，混淆是非善恶。亚文化常常处于主流文化的边缘，具有多样性、反抗性、解构性，容易引发大学生道德无主和困惑。例如恶搞现

[①] [苏] 瓦·阿·苏霍姆林斯基：《少年的教育和自我教育》，姜励群等译，北京出版社1984年版，第99页。

象,是大学生渴望被认同而不得,表达自我、反抗权威的一种呈现,其中对主流文化的消解,容易导致道德无主。其三,同辈群体亚文化具有个性化和娱乐性,弱化了友善价值观的理论魅力。一方面,同辈群体亚文化具有娱乐性、感官性,常常蕴含着零散的评价和态度,只破不立,排斥深刻而理性的理论;另一方面,同辈群体亚文化往往注重个性化话语的使用,排斥传统的主流话语体系,弱化了友善价值观的理论魅力。

2. 同辈群体的压力容易引发不友善行为

同辈群体成员之间具有很强的互感性。为了获得群体认可,大学生在群体内往往遵循一致性原则行事,产生从众现象。这容易诱发道德冷漠、不当言论等不友善行为。一方面,群体暗示可能抑制同情,带来道德冷漠。在一定的道德场景中,若有成员选择冷漠对待,则这种态度可能弥散到整个群体内,给群体内其他成员带来暗示,形成一致的态度,最终带来道德冷漠。这种暗示大多是没有意识的、机械的条件反射,不涉及大脑的批判和选择,往往一段沉默、一个眼神就能发挥作用。另一方面,情绪化的表达可能激发其他学生不友善言论。大学生作为青年,社会阅历较少,具有较强的社会敏感性,对社会事件反应比较激烈。同时,他们情绪爆发性、流动性较大,若不能得到较好疏导,容易在现实生活和网络空间发表情绪性言论,通过成员互动发挥感染作用,误导其他人,激发其不良情绪。

3. 同辈群体内聚力较强,减少了对他群体的关注和责任

同辈群体能够满足大学生交往需要、被认可需要,具有较强的内聚力,但这也减少了对他群体的关注和责任。首先,同辈群体内聚力较强,能够满足大学生的交往需要,致使他们对其他群体的兴趣降低,对于群体外事务的关注减少,阻隔了友善价值观培育资源的渗入。其次,本群体凝聚力强,可能导致对其他群体的无视或敌视。同辈群体中,人际吸引的重要因素是兴趣爱好、生活经历,较为单一,因此,往往导致对其他圈子的忽视和隔离。而且成员往往自觉、自愿加入,对本群体责任感较强,这也会带来对其他群体的忽视。最后,随着网络同辈群体的发展,网络能够满足大学生更多的需要,"宅"现象凸显,弱化了他们对现实生活的关注。青年大学生渴望被理解,同时内心锁闭性较强,其本我的冲动、本能常常在现实中被压抑,而在网络同辈群体中可以得到释放。这可能导致他们对现实生活的隔绝和抗拒,产生人际问题。

五 主体状况是影响大学生友善价值观生成的主观性因素

(一) 大学生自身优势促进友善价值观生成

1. 较强的认知能力和较高的认知水平有助于深刻理解友善价值观

从道德的心理结构来看,主要包括认知、情感、意志、信念等部分,其中道德认知是道德品质的基础,是将社会道德要求转化为个人道德品质的首要环节,友善价值观同样涉及这些系统。其中"知识可以减少误解、偏见和对陌生人的恐惧"[①],是激发友善情感的重要因素。理性认知在友善价值观的生成中发挥着重要作用:一方面,友善价值观和知识有着紧密的联系。友善文化是友善价值观的产生之源,关于友善的文化构成了友善价值观的生存空间,构成了友善价值观承袭的载体。知识是文化的重要内容,对友善价值观有着表达、解读、传递作用。另一方面,友善价值观的生成和主体的认知能力、认知水平密切相关。以皮亚杰和科尔伯格为代表的道德认知发展理论认为,认知在道德从他律到自律的发展过程中发挥着重要作用。

当代大学生在生活和学习中,有着较为强烈的求知欲,他们渴望从书本、论坛等途径中获取间接经验和知识,以节省从社会实践中摸索取得直接经验的时间和精力,提升学习效率。此外,大学生对道德有着比其他人更高的认知,其道德水平也处于较高水准,这使得他们对友善价值观的理解更加容易也更加深刻,有利于大学生友善价值观的生成。正如深入访谈中有同学所讲:"如果你和一个小孩说友善价值观,他肯定不会理解;如果你和一个高中生或者大学生说友善价值观,他肯定会理解更多。当你给他灌输这种思想的时候,他们接受的也会更多。"(518X14)

2. 丰富的个人经历和情感体验有助于提升移情能力

当代大学生对道德和友善价值观的认知水平较高,但有时却在行为上

---

① [美] 内尔·诺丁斯:《学会关心·教育的另一种模式》(第2版),于天龙译,教育科学出版社2014年版,第142页。

表现得不尽如人意，甚至我们常常发现还不如认知水平较低的群体。因此，认知仅仅是友善价值观生成的前提和基础环节，还有其他因素影响着这种认知向正反两个方向发展，一部分认知在情感、责任、良心、群体压力等因素作用下形成道德信念和价值观，而另一部分则在其他消解因素作用下消失了。

当代大学生有着较强的移情能力和同情心，有助于促进其友善价值观的生成。第一，当代大学生有更多的机会接触到需要关心和帮助的人群，有更多产生同情心的时机。和中学时期相比，大学生有了更多的机会接触媒介、了解社会，自身生活阅历和眼界也较之前更为开阔。他们走进医院、贫困地区，接触到社会中遇到各种不幸的人们，另外，他们自己在独立生活中会遇到希望他人友善待己、热心助己的时候，这些都使他们对生活和苦难有了更深切的体会。而正是苦难，让人们感受到彼此的共通之处，从而联结在一起。所以，卢梭十分注重苦难对爱弥儿的教育作用，让其接触各种人间苦难，以培养其爱心。第二，从当代大学生的身心发展特点来看，他们处于青年初期，对社会有着强烈的好奇心和好感，渴望融入社会，有着特殊的情感特点。其一，当代大学生道德情感既丰富又含蓄。即他们的情感丰富多变，同时又因为较强的成人感，内心具有锁闭性，感情显得较为含蓄，不易流露和被察觉。其二，当代大学生道德情感既炙热又爱憎分明。大学生尚处于青涩的年纪，在他们的世界观里，有着鲜明的是非对错的界限，因此，待人接物方面也常常有着泾渭分明的界限，对于自己喜欢、同情的人，感情真诚而又炙热，而对于自己看不惯的人和事，也有着明确的态度，这些既有利于其友善价值观的生成，也有助于强化对身边人的监督。其三，当代大学生道德情感层次鲜明、个体差异明显。他们从祖国的五湖四海相聚到大学校园，其自身有着独特的成长经历和家庭环境，形成了个性鲜明的情感，正是这种情感成为他们为人处世的心理定式。第三，当代大学生接触的丰富的文化产品对其友善价值观生成具有促进作用。当代大学生对新奇事物十分感兴趣，兴趣广泛，喜爱文学和艺术作品，同时也有更多的时间接触各种各样的文化产品。这些文化作品对于拓展其情感的时空维度，增加情感的立体性有着积极的促进作用。

同时，我们应该注意到，同情不会必然导致友善行为的发生。面对他人求助，个体表现出的冷漠可以分为两种情况：一种是对对象没有产生同情心从而导致冷漠；另一种是虽然个体对对方处境进行移情，产生了同情，但是由于外在其他因素的抑制，没有实施实际的友善行为，如"不敢扶摔倒的老人"，可能基于畏惧被讹诈的风险，也可能是由于对社会相应制度不信任。由此，同情具有复杂性，移情是同情的必要非充分条件，即同情的产生一定是建立在对他人苦难的移情基础之上，而有移情却不一定会产生同情。同时，同情具有有限性，其存在并非一定导致友善行为的发生，这是因为，作为一种道德心理活动，还可能会受到求助者的处境和外在社会因素，如自利、社会关系、社会信任、法律法规等的抑制。

3. 强烈的主人翁意识及对未来的憧憬有助于增强社会责任感

由于同情的有限性，责任感成为友善价值观的重要组成部分。"责任，是指由一个人的资格（包括作为人的资格和作为角色的资格）所赋予、并与此相适应的从事某些活动、完成某些任务以及承担相应后果的法律和道德要求。"[①] 康德按照责任的约束程度，将责任区分为完全的责任和不完全的责任[②]，其中完全的责任是外在的、强制的责任，由法律规定；不完全责任是一种内在的、自己施加于自己的责任，是一种道德义务或超义务。规则伦理学十分强调义务感的重要性，把所有情境中的道德心理都归结为责任心和义务感，当然这也成为其遭致批判的主要原因。然而，虽然人们反对用责任心和义务感代替所有的道德心理，但是没有任何一个人能够否定责任和义务在道德中的重要地位。因为不管你是否承认，它们都作为有效的道德心理活动，推动友善行为的实施，并与感情等非理性因素一起，发挥着重要的作用。

当代大学生处在青年早期，未来对他们来说是崭新的、新奇的，充满着无限的可能性，他们对社会和自身都有着较高的期望。他们处在全面建设社会主义现代化国家的关键时期，有着强烈的民主意识和主人翁精神，深知自身是祖国的栋梁，肩负着努力实现中华民族伟大复兴中国梦的重任。大学生是同龄人之中的佼佼者，他们对社会具有强烈的责任感，能够理性审视社会，把握历史的必然，理解社会发展对人的思想道德素质要求。因而，在他们的意识中，爱国、成才、自我实现、竞争、道德规范等

---

① 沈晓阳：《关怀伦理研究》，人民出版社2010年版，第90页。
② ［德］伊曼努尔·康德：《道德形而上学原理》，苗力田译，上海人民出版社2012年版，第8页。

占据重要位置，表现出强烈的进取心，可以说他们有理想、有抱负、有担当、有责任，这些因素有助于促进友善价值观生成。

4. 较强的耻感和荣誉感有助于明确善恶界限

耻，指社会中不符合甚至违背善的那些现象。耻感是主体依据内心善的标准对特定行为、现象所作出的否定性评价而形成的主观感受。具体说来，耻感是以别人的评价为主，依靠外在的强制性力量使主体意识到自己本不该如此，从而在内心产生一种内疚、不安和懊悔。中国文化中充满了耻感文化，"面子"、他人的评头论足、"丢脸"、"落下话柄"、"戳脊梁骨"等都说明耻感在中国社会和道德中发挥着重要作用，这种耻感在反思的基础上产生，进而产生懊悔的心理体验，从而促进人们道德升华的。"知耻近乎勇"，因为"良心回首以往，指导着将来"[1]。这表明主体对自身内部欠缺和不足有着自觉意识，是人进行自我修复和进步的重要推动力。正如斯宾诺莎所说："羞耻也正如怜悯一样，虽不是一种德性，但就其表示一个人因具有羞耻之情，而会产生过高尚生活的愿望而言，亦可说是善的。"[2] 荣誉是别人对个体道德行为的肯定性评价，荣誉的获取能够使人感到人生价值实现带来的满足感。荣誉感是指当自身价值系统得到更大的价值系统的承认时，个人能够意识且重视到这种肯定和褒奖而产生的情感，是个人的羞耻心、自爱心、好胜心等复合而产生的一种道德情操。

当代大学生有着较强的耻感和荣誉感。一方面，家庭的关注和宠爱能够提升大学生自尊心，增强耻感和荣誉感。当代大学生大多出生于核心家庭，是家中的小太阳，从小受到家庭成员的较多关注，获得肯定和否定、褒扬和批评均较为及时和频繁，这种即时的关注有助于他们形成较强的自尊心、羞耻感和荣誉感。另一方面，大学生特殊的心理特征强化了其耻感和荣誉感。大学生处于青年初期，生理已经成年，但心理尚未成熟，常常徘徊在自信和自我怀疑之间，他们主要通过社会中的"镜像"反射来认知自我，达到现实自我和理想自我的同一，别人的褒贬成为他们塑造自我的重要标准来源，因此会较为关注和在乎他人的评价和眼光。此外，当代大学生生理已经成年，成人感较强，渴望得到主流文化、师长、同窗的肯

---

[1] ［美］梯利：《伦理学导论》，何意译，北京师范大学出版社2015年版，第55页。
[2] ［荷兰］斯宾诺莎：《伦理学》，贺麟译，商务印书馆1997年版，第215页。

定,这种内在的心理机制强化了大学生的耻感和荣誉感。当代大学生对美丑、善恶有着较为清晰的认知,做了羞耻之事会让他们产生懊悔的感觉,而这也成为他们形成友善价值观的促进因子,正如深入访谈中有学生所讲的那样:"我会主动帮助陌生人,就算自己付出了个人利益的代价,我相信会有人知道真实情况的,我也坚守自己的本心,做到问心无愧"(310X05);"假如我能帮但却没帮,心里会感到过意不去……这种内心不安主要来自自己内心的道德观念"(518X01)。

5. 强烈的归属感需求有助于提升人际交往能力

归属感,是指"个体归属于一定的社会群体并对其产生依存心理的情感体验。每个人作为社会的成员,在感情上都有归属于一定社会群体的需要,希望自己成为群体中的一员,和他人保持有意义的联系,并得到群体的认同、悦纳和相互关系、相互帮助"①。当代大学生有着较强的自我意识,同时又有着较强的依赖性,他们渴望独立,但又不得不在经济或情感上依赖家人、老师和同学,他们思想尚不成熟,害怕孤独,远离了家庭的温暖,来到新环境中,对社会交往的需要更加强烈。

这种对社会交往的渴望反映到心理层面,便是对归属感的渴望,而正是对孤独的恐惧感、对群体的归属感激发了人们对于道德的需要。一方面,群体压力对人们有着正向督导作用。为了在社会交往中获得温情、安全、肯定等需求,他们将调整自己的道德取向和行为,尽量同群体保持一致,倘若他们违反了群体规范或表现出与大多数人相悖的言行,群体必将用一致性压力迫使他遵从;假如他依旧一意孤行,那么就会招致群体的疏离、孤立、排斥和拒绝。由此,为了免于偏离群体或被拒之门外,人们必将遵守一定的社会规则和群体原则,以获得群体的认可和维护积极的形象。另一方面,人们正是在社会交往中获得向上动机,冲破同一性危机,发展道德自我。自我同一性是指个体对自己成为一个什么样的人的心理认同感。当前社会文化和价值观具有多元性、多样性,而大学生的道德观念较易受影响,常常受到冲击和动摇,充满了困惑和迷茫,显得无所适从,带来同一性危机。而群体尤其是同辈群体为他们冲破这种危机,实现自我

---

① 彭柏林:《论人类道德需要发生的心理动因》,《湖南师范大学社会科学学报》2007年第2期。

同一性提供了重要平台。在群体中，他们不仅遵循普遍原则，而且通过横向比较，获得了一种使自己更加优秀和向好的向上动机，这能够促进他们向榜样汲取有益信息，提升自身境界。

除了以上认知、情感、动机需要等因素，大学生自身的性格特点、气质类型对友善价值观生成也有重要影响，如性格温和的人往往比暴躁的人表现得较为友善。此外，值得一提的是外在主体因素对个体友善价值观具有促进作用。在友善价值观的生成中，主体的动机加工机制、认知加工机制、情感加工机制、道德判断机制等相互作用，最终作出行为选择。然而，友善是一种主体和他者的互动的品格，因此，友善价值观的形成不仅涉及主体自身的因素，还涉及受助者的情境性因素以及旁观者的评价因素。这些因素和主体内在因素相互作用，共同影响道德判断和行为选择。由于每个人总是作为知觉者和被知觉者来行动的，因此，不能孤立地对其进行研究。这在现实中也是实在可行的，因为在诸多的道德情境中，个人都曾经站在求助者、施助者、旁观者这三个角度来评价人们的行为，他对此有着立体的体验。深入访谈中，在谈及"您认为哪些因素促进了您友善价值观的生成"时，有学生表示："在帮助他人之后，他人的高兴、快乐和言语激励了我"（518X05）；"看到的时候能帮忙就帮了，别人的一句'谢谢'就蛮舒服的"（518X02）。因此，个体友善价值观的生成，既与当时的情境有关，又与以往的生活经验、求助经历、在场他人的表现有关。受助者对施助者行为的回应和感恩，旁观者对施助者给予的帮助、认可和称赞，施助者自身良好的助人经历和体验是促进友善价值观生成的重要主观因素。

（二）大学生内在心理偏差阻碍友善价值观生成

人的心理现象分为心理过程和个性心理两类，其中心理过程包括认知、情感、意志等过程，个性心理包括个体倾向性和个性特征。个体倾向性包括人的需要、动机、态度、兴趣、信念、世界观等方面，个性特征包括性格、气质、能力等方面，这些心理现象共同决定着人们的行为方式。同样，人的友善行为背后也有着独特的心理现象，这些心理现象若发生问题，则可能直接导致不良的行为选择。因此，我们主要从思想偏差、认知偏差、情感阻隔等方面来探讨制约大学生友善价值观生成的心理因素。

1. 思想偏差

思想观念统摄着人们的行为，主要包括世界观、人生观和价值观，正确的思想观念能够为人们的行为提供精神动力、智力支持和思想保障，而思想观念的偏差则往往导致人的思维方式、行为选择偏差或越轨。马丁·布伯根据人们对世界的不同理解，将其分为"它"之世界和"你"之世界，在"你"之世界里，我并非为了我的任何需要和目的才与你建立联系，你的存在本身就具有重要的价值和意义，价值之美呈现在其中；而在"它"之世界中，人们把周围的在者与自己分离，当作客体对立起来，将和我关联的一切当作满足自我需求和利益的工具，对其进行物化处理，正如埃里希·弗洛姆所说："由于我们生活在一个以私有财产、利润和权力为生存支柱的社会中……贪婪地谋取、占有和牟利成了工业社会中每个人神圣的、不可剥夺的权利。"[①]"它"之世界的观念导致对自身之外世界的"占有"而非"存在"，是人类中心主义、极端个人主义、功利主义、病态竞争的主要来源。

目前在大学生中也存在着这种观念，不利于大学生友善价值观的生成。其一，人类中心主义思想窄化了大学生友善价值观的范围。人类中心主义的思想是指将人类的利益和价值置于一切事物之上的思想。"人类中心主义"在大学生中的存在会导致对动物的虐待、环境的污染、资源的掠夺以及生态的破坏行为以及对这种行为的包容性评价，从而致使大学生友善价值观所针对的范围仅仅局限于人类自身。问卷调查显示，有高达79.4%的学生"为方便，使用一次性塑料制品"，39.7%的学生"采摘花草、踩踏草坪"，还有17.2%的学生"食用野味或伤害小动物"。其二，极端个人主义思想直接扭曲了自我与他人的关系。极端个人主义是指将个人和集体对立，一味强调个人的利益。这种极端个人主义在大学生中并不少见，有些学生常常游离于集体之外，将自身利益凌驾在集体之上，凡事以自我为中心，不懂得照顾他人和集体利益，对他人常常持冷漠态度，缺乏友善的观念。其三，功利主义思想致使大学生忽视友善价值观。功利主义是指人们以利益大小的权衡来选择自己的行为，而这也导致伪善呈现。当

---

① [美]埃里希·弗洛姆：《占有还是存在》，李穆等译，世界图书出版公司2015年版，第57页。

前大学生中功利主义现象较为常见，他们较为强调个人外在利益，如成绩、地位、荣誉的获取，忽略其他价值性因素。更有一些学生成为前文所述"精致的利己主义者"，他们将自身之外的他人和他物看作自己存在和发展的目的和手段，贪婪地谋求和占有更多更好的资源成为他们主要的追求。这种思想观念指导下的学生，对于自身之外的事物没有任何关心可言。其四，恶性竞争致使人们不能正确看待他人和自己的关系，导致人际关系紧张。正确的竞争意识是人向上的重要动力，但是正如前文所述，当前大学生中存在一些病态竞争，将自身和他人的比较普遍化，只要有人表现出了一点优势，就会增强"敌对""嫉妒""孤立""自卑"等意识，而这些对自我内心的平衡和人际关系具有强大的破坏倾向。

2. 认知偏差

认知是友善价值观生成的重要前提，良好的认知有助于友善价值观向情感的深入发展，而对友善的无知和认知偏差则会成为友善价值观生成的重要阻碍。"无知"的阻碍作用是根本性的，比较简单，因为价值观是对某一事物的根本观点和看法，很难想象一个根本没有"善端"、不知"友善"为何物的人会有友善价值观，而认知偏差的出现则有着复杂的情况。

首先，各种心理作用带来的认知偏差遮蔽了事实和真心，阻碍了人们全面了解他人和事物，制约友善价值观的生成。其一，刻板印象源于思维定式形成的偏见。当前社会存在一种病，即认为利己的行为是正常的，而利人的行为要么是不正常，要么就是有什么其他的动机。因而，当看到利他行为或者见义勇为，他们满腹猜疑和议论，甚至讥笑、嘲讽。认为只有利己是真实的，其他都是假的。当代大学生中也存在着一些刻板印象，如将关怀和友善看作女性的伦理，将思政课看成"洗脑课"和"说教课"，将老师和父母的教育看成过时、脱离社会的教育等，将家庭条件好的同学看成有"公主病"，将"乞丐"看成骗子等，这些刻板印象会阻碍他们正确了解他人境遇，不利于友善价值观生成。其二，首因效应遮蔽了事物的其他方面。社会心理学家琼斯（E. E. Jones）等人的实验表明，"在对人的知觉中，留给人们的第一印象是十分重要的。它会影响人们以后对这个人行为的解释和对人稳定的内在特质的归因"[1]。这种首因效应在大学生中比

---

[1] 郑全全、俞国良：《人际关系心理学》，人民教育出版社2011年版，第142页。

较常见，如人们常常对给自己留下较差"第一印象"的人较为冷漠或疏离。其三，以偏概全是人们将对一事物的看法不假思索，直接迁移至另一事物而产生的认知偏差。如当代大学生在判断一个人时，常常会因为其某个缺点否定整个人；也常常出现因为某个人，某个现象而将其上升为某类人、某类事情的高度，对于相似情境下的人和事，一票否定，而非具体问题具体分析。

其次，自身认知加工机制带来的认知偏差降低了个人责任感，制约友善价值观生成。当人们意识到自身可能的选择和道德标准不协调时，会产生一种紧张状态，它会强而有力地刺激个人改变公共行为或私人观点以降低失调程度，"人们将会竭尽所能，力求拉近信念与行为的差异，以达到某种功能性统一……如果你有许多好理由去伤害一个人，反倒很少会出现失调"[①]。认知重建是重要的调节方式。其一，外归因和自我辩护。Miller和Ross最早发现信息加工方面的认知缺陷会导致有偏差的归因方式[②]，这种归因偏差会使个体将积极的结果进行内归因，将消极结果进行外归因[③]。深入访谈中，谈及"哪些因素阻碍了您友善价值观的生成"时，同学们多从"周围人""父母""社会风气""报道"等来谈，倾向于将自身不道德行为归因为外在，体现出了这种思维方式的影响。自我辩护，即将自己的行为进行意义、价值正当性的确证，一般通过"合理化""有利比较"等来进行，有时甚至是一种诡辩。其二，将他人非人化或非平等化。非人化指将对方看作动物或物体一样，可以肆意践踏，其本质是将对方进行非平等化，认为自身或群体的利益和价值高于他者。其三，责任最小化能够有效缓解主体的焦虑。有两种方式可以做到：一是在群体情境中的旁观者效应，主要方式是在集体的情境中，将自身的冷漠归因于集体共担的责任，从而降低自身的懊悔和耻感；二是将自己看作社会大机器的零部件，只是按照社会赋予自己的规则生活，他人的苦难和不幸是由社会引起的。其四，时间距离、物理距离、社会距离降低了人们的解释水平。解释水平越

---

① [美]菲利普·津巴多：《路西法效应——好人是如何变成恶魔的》（第2版），孙佩妏、陈雅馨译，生活·读书·新知三联书店2015年版，第260页。

② Miller DT, Ross M, "Self-serving Biases in the Attribution of Causality: Fact or Fiction?", *Psychological Bulletin*, No. 82, 1975, pp. 213–225.

③ Malle BF, "The Actor-observer Asymmetry in Attribution: A (surprising) Meta-analysis", *Psychological Bulletin*, No. 132, 2006, pp. 895–919.

高，对信息的加工越简单、抽象、图示化，更反映事物的核心特征；解释水平越低，对信息的加工越复杂、具体、非图示化，更反映事物的表面特征。① 距离越远，解释水平越高，越易从道德准则的角度作出判断；而距离越近，解释水平越低，更易从现实情境的角度作出判断，从而给自身找到更多现实的理由来推脱。

最后，忽视不良后果和道德心理许可不利于人们进行反思，消除了人们的耻感和懊悔。人们总有理由面对自己的不良作为和冷漠，一方面，人的头脑对信息具有选择性，可以选择性地忽略那些由自己的行为或者不作为带来的伤害性后果，避免羞耻、懊悔等不良情绪体验的产生。另一方面，任何一个普通人想要一辈子做好事非常难，人们会给自己设置一个"道德账户"，将善的、有德的行为看作"存钱"，将自己恶的、不作为的行为看作"取钱"。只要人们能够想起自己之前作出过一些符合道德要求的行为，就会认为自己在当下可以作出一些不符合道德规范的行为，并认为不会因为这一次行为损毁自己长期以来的名誉和对自身的定位，这一心理现象被称为"道德心理许可"②。

3. 情感阻隔

情感具有弥散性，道德情感弥漫于道德心理的整个过程，是人们生成友善价值观的关键环节。其中同情是人们生成友善价值观的重要因素，移情是引发同情的重要环节，"正是借由设想和受难者易地而处，我们才会对他的感受有所感知，他的感受也才会影响我们"③，没有移情，人们很难感受到他人的情感引发共鸣。但同时，我们应该明确，移情是同情的必要非充分条件。另外，由于种种因素的阻隔，同情也可能被抑制甚至消退，因此，它也是友善价值观生成的必要非充分条件。情感阻隔对大学生友善价值观生成的制约非常复杂，为了便于研究，笔者主要从以下两方面探讨：一是由于一些因素的影响，根本就没有产生同情；二是产生了同情，但被一些因素抑制而导致同情消退。

导致人们没有产生同情的心理因素主要表现为以下六方面。其一，事

---

① 李雁晨、周庭锐、周琇：《解释水平理论：从时间距离到心理距离》，《心理科学进展》2009年第4期。
② 石伟：《道德心理许可研究述评》，《心理科学进展》2011年第8期。
③ [英]亚当·斯密：《道德情操论》，谢宗林译，中央编译出版社2015年版，第3页。

不关己高高挂起心理。这种心理的人将注意力放在自己身上，不想招惹不必要的麻烦，正如访谈中有同学表示的那样，"不想参与进与自己无关的事件"。其二，移情能力缺乏或较低。虽然当前大学生有着丰富的情感，但移情和换位思考做得尚有欠缺，许多同学室友关系处理不好的很大因素仅仅是生活习惯的不同或以自我为中心。其三，原有的情绪弥散整个心境，不关心他人。情绪具有弥散性，长期保持一种情绪状态就会形成心境，若主体心境较为消沉和焦虑，则很少会关心外界事物。其四，欺生、凌弱心理。人都有社会联系的需要，这种需要在现存的亲密关系、群体关系中可以得到满足，人们联系他人的需要降低，尤其在陌生人社会，陌生人被看作一种闯入者，他们是不受欢迎的，原有小团体的存在可能产生一种欺生、凌弱心理，阻碍友善价值观生成。其五，敌对心理。敌对心理可能存在于双方，一方面，对方若对主体产生恶意，主体就会相应地以恶意回应；另一方面，由于病态竞争的存在，主体可能对对方产生出一种战胜的欲望，甚至在对方表现得略好一点时产生敌意。其六，锁闭心理。一方面，当代大学生处于青年早期，他们渴望被人懂，但同时内心锁闭性较强，对外界事物表示拒绝，"两耳不闻窗外事"；另一方面，"宅男""宅女"成为当代大学生生活状态的一种写照，生活圈子的萎缩、网络生活时间增多导致同学之间交流互动变少。

同情产生但随即又消退的情况在现实大学生中更加常见，原因十分复杂，笔者主要从以下六方面来分析。其一，从众心理。前文指出，同辈群体的规则若和主流文化相一致，则这种群体压力和向上动力会促进友善价值观生成。然而现实生活中，更常见的是由于群体的不作为，甚至是群嘲、讥讽带来的同情消退。当代大学生有着强烈的归属需要，他们并不希望自己成为群体中的异类。正如访谈中有学生所说："同学没帮，你想去帮，但也不会去做，不然的话有点和他们不一样"（620X01）；"做这些善事（坐公交、地铁让座之类的）可能会被群嘲"（204X06）；"人们的态度也会对我友善价值观产生影响。比如说我做了善事得到肯定，这会促进我友善价值观生成；但是如果得到的是质疑和批评，就会阻碍我友善价值观的生成"（620X04）。其二，对自己、家人、群体的责任心理。责任心对友善价值观生成的影响具有双向性：一般理解中，责任心的增强有助于关心和帮助他人；但是，对特定群体责任感越强，也有可能引发对群体外事物的冷漠。这是由于对他人的关心和友善是一种不完全责任，而人们要自己为自己负责，当人们这种对自己、家庭、所属群体的责任心越强的时候，他们就越少关心之外的事物，甚至对潜在的伤害因素持有警惕和敌意。其三，麻木心理。麻木是指人们对同样的刺激产生的知觉钝化，过多看到苦难，会使人的心肠变硬。卢梭十分重视通过苦难对爱弥儿进行同情的教育，同时他非常强调这种教育的合宜性。尤其当前社会下，大学生触网时间较多，大学生借助它接触了太多的生老病死和灾难，远远超出了他们的承受极限，导致对同情的"节制"。其四，逆反心理。逆反心理是指主体作出与社会要求相对立、与教育目标相背离、与事物正常状态相反的行为和反应的行为倾向，可能带来对友善价值观的反感。当代大学生自我意识极强，成人感也比较重，他们善于观察复杂的世界和社会，当他们看到多种价值标准和方式方法能够达到同样甚至更好的目标时，他们极易推翻原来的道德信仰。此外，他们对外界事物的反应较为强烈，也容易感情用事，当消极事件发生时，常常容易对社会产生反感，如贪污腐败现象的败露、教师失德事件的发生，常常会致使他们对周围的环境产生消极的评价和厌烦；关于友善价值观的宣传和教育过于频繁会引发大家的反感；有些十分刻意的榜样教育让他们觉得不是温暖，而是恶心。其五，恐惧心理和戒备心理。恐惧心理主要是人们对于自身行为可能带来的风险的一种担忧和害怕。新闻报道中，不乏"助人反被讹诈""受助者对施助者避而不见""假求助"等事件的报道，这些报道对大学生影响很大，使他们患上了"助人恐惧症"。深入访谈显示，在谈及"这些报道对您有何影响"时，32名受访者，只有5人表明会坚持自己，坚定实施友善行为，其余的可以分为怀疑派或斗争派、自我保护派、坚决不扶派。问卷调查中，在题项"阻碍您对他人友善、实施帮助的主要原因有哪些"上，对各选项作加权平均数，"我不知道他的遭遇是真是假"排在第一位，"好人利益得不到保障，助人风险大"排在第三位。正是这些被欺骗、被讹诈、被伤害等风险的存在，人们对好人好事大多采取一种戒备心，以使自己免于风险和灾祸。其六，失衡心理。当前大学生都是中学时期的佼佼者，他们有着较强的平等意识和自尊心，同时他们也面临着学业繁重、人际关系紧张、情感危机、考证、就业等压力，尤其是贫困大学生，若不能正确看待和应对这些压力，他们则会产生焦虑、困惑、仇视、厌烦、抑郁、嫉妒等情绪，心理失衡，阻碍友善价值观生成。

除了以上思想偏差、认知偏差、情感阻隔等因素，大学生自身的个性、气质对友善价值观生成也有重要影响，如气质类型为胆汁质的人，感受性高、耐受性低，待人容易刻薄；神经类型为兴奋型的人，由于情绪兴奋高，抑制力差，情感易于冲动，容易发生暴力和攻击行为。需要特别注意的是，和恐惧心理密切关联的道德勇气成为当代大学生中较为缺乏的心理特征，严重制约了友善价值观的生成，若没有友善的勇气，一切都将成为伪善。人们在作出任何行为之前，都会进行收支评估和风险评估，信任感能够最终决定人们道德上勇敢的立场，信任是"对某个人或事物的某些品质或属性，或某种陈述的真实性的信心与信赖"[①]，正是信任感，让我们敢于坚守道德勇气。然而，正如前文所述，当前社会教给大学生的不是信任，而是怀疑、戒备和恐惧，而这种教训，只要有对相关间接经验的了解就能使他们刻骨铭心，暗下决心不再"吃亏"。

总之，社会、学校、家庭、同辈群体、大学生自身等因素共同影响着大学生友善价值观生成。其中，社会环境是影响大学生友善价值观生成的最重要的客观因素，学校教育是影响大学生友善价值观生成的主阵地，家庭是影响大学生友善价值观生成的基础性因素，同辈群体是影响大学生友善价值观生成的直接因素，主体状况是影响大学生友善价值观生成的主观性因素。为了方便分析，本书将这五种因素分别论述，但它们在现实生活中常常交织在一起，相互联系、相互影响，共同发挥着作用，产生复杂的结果。因此，促进当代大学生友善价值观生成需要充分考虑到以上各种影响因素，减少或降低阻碍因素，推动各种促进因素协调发展，共同发挥作用。

[①] [美]拉什沃思·基德尔：《道德勇气：如何面对道德困境》，邵士恒等译，北京时代华文书局2016年版，第146页。

第四章 当代大学生友善价值观生成的过程和规律

> 世界不是既成事物的集合体，而是过程的集合体，其中各个似乎稳定的事物同它们在我们头脑中的思想映象即概念一样都处在生成和灭亡的不断变化中，在这种变化中，尽管有种种表面的偶然性，尽管有种种暂时的倒退，前进的发展终究会实现。[①]
>
> ——［德］弗里德里希·恩格斯

当代大学生友善价值观生成是指大学生在遵循自身发展规律和友善价值观生成规律的基础上，通过多种方法和途径，在长期和反复的学习、生活中，使自身对友善价值观的认知、情感、意志、信念、行为等从无到有、从弱到强、从肤浅到深刻、从偶然到必然的发展过程。是理性活动和非理性情感活动相互交织、相互作用的过程；夹杂着理论和现实的冲突、他人和自我的对立、风险与利益的博弈，有其起点、推进和终点。友善价值观的生成起于需要，由各种内外因素推进，目标和终点是使主体将友善作为一种终极价值追求。从结构上看，大学生友善价值观生成包括心理系统和行为系统，其中心理系统包括认知、情感、意志、信念的生成过程，行为系统包括外化和养成。具体说来，大学生友善价值观的生成过程包括获取过程、接受过程、外化过程和养成过程四个子系统，其中获取过程主要从社会、学校、家庭、主体自我等信息源中，完成认知的自我建构，接受过程包括需要的激发、情感从无到有、意志从脆弱到坚强、信念从动摇到坚定，外化过程主要是友善行为实践，养成过程包括评价、自省、习惯

---

① 《马克思恩格斯选集》第4卷，人民出版社2012年版，第250页。

养成等。研究当代大学生友善价值观生成过程，要在详细分析该过程的各要素的基础上，分析其中的矛盾关系，最终探索其形成规律。

一　当代大学生友善价值观生成的过程

当代大学生友善价值观的生成过程是一个复杂的有机系统，它是当代大学生在一定外界环境影响下，内在知、情、意、信、行诸要素辩证运动、均衡发展的过程。为了便于研究，我们可以将此过程划分为若干子过程，划分的依据主要是友善价值观各内部结构的生成所遵循和经历的一般工作程序。根据各个子过程的任务、起点、推进方式不同，笔者认为大学生友善价值观生成过程系统包括四个子过程，即获取过程、接受过程、外化过程和养成过程。

（一）获取过程——友善认知形成

1. 友善价值观信息获取过程的内涵

友善价值观信息的获取是整个友善价值观生成过程系统的起点。友善价值观信息获取过程主要指友善价值观理性知识等信息由外入内、由表及里的发展程序，这一过程主要是大学生激发自身的感知系统和心理需要系统，对信息进行知觉、反映、接收、选择和加工建构的过程。因此，友善价值观信息获取过程就是大学生在学习生活实践中经过直观感受和间接学习，通过观察学习、自行体验、思维想象、理性思辨等形式，了解并掌握友善价值观的内涵、外延和要求，进而建构自己的友善知识、行为底线、行为方式等的过程。

2. 友善价值观信息的获取途径

友善价值观信息有着复杂的来源，是外来性和内生性的统一，大体上遵循着两种途径。第一，由外向内的接纳途径，即外部主体输入—大学生接纳。外部主体主要指外在于大学生的那些主体影响因素，如社会、国家、学校、家庭、道德先行者等，他们共同对大学生友善价值观生成产生影响。其一，社会是最广泛的信息源。社会性是人的本质属性，个人不能离开社会单独存在，社会时刻向大学生传递着种种信息，这些信息具有复杂性，产生不同的功能，其中正面信息和良好的氛围能够促进他们友善价值观的生成。其二，国家是最权威的信息源。政治道德直接影响着友善价值观的生成。国家将友善作为社会主义核心价值观，必将发动全社会力量促进社会友善氛围的营造，促进大学生友善价值观的重视和生成；此外，政治清明、公正将直接提升其传递的价值观的渗透力。其三，学校是最专业的信息源。学校是专门系统地对大学生进行教育的场所，其传递的信息往往具有正面性、衔接性、持续性，源源不断地作用于大学生。其四，家庭是最直接的信息源。家庭是大学生的第一所学校，父母是他们最亲密的人，也是他们的第一任老师，父母的生活方式、处世方式、人格品质和生活习惯往往对孩子有着潜移默化且根深蒂固的影响。血缘关系的存在，以及父母在子女生存发展中发挥的不可替代的作用，使他们具有天然的权威和影响力、渗透力。其五，道德先行者是最直观的信息源。精神文明发展水平具有层次性，出现了道德先行者和道德落后者之分，道德先行者的行为及社会评价对大学生的友善认知起着重要的作用。友善行为及社会对该行为的褒扬和肯定总是作为正面信息输入，提升和充实着人们的认知。第二，由内而生的感知途径，即主体感知—内化。这是大学生友善价值观生成较为特殊的信息来源。其一，对外部信息的感知—内化。外部信息，即外在于大学生自身的那些信息。当代大学生对于社会热点问题具有较强的敏感性，对于那些尚未添加教育目的、未被整合的友善价值观信息具有较强的感受力，能够主动体会和感知其中蕴含的深刻内涵。其二，对内部信息的感知—内化。内部信息，即由于自身实践和体验产生的信息。当代大学生较为重视自身实践和体验，即通过现实生活和社会交往中的具体经历和感受来明辨善恶、荣辱观念。在宽阔的实践场域中，在丰富的人生阅历中，他们感知到更加深刻的友善价值观信息，体会友善的价值，明晰友善的要求。

获取的友善价值观信息具有丰富性和多样性，按照其形态，可以大体分为正式形态和非正式形态。第一，正式形态，主要指为了保证社会秩序和社会进步，以法律法规、地方政策等明确规定下来的友善价值观信息。它是一种认知上的"必须"和"严禁"，是每个公民都应该具有的观念和意识。正式的友善价值观信息具有旗帜鲜明的导向性，是非善恶较为明晰，具有框定人心、整合群体的作用。在大学生友善价值观的生成中，正式的友善价值观信息主要包括课堂和书本中关于友善价值观的教育、寝室公约的制定、班级纪律的规约，将志愿服务时间和毕业要求联系起来，将道德品质和评优评先结合起来等，这些都是以正式的、制度化的方式推进友善价值观认知。第二，非正式形态，主要指通过家庭熏陶、民风民俗引导、集体生活感染、社会舆论导向等方式影响大学生友善价值观的信息。非正式的友善价值观信息具有生活性、浸润性，虽然没有明确的文字规定，却以其强大的渗透力对大学生产生潜移默化的影响，形成善恶观念和荣辱观。

3. 友善认知形成

友善价值观信息获取会使得友善认知形成。友善价值观认知为大学生友善接受过程提供方向和指导。友善价值观认知是大学生通过自身的感知系统对友善价值观的内涵、行为要求进行观察和了解，是一种文化传递现象，主要强调主体和信息源的关系。主体通过各种介体对信息客体所承载和传递的教育信息加以反映、选择、加工、内化，从而把握友善价值观的本质和具体要求。友善价值观生成的过程具有多端性，然而在对各个环节的推进中，更具关键意义的是对大学生友善价值观认知水平的提升。这是因为，第一，友善价值观认知是大学生友善价值观其他构成要素生成、发展、实现的基础。理性是对客观事物本身的反映，为个体的道德规范行为提供指导，否则，个体行为就会为盲目的欲望和执拗的情感所驱使。第二，高尚的品德来自崇高事业中的社会实践，但我们不可能事事都直接经历，还必须向间接经验学习。在间接经验的指导下，一旦得到"此路不通"的信号，则随即调整计划，减少不必要的道德培养中的"能量消耗"。

友善认知包括学习—感知—反映，理解—选择—加工，记忆—控制三个环节。第一，学习—感知—反映是友善认知生成的起点。感性认识是认识的初级阶段，从感觉、知觉到表象是从部分到整体、从具体到抽象的发展过程。大学生只有调动自身的器官，通过听觉、触觉、视觉、感觉等发挥作用，才能接触到友善价值观的相关理论知识。反映是指友善价值观理论作用于大学生的感官，而他们以观念的形式对接触到的知识、情境等进行模写、复制和再现，这是感知的进一步推进。第二，理解—选择—加工是友善认知生成的重要环节。大学生具有相应的知识背景和自我创造性，对于感知到的信息，他们并非不假思索地搬进来，而是要按照自身已有的思想观念、政治观点和道德规范形成个性化的原则标准，依此对这些信息进行加工，对于符合自身原则和需要，和自身观念态度相差较小的信息予以保留、转化、整合，对于与自身原则相悖、不能满足自身需要、和自身观念态度相差较大的信息予以摒弃。第三，记忆—控制是友善认知生成的结果。记忆主要对信息编码、储存，这是外在信息纳入大学生主体思想的开端。控制则是调整记忆内容和信息的提取，以促使目标的达成。总之，友善价值观认知的过程是主体在生活实践中经过直观感受和体验、间接学习、思维想象、理性思辨等形式，了解并掌握友善价值观的内涵、外延和要求，建构自己的友善观念、底线、行为的过程。

（二）接受过程——友善信念和意志形成

友善价值观接受过程是友善价值观生成的核心和关键，这是因为：第一，友善价值观接受过程主要解决友善价值观生成过程的根本矛盾，即社会对大学生友善价值观的较高要求与大学生友善价值观现状之间的矛盾。内化过程完成得好，则该根本矛盾已经解决了一大半。第二，友善价值观接受过程主要发生在大学生的思想内部，是友善需要、友善情感、友善信念、友善意志等形成的重要阶段，与接收阶段相比，接受过程可控性较弱，更为深刻，难度也更大。

1. 友善价值观接受过程的内涵和特征

友善价值观接受过程主要指在心理需要的基础上，友善情感从无到有、从弱到强，友善意志从薄弱到坚强，友善价值观从知识向信念，从服从到同化的过程。这一过程的关键在于尊重和激发大学生的主体性，使其认识到自身对友善价值观的需要，自觉形成友善情感和友善信念。友善价值观接受过程具有内在性、多端性、系统性。第一，友善价值观接受过程具有内在性。它是发生在生成主体内部的，由生成主体在获取信息后进行的过程，难以观察和检验，主要靠生成主体自觉性。第二，友善价值观接受过程具有多端性。由于该过程有着多个环节，而友善价值观的接受也可能从这些环节的任何一端展开，因此要把握好教育的契机，顺势促进其接受。第三，友善价值观接受过程具有系统性。虽然这个过程涉及多个环节，接受起点也有多端性，但在某一环节完成后，要注重其他环节的全面协调发展。

2. 友善价值观接受过程的阶段

接受是将社会要求的思想观念、价值观点、道德规范纳入自身的态度体系的过程。大学生友善价值观接受过程经历了服从、同化和内化阶段。其一，服从是指大学生在一定外力的压迫下采取的顺从，如法律法规、学校规定、舆论压力、考试考核等，更多的是一种策略选择，具有被动性、表面性，属于较低层次的接受阶段，具有一定的局限性。其二，同化是指大学生在学习生活中，自愿接受一定的观念、态度和行为，使自己和他人相一致的心理倾向性，是一种社会化过程。这一过程具有主动性，这种自觉接受主要是为了满足主体某种社会化的需要。其三，内化是接受的高级阶段，指大学生真正从内心深处相信并接受友善价值观理论和要求，彻底转变自己的心理定式，自觉建构新的友善价值观认知图式，达到新的认知平衡。接受具有自觉性、深刻性、情感性，也必然经历最激烈的矛盾斗争和最动荡的转变。

3. 友善价值观接受过程各环节

友善价值观接受过程是大学生友善价值观生成的核心过程，从内容上看，包括友善需要和动机的激发、友善情感从无到有、友善信念从动摇到坚定、友善意志从薄弱到坚强等环节。

(1) 友善需要和动机的激发

友善需要及其引发的友善动机是大学生友善接受过程的内在动力。友善需要是基于人们的现实生产和生活，逐渐意识到友善价值观对个体发展和人类生存发展的意义，由此而产生的一种对于友善价值观认知、接受、实施等的内心倾向和强烈意愿。需要是人的某种欠缺状态，正是在生产生活中，人们产生了人际交往的需要、处理人与自然关系的需要，产生了制定契约、遵守道德和规范的动机。友善需要具有主观性，它是大学生意识到了的一种欠缺状态，必须和现实相结合才能转化成友善动机，且对这种欠缺的知觉越深，对友善的欲望越强。友善动机是一种由和谐、幸福等引导、激发和维持的内在心理活动，是行为的基础和动力。当代大学生的友善动机具有层次性：一种是基于自身利益的工具形态的动机，即将友善看作达到自身某些目的的手段，这种动机不够纯粹，只是一种利益交换的方式，需要进行提纯和转化。另一种是基于自觉、自律的终极目的形态，即将友善看作修身养性的一部分，将其融入自身人格的部分中来，甚至作为人生的一种信仰和价值追求，在有生之年一以贯之。这是对幸福和至善的追求，这是我们推崇的友善动机。

大学生友善需要的激发需要以下三个条件：其一，人的归属需要、人对秩序的需要是友善需要激发的人性前提。"人的本质不是单个人所固有的抽象物，在其现实性上，它是一切社会关系的总和"①，只有依赖他人才能成为人。对群体的归属，对秩序的渴望能够激发友善需要。其二，友善认知是激发友善需要的基础。个体不会对无知之物产生需要，但是，认知只是需要的必要非充分条件，只有友善认知，不一定会激发友善需要。友善认知只有和意义、价值相联系，使主体意识到友善的意义和可能带来的价值，才可能产生友善需要。其三，体验是友善需要激发的直接驱动力。需要是主体感到的某种欠缺状态，需要和体验一开始就紧密相连。体验是主体的一种主观感受，会对主体接触到的信息进行厌恶、喜好的加工。积极的体验有助于强化友善需要，甚至使之成为占优势地位的需要。因此，将友善与积极的体验相联系，有助于激发和强化友善需要。

（2）友善情感产生

友善情感是大学生友善接受过程的重要通道。情感是人们对对象的态度，是一种好恶倾向。友善价值观情感是大学生在友善价值观认知基础上，对友善价值观的态度和体验，对现实友善问题和友善行为产生好恶的内在倾向性，主要表现为义务感、荣誉感、幸福感、羞耻感、懊悔感、恐惧感。对一事物具有良好的情感体验，则将有助于接受它，相反，对某事物持有反感、厌恶的情感体验，则会阻碍对其接受。友善价值观情感具有冲动性、渗透性、两极性。首先，情感具有冲动性。尤其是当代大学生情绪发展较不成熟，容易冲动，这可以撇开理性的作用立即产生行为，但也常常容易出现情绪化行为，可能酿成不良后果，所以情感需要理性的加入，使个体情感染上理性的色彩，克服感性的冲动性和盲目性。其次，情感具有渗透性。这是说情感作为一种心理倾向，会渗透到认知、信念、意志、行为等各层次、各环节，使其打上情感色彩，受到情感的影响，增加或阻碍其形成。反过来说，情感通过发挥其渗透作用，将理论要求变成具体可感、有血有肉的存在，让喜悦、快乐、荣耀、幸福、满意等正面情感

---

① 《马克思恩格斯选集》第 1 卷，人民出版社 2012 年版，第 135 页。

与友善价值观、友善行为相结合,能够增强大学生实施友善行为时的情感体验,增加其反复行为的可能性,从而养成习惯。最后,情感具有两极性。即情感常常以对立的形式出现,有爱就有恨,有喜欢就有厌恶,有正面情感也有负面情感,友善价值观也内含着惩恶扬善、除暴安良的双重要求,要使大学生全面理解友善价值观情感,厘清友善边界,设立友善底线,做到容而不纵。

友善情感在友善价值观内化过程中发挥着重要作用。其一,友善情感具有评价作用。情感具有两极性,人们往往通过某种情绪状况的体会和情感状况的表达,来评价某种行为。其二,友善情感具有调节作用。情感具有渗透性,总是弥漫在接受过程的其他环节,通过情感体验能够坚持或放弃、强化或削弱某种认知、信念、意志和行为实践。其三,友善情感具有信号作用,能够通过某些特殊的言行、表情、亲近疏远等向他人传递一种信号,进行信息的交流,影响其他环节的进行。

友善情感生成也是一个过程,主要经历感应和体悟两个环节。一方面,感应是友善情感产生的触角。感应即受到外界刺激而引发的相应反应,在友善价值观的生成中,感应即在友善认知的基础上,规范、情境、行为等对主体感官进行刺激,产生恐惧、温暖、冰冷等较为直观的情感体验,具有直观性,较为粗糙,常常用敏感度来表达其感应能力。感应敏感的人,常常很容易被情感带入,进入情感的下一环节,即体悟;而感应麻木的人,则常常表现出冷漠和冰冷,无视或忽视刺激物,致使情感戛然而止,生成过程发生中断。在友善价值观接受过程中,有必要关注大学生对社会事件的敏感度,引导其关心社会和他人的苦难和境遇,克服人际冷漠。另一方面,体悟是友善情感产生过程的深入化和精确化。体悟即体会、感悟,在现实经历的事件中形成一些个性化的感受和看法,在友善价值观生成中,体悟即在理论学习和现实生活中对经历的人、事、理论等进行粗略感受和划分的基础上,下意识地进一步进行的精细化归纳,这种精细化的感受夹杂了理性的因素,是对直观感情的深加工,最终将提炼出独特的理性感悟。总之,友善情感的激发和培养对于友善价值观的内化具有重要意义,在促进大学生友善价值观生成中做到以情动人,需要采取多种方式,如以境激情,以榜样育情,以美育情等。

（3）友善信念树立

友善信念在大学生友善价值观接受过程中起着固定化的作用。信念是坚定不移的想法，友善信念是个体通过对友善价值观的内容和要求的认知和了解，在自身强烈的友善情感驱使下，对接受和践行友善价值观产生一种强烈的责任感和坚定的想法。友善信念具有稳定性、复合性、多样性特征。首先，信念具有稳定性。一个人信念的形成是在长期的生活实践中，几经历练和冲刷形成的，冲走了表面的、肤浅的、易变的观念，留下了深刻的、完善的、坚定的观念，并在生活实践中日益丰富和坚定。其次，信念具有复合性。即信念的形成是认知和情感的复合，认知和观念为人们的信念提供和充实了内容，友善价值观相关理论的可信度是友善信念建立的前提；在可信的理论基础上，对友善理论的强烈情感为友善信念的形成提供了驱动力和倾向性，在信念的形成和发展中贯穿着理性和情感的交互作用。再次，信念具有多样性。从内容上来说，每个人关于友善的信念不同，如友善在其生命中的地位、要求、边界和底线都有所不同。从性质上说，个体关于友善的信念可能方向相反，如有的人信仰"德福一致"，时刻坚信友善的力量；有的人则信仰"成王败寇"、物竞天择，以冷漠的眼光看待世界。现实生活中有的人秉持"事不关己，高高挂起"的信念，有的人秉持"不害人"的底线信念，有的人秉持"为人民服务"的高尚信念。可见，信念具有稳定性和持续性，但却不能保证行为的正向性，由此，必须从源头关注认知的正确性和可信性。

友善信念的树立需要以下条件：其一，正确清晰的友善认知是友善信念树立的前提。信念本身没有方向性，需要认知的导向，正确清晰的友善认知为主体信念指明方向。但友善认知只是友善信念的必要非充分条件，不会直接产生友善信念。其二，责任感和积极的体验是维持友善信念的持续动力。由概念可知，友善信念内含强烈的责任感，通过培育主体对自我、他人、自然的责任感，能够使友善信念更具持续性和稳定性。此外，积极的情感体验和幸福感能够强化人们对友善的信任感，肯定友善的价值，坚定友善信念，是一种激励。其三，反复的实践是理性认知与情感体验统一的基础，是友善信念逐渐树立的路径。友善信念的树立不是一蹴而就的，反复的、持续的友善实践是友善信念逐渐树立的路径。其四，友善意志是友善信念的重要保障。在反复的实践中，可能伴随怀疑、动摇、倒退,而坚强的意志能够使主体克服万难,最终坚定友善信念,是友善信念的重要保障。总之,大学生关于友善的认知向信念的转化,不能仅靠反复的实践来完成,只有在友善认知形成后,伴随着友善情感和态度的转变,感受友善行为带来的幸福体验,在反复实践和验证中,才能将认知转换成信念。

(4)友善意志形成

友善意志在大学生友善价值观接受中起着保障作用,是信念见之于行动的桥梁。意志是人们自觉地确定某种目标,并克服种种困难,有计划地实现目标的心理过程,它需要正确理性的指导,否则就会变成执拗性、顽固性,可能导致个体不肯放弃错误的想法而一意孤行,其意志越顽强,其结果是对社会造成的危害越大。友善意志即关于友善价值观的意志,是指大学生在对友善进行认知的基础上,根据友善价值观理论和要求进行行为选择和行动调节中克服困难和障碍,作出友善行为的能力、决心和毅力。把握这一过程需要注意其特征:其一,友善意志具有鲜明的正面性和明确的目的性。即在友善价值观指导下,友善意志是为了实现友善行为这一目的而和友善行为直接相联系的。其二,友善意志和困难、障碍、阻抗紧密联系。即友善意志主要出现于友善行为的阻碍因素产生的情况下,而在实施友善行为尚未遇到困难和障碍的情况下,不需要意志的出场,即可达成目标。

友善意志能够提高大学生的独立性、自制力、坚定性,其作用主要是排除实施友善行为的干扰、阻碍和诱惑,使他们的行为符合友善价值观要求,其作用方式主要表现为发动和抑制两种。发动主要是指当大学生主体遇到阻碍友善行为的因素时,能够自觉克服困难和阻碍,坚持实施友善行为;抑制是指制止和友善行为相矛盾的欲望、诱惑、愿望和行为,做到自制并作出友善行为。具体说来,友善意志在友善认知、友善情感、友善信念的形成中都具有重要作用:其一,从无知到友善认知的建构是一个较为枯燥的学习过程,学习何谓友善、如何友善是一个需要意志力的过程;此外,在认知阶段可能产生认知偏差、道德推脱等现象,致使友善价值观生成过程终止,因此,坚持客观的认知也需要意志发挥作用。其二,友善认知向友善情感的转化也需要意志力的作用,情感往往具有冲动性、直观性、盲目性,若处理不好,情感可能淹没理性认知,酿成恶果,因此理性战胜感性，需要意志力的作用；否则，即便友善情感产生，则也可能由于种种阻抗而产生消退，终止友善价值观生成。其三，友善信念的形成更需要意志的保障，意志力薄弱则面临诱惑时，可能会动摇甚至放弃友善信念，随波逐流。

友善意志是在反复的实践中不断得以磨砺的，经历了斗争、比较、选择等环节的多次反复。其一，斗争环节主要指大学生思想的内在矛盾和冲突。具体表现为：外界信息与主体观念存在矛盾，诱发主体内部的冲突和不平衡；面对同一情境，主体内在观念本身存在层次差异和矛盾；不同性质的观念，如友善与邪恶、冷漠等冲突。矛盾和斗争的深层原因是人们如何处理利益的矛盾和冲突，在友善价值观接受过程中，必须看到这种冲突的本质与其合理性，在建立正确的利益观基础上，关注主体自身的合理利益。其二，比较环节主要指大学生对引发不平衡的信息进行权衡的过程，表现为犹豫不决。面对多样信息的冲击，个人需要、认知、信念、情感等均可能成为大学生进行比较的内容，常常不仅进行内在比较，也进行外在比较，而大学生的道德需要、友善认知水平、求助者和旁观者的行为表现也可能影响比较的结果。其三，选择是在多种可能性之间进行择取和舍弃。主要是在多种信息呈现的可能性中选择处于主导地位的动机和目标，若经常在善恶之间选择善为主导倾向，则该主体容易形成较强的友善意志；若经常选择恶为主导倾向，则该主体友善意志较为薄弱。友善意志的形成具有反复性，需要在实践中反复衡量和确认，才能使其得到磨砺。

总之，在大学生友善价值观接受过程中，需要、情感、信念、意志等环节密切相连。首先，需要作为主体感觉到的一种欠缺状态，其是否被满足及满足程度如何直接决定着相应情感的产生，可以说情感是需要的外化；其次，信念作为一种坚定的观点，具有稳定性，其作为主体内在的一种衡量指标，为意志指明了方向；最后，情感作为需要和意志的中介，为主体将需要转化为意志努力提供了动力支持。这几个环节相互作用、相互融通，一起推进友善价值观向外化过程进展。

（三）外化过程——友善行为实施

外化是内在见之于外在、思维见之于实践的过程。友善价值观外化过程即主体将自身已经内化的友善价值观要求、标准和原则外化为友善行为所经历的程序。这是友善价值观生成的外显，也是研究友善价值观生成的目的和检验标准。总体看来，友善价值观外化过程具有选择性，是主体友善认知、情感、意志、信念等从不平衡到平衡的矛盾运动过程。经历了情境感知—态度倾向—道德判断—道德勇气—行为选择—行为实施等环节。

1. 情境感知——友善价值观外化的前提

情境在友善价值观外化中起到了"场域"的作用，感知即个体各个器官、神经对特定情境发出的刺激产生反应的过程。一个感知觉敏感的人，遇到特定的友善情境，能够很快唤醒自己的各个感官。唤起指某物从静止状态转化为动态或激活。通过感知，外在的友善情境中的事物变为神经刺激或神经冲动，直接通到大脑皮层，激活原有的关于友善的认知结构。相反，一个感知觉麻木的人，常常在特定友善情境中受到刺激时，表现出迟钝甚至冷漠的反应，在这种较低的感知下，可能或无意、或有意地选择忽视、轻视等态度来对待这一情境，导致神经和认知仍处于旧有的平衡状态，难以被激活。情境感知是友善价值观外化的前提。一方面，情境为友善价值观外化提供了活动场域和契机。友善价值观外化本质上是实践，这种实践绝非在真空中进行的，也绝非在不需要友善出场的空间中外化。另一方面，情境是激发大学生同情的重要前提。特定友善情境发出各种信息，当主体感官受到刺激，才有可能产生同情、羞耻、正义等情感，从而促进友善价值观外化。倘若大学生无法感知或拒绝感知友善情境中的信息，则友善价值观在该情境下的外化也无从谈起。

2. 态度倾向——友善价值观外化的开端

态度是"个体对事情的反应方式，这种积极或消极的反应是可以进行评价的，它通常体现在个体的信念、感觉或者行为倾向中"[①]。态度的核心部分是行为倾向，通过态度，人们能够有效处理事件，而我们也可以通过态度预测一个人的行为。态度产生的原因有自发和强制两种，因此往往有真伪之分，如友善和伪善之别。态度和行为的关系也具有复杂性，只有自发的态度往往能够影响人们的行为，一个人只有出于对他人自愿的同情，才能对其作出友善行为。从方向上看，态度主要包括趋向性态度和回避性

---

① ［美］戴维·迈尔斯：《社会心理学》（第8版），侯玉波等译，人民邮电出版社2006年版，第97—98页。

态度两大类，常常对立出现，如对友善行为喜欢，对缺德行为的厌恶；对求助之人的热情，对弱者的冷漠等。态度倾向是友善价值观外化的开端，首先，态度倾向有助于人们对一些事情作出快速反应，引发相应行为。主体正是通过态度对具体情境中的刺激作出第一反应，才会选择行为的方式。其次，态度倾向对主体行为选择具有指示作用、调节作用。这是因为主体的态度具有自由性和可变性，它能够根据主体需要，对外界信息进行加工、筛选或剔除，影响随后活动的选择和方向。最后，态度倾向主要通过感觉构成友善价值观外化的开端，如心安理得和心存愧疚等感觉对人们行为的选择具有开端作用。

3. 道德判断——友善价值观外化的桥梁

道德判断是友善价值观外化的斗争环节，在特定友善情境中感知到的信息唤醒旧有的知识体系，当外部情境信息与自身的知识、原则、能力、态度等相矛盾时，则会打破自身平衡，引发斗争。在这种斗争中，主体结合内外部条件，以自身形成的一系列原则，如费力最小原则、从众原则、以自我利益为中心原则、良心原则等为标准，对情境的紧急程度、风险大小、真实与否、社会评价等进行判断，经历趋避冲突、双驱冲突、双避冲突等内心体验。其一，趋避冲突指同样的目标事物对个体产生的同时具有趋近和逃避的心态，这一事物既能满足个体的某些需要，又会带来一些不利的方面，致使主体进入进退两难境地。例如，当一个学生遇到摔倒的老人，出于道德和良心的要求，他想前去扶起老人，但同时他意识到自己有可能会遇到一些诸如被讹诈等道德风险，想扶，又有所担心，从而产生趋避冲突。其二，双驱冲突指当人们面对两件事，两件事都是自己想实现的，但是一件事的实现会阻碍另一件事的实现，鱼和熊掌不可兼得。例如，当一个即将在重要考试中迟到的同学，在路上遇到有人晕倒，一方面，他想帮助这个晕倒的病人，把他送到医院；但另一方面，他又不想错过这场重要的考试，此时，就产生了双驱冲突。其三，双避冲突指同时出现了两个可能对主体不利的事情，两个都想躲掉，但是只能面对一个，避开一个，产生抉择的痛苦。例如，一个同学遇到网上的筹款信息，他既不想捐助自己的生活费，又不想因为无动于衷而良心受谴责，只能选择其一。道德判断是友善价值观外化的桥梁，将道德需要、情感态度与道德勇气、行为选择和实施连接起来。正是通过道德判断，人们对情境进行定性，根据自己原有的友善观念对可能的行为进行判断，审查那些可能的选择与自我需求、社会规范的契合程度，正确认识自己行为的价值和意义，促进或抑制某种行为的选择和实施。

4. 道德勇气——友善价值观外化的保障

如前所述，道德勇气包含了对道德原则的坚守、对危险的充分意识和对危险心甘情愿的忍耐。道德勇气和道德信念密切联系，道德信念为道德勇气指明了方向，道德勇气为道德信念提供了力量。没有信念，勇气可能造就校霸、恶棍和无赖；而没有勇气，友善价值观就不能在生活中起作用，友善行为的转化中可能产生友善情感消退和友善信念动摇，正如孔子所言"见义不为，无勇也"（《论语·为政》）。道德勇气作为一种具有弥散性的属性，常常潜在地、内在地发挥作用，当它和友善相结合，便形成了友善的勇气。它既是友善价值观生成的催化剂，又是友善行为实施的重要保障。

5. 行为选择——友善价值观外化的方向

行为选择的发生具有瞬时性，为大学生友善价值观外化指明了行为方向。选择即由于刺激、态度、冲突等的出现，在对大量内外部信息进行对比的过程中，依据自身原则进行取舍的过程。斗争和冲突往往是较为纠结、耗时较长的过程，而行为的选择则是一瞬间的事。在人们决定后，这种选择往往有一种内在的力量，即人们常常过高评价自己的选择，而贬低放弃的选择，以便较好地坚持自己的选择。在一定的友善情境中，人们根据自身的真假判断、友善信念、助人能力等决定自己在该情境中的行为方式。这种行为的选择常常是在短时间甚至瞬时间内决定的，并且当决定实施助人行为时，即便是自己的利益受损，他们也会对自己的道德行为予以较高的评价。

6. 行为实施——友善价值观外化的落实

行为实施包括目标设定、策略选择、行为控制等环节。行为虽然作为一次外化过程的结果，但对于友善价值观其他因素的生成过程具有重要作用：其一，行为可以有效修正人的自我概念，如当人们作出较小的友善行为时，人们会认为自己热心助人进而维护自己这一形象，这种自我知觉能够使人更加乐于助人。其二，行为可以影响人们的态度和情绪，如当人们做了好事会更加开心；当人们按照社会角色规定行为，人们会更具角色责任等。其三，行为有助于提高人们的认知和能力，如在志愿服务行为实践中，人们深刻体悟了志愿精神和相关知识、增加了助人本领。行为实施包含了以下环节：其一，目标设定是关键。友善行为目标是指行为主体意欲完成的任务和要求。只有行为要达成目的确定了，主体才能够明确达到目标的途径和方式，因此，它既是后面各个环节步骤的铺垫，又是对整个行为进行评价和检验的标准。其二，步骤、方法、策略的选择是达成目标的路径。步骤是追寻目标过程的阶段和环节，在简单的友善行为中，人们凭借态度迅速作出判断，即刻实施行为，如一次搀扶、一句安慰、将外面的垃圾捡进垃圾箱等行为；而对于复杂的友善行为，需要人们借助知识、能力等因素进行分析，确定助人步骤，如马路上遇到晕倒的路人，应该首先确定其原因、选择适当的救助方法，并拨打120寻求帮助等。方法是过河的船，没有合适的方法，就可能事倍功半或南辕北辙，达不到预期的效果，如在安慰开导别人的时候，要讲究说话方法和工作方法，否则就会遇到障碍。策略比方法更具艺术性，策略用得巧妙，就能事半功倍。其四，行为的控制是应对各种干扰因素，保证行为方向的保障。行为实施的过程中可能遇到一些主客观因素的阻碍和困难，甚至有可能发生偏离，这时就需要主体发挥主观能动性，对阻碍因素进行扫除和克服，对行为偏离进行纠正。

此外，友善价值观外化是在一定的条件下完成的。一方面，内部条件包括个人的需要和动机的水平和方向；个人主观能动性调动和发挥的程度；主体内部原有的知识、经验、观念等思想系统和能力水平。这些因素是友善价值观外化的最主要因素。另一方面，友善价值观外化也需要一定的外在条件，作为外化的一种保障和推动力量，如物质条件保障、渗透到骨子里的民族精神和时代精神的基因底色、社会风气的导向、社会思潮的影响等。正是在这些条件组成的情境和场域中，大学生的友善价值观得以进行外化。

（四）养成过程——友善习惯养成

我们从一次行为的视野下分析了友善价值观的外化过程，然而，友善价值观生成的目的和标准是友善行为习惯的养成，追求"从心所欲不逾矩"的自由。习惯指由于多次重复而形成的对实现某种自动化动作的需要。友善习惯是人们在生活实践中，在理解认同友善内涵和要求的基础上，意识到了友善行为的道德意义和价值，从而形成自动实施友善行为的需要，它是稳定的友善认知图式和反复的友善行为的统一。首先，友善习惯是自觉自愿的。即它是大学生在对友善价值观的内涵、要求、底线等理解和认同的基础上形成的。可能在某一次友善行为的初次实施中，带有外在的强制因素发挥作用，但作为一种习惯，一定是建立在人们的自觉性基础之上的，否则就不能称为习惯，而只能称为遵从。其次，友善习惯包含着人们对其行为的道德意义和价值所在的意识和知觉。人们在工作和生活中养成了许多习惯，有好有坏，然而只有那些具备了道德意义和价值，并为人们的主观思想所意识到了的习惯，才具有道德意义。否则，那只能称为一种生命本能，如我们常常在报道中见到的海豚救人、婴儿的微笑等，由于婴儿和海豚不能意识到其行为的道德意义，故不能称之为友善习惯。最后，友善习惯是友善认知图式和多次友善行为的统一，其养成过程是显性的动力定型机制和隐性的认知图式塑造机制的统一，是同一过程的两个方面。

1. 动力定型机制是友善习惯养成的显性机制

动力定型是个体在长期从事某种比较稳定的活动中，大脑皮层在经常受到外界事物的刺激下，其系统性活动的机能能够把这些刺激有规律地协调成一个条件反射系统。我们将动力定型的概念引入友善价值观养成过程，是指在简单友善行为的基础上，经过反复多次的强化，形成复杂、连锁的条件反射系统，强调一种友善行为的自动化程度。这种友善行为的动力定型具有稳定性、高效性和自由性。稳定性是指这种动力定型是在反对刺激和实践中形成的，一旦形成，将深入主体内部神经反应系统，很难改变；高效性是指这种动力定型能够帮助我们快速地对刺激和信息进行加工，不加思考作出行为选择，提高应对复杂情境的效率；自由性是指动力定型给人带来的一种解放，形成友善行为动力定型的人，能够轻松妥善处理人与人、人与自然的关系，使人形成一种"从心所欲不逾矩"的踏实感和自由感。

友善行为动力定型不是无中生有、孤立进行的，而是一个多次积累、十分复杂的过程，既与特定情境有关，又与特定的主客观条件相关，即主体在行为的基础上，进行反思、评价和总结，从而进行下一次行为。友善行为动力定型的形成有以下几种方式：其一，因事而动。即在特定的情境下，主体自身的感觉、知觉、思维等反复受到某类事件的刺激和触动，作为一种记忆留存到旧的认知系统中，当遇到类似的事情，能够反复作出某种行为，由此形成友善行为定型，强调的是事情和经验在人的行为习惯中的重大作用。其二，因类而动。即主体从认知上感觉到作为同类的人的渺小和共同命运，认识到人与自然的和谐关系，感受大自然对人的重要作用，体验、感悟和认知到彼此之间的相互依赖，树立民胞物与的思想，从而形成关心他人和自然的动力定型。其三，因境而动。即情境对人们有着重要的影响，正是在他人助人的情境中，人们感受到身边人的浓浓暖意，受到情感上的感染而被带动模仿着行善，故在社会实践中，大学生如果经常接触友善的事物，就有利于形成积极健康的友善动力定型，因此要注重同辈群体的作用和社会氛围的熏陶作用。其四，因情而动。即由于在现实生活中，人们通过移情这种能力，感受到对方的痛苦和绝望，产生强烈的同情心，由此推动其实施助人行为，正如休谟认为的那样，"道德上的善恶区别并不是理性的产物。理性是完全不活动的，永不能成为像良心或道德感那样，一个活动原则的源泉"①，他认为道德判断是由道德感而来，且道德感来自同情心，强调了情感的重要作用。其五，因利而动。即人们在实践中，常常以利益的得失作为选择行为的重要依据，即为了个人或集体的利益周全而行动。在动力定型从浅到深的阶段，人们的自主意识发挥着较大力量，因此要注重加强对大学生进行合理利益观念的引导和对其合理利益的关注。其六，因制而动。制度和规范作为一种引导性和警示性信息，具有强制性，促使人们行友善之举、禁邪恶之行，尤其在动力定型从无到有的阶段，这种制度、规范具有明确性和强制性，能够有效推动行为的实施或禁止行为的施行。因此，在大学生友善习惯养成之初，可以适当运用强制力对其进行规约。总之，正是在特定情境中，主体的心理、思想、思维反复受到刺激和触动，激活相应的神经系统，从而促进行为习惯的养成。

2. 认知图式塑造机制是友善习惯养成的隐性机制

隐性的认知图式塑造机制是隐藏在行为定型机制之下的主观过程。皮亚杰认为，"图式（scheme，schema）是指动作的结构或组织，这些动作

---

① [英]休谟：《人性论》（下册），关文运译，商务印书馆1980年版，第498—499页。

在同样或类似的环境中由于重复而引起迁移或概括。"① 即图式是在多次重复出现的认知和活动中共同具备的事物，是一种认知结构。认知图式，即主体内在的、对某种活动和事物形成的相对稳定的思维模式和行为方式。友善认知图式，即友善行为活动的模式和框架，它是发源于友善行为活动，又作为先前存在的心理状态来制约主体行为的若干具有价值导向性的友善意识单元及其组成的整体。可见，友善认知图式由各种友善意识单元组成，如包容、慈悲、仁爱、感恩等，而这些单元相互作用、相互联结，从整体上构成了友善认知图式的有机系统，在这种认知图式思维活动中，一切都自动化地进行着。这种友善认知图式具有内隐性、自动化、动态平衡性等特征。首先，友善认知图式具有内隐性。友善认知图式的形成及其重塑过程是在主体的思维活动之内的，外人难以察觉，是一种观念性的活动，与主体的主观能动性的发挥程度紧密相关。其次，友善认知图式发挥作用的过程具有自动化特征。友善认知图式是在反复的友善行为实践中形成的，经过了抽象和提炼的过程，具有简洁性，一旦刺激产生，该认知图式被激活，主体对自己的这一观念活动驾轻就熟。最后，友善认知图式具有动态平衡性。友善认知图式作为实践的提炼和抽象，具有一定的稳定性，但这并不代表其不能改变，外来新信息的介入会激活原有认知图式，甚至导致其动荡和变化。因此，在针对大学生不良道德行为的矫治中，对于不符合主流要求的认知图式，我们可以借助多种手段进行介入和干涉，打破他们旧有的认知图式的平衡，使其对新信息、新刺激进行加工、筛选，从而实现新的平衡，形成新的认知图式。

友善认知图式塑造机制有着现实的来源，它是从经验中提炼得来的，与友善行为紧密联系。一方面，友善行为和经验对个人的认知图式有着重要作用。其一，新经验能够促使主体认知图式达到新平衡。经验总能十分有效地向主体自身传递深刻的信息，这些信息往往能够引发主体原有认知图式受到新刺激，打破平衡态，使主体产生不悦的体验，从而调整和优化自身认知，使其达到新的平衡。其二，友善行为能使助人能力水平达到新高度。友善行为的实施必然需要相应的能力，然而能力的获取需要经验锻

---

① ［瑞士］J. 皮亚杰、B. 英海尔德：《儿童心理学》，吴福元译，商务印书馆1980年版，第5页。

炼和打磨，才能不断上升，志愿服务、慈善活动等开展，使得主体在做中学，习得新能力，促使其助人能力螺旋上升。其三，友善行为能够修改人们的自我概念，促进形成良好的自我知觉。由于人具有意识和抽象的能力，因此，在事情发生之后，他们能够站在主观自我的位置观察客观自我，对自己进行知觉和定义。当主体作出一件好事，将自己定义为一个热心人、友善的人的时候，这将进一步促进其友善行为的实施。另一方面，个人的认知图式对行为的发生具有重要作用，人们通过态度明确自己的好恶倾向，通过评价权衡利弊，通过选择进而确定行为的目标。其一，关于友善的认知图式是人们感受刺激和他人需要的前提和基础。只有当外界刺激与主体内部认知结构相耦合，才能激活主体能动性，使主体与外界相互作用。因此在大学生的某种思想从无到有的阶段，要注重基础认知图式的灌输和建立。其二，关于友善的认知图式为人们处理具体情境中的事件提供能力和手段。主体认识到相应情境，意识到自己必须做点什么的时候，内在的认知图式便会为其提供桥和船等工具、途径和方法。其三，关于友善的认知图式有助于人们对助人经验的保持。人们对于之前的助人经验，会以行为模式和程序的方式记忆下来，在类似的情况发生时，延续之前的行为，甚至在之前行为模式的基础上进行优化创造。

友善认知图式的塑造机制需要经过信息输入—信息转化—主体选择—中枢整合等阶段。首先，以总结和反思为核心的信息输入是友善认知图式塑造的起点。经历过一次和友善相关的场景和行为，该场景和行为中，涉及友善的信息通过各种载体、途径刺激主体的感受，经过感受器向神经系统传递信息。一个人道德行为的协调性和一贯性主要取决于自我评价系统。在行为之后，这些信息往往通过总结和反思等手段传入主体中来。人们的行为常常以一种自动化的方式进行，往往在当时难以捉摸，只有在行为过后的总结和反思中，才能明白第一反应的直觉性思维包含的道德标准是什么。总结常常和经验合用，表达人们对有效行为的一种提炼，其目的是对该行为进行保持和优化。反思常常和错误相联系，指人们对自己过失的一种觉醒和剖析，其目的在于分析过失的原因，摒弃不良行为，促进自我思想和行为的优化。其次，以翻译为核心的信息转化过程是友善认知图式塑造的内在过程。主体通过自我意识，对自我内心体验和行为经验进行总结和反思，接收到了诸如语言、表情、情绪、行为等各种各样的信息，对这些信息要加以翻译和转化。例如主体在一定情境中，通过苍白的头发、紧皱的眉头、痛苦的表情等，能够判断出他可能需要帮助；在助人行为中，看到当事人逐渐舒展的眉头，能够判断自己行为是有效的；通过当事人的点头、微笑、语言，通过其他赞许的目光，能够判断出人们对自己行为的认可等。可以说，举手投足、一颦一笑都充满了待转化、待读取的信息。再次，主体选择过程是认知图式塑造的关键环节。主体旧有的认知图式往往具有一定的价值倾向，价值是表示主体和客体关系的范畴，认知图式折射出了主体的内在需要。当传入的信息与主体需要相悖，则主体会对其进行否定；若传入的信息符合主体的内在需要，但是与旧有的认知图式存在矛盾和冲突，则会打破原有的平衡，主体重新根据客观现实和自身需要进行信息的择取。最后，中枢整合是主体建构认知图式的信息加工环节。对于纳入主体范畴来的新信息，主体会对其进行加工和整合，对于那些浅表的、偶然的、临时的信息予以舍弃，对于具有根本性、稳定性、深刻性的信息，将其纳入自身的思维框架中，通过概念、判断、推理等逻辑加工，逐渐形成简洁、稳定的模式和程序。

总之，我们基于个体的视角，将友善价值观获取过程、接受过程、外化过程和习惯养成过程这四个子过程进行分析，由此可见，它们分别占据不同的地位，具备不同的功能和特点，各自有着不同的要素和环节，在研究大学生友善价值观生成中，要注重对关键环节、主要适用方法的把握，以此促进大学生友善价值观生成。但同时，我们也应该看到，这四个过程在实践中，由于主体意识发挥功能的强弱不同，我们要注重从整体上进行把握，注重因果分析和回溯法在促进大学生友善价值观生成中的整体运用。此外，友善价值观作为对友善行为规范的超越，一方面，是"个人与社会"层面的美德要求，在促进个人友善价值观生成的基础上，要注重全社会友善氛围的发展；另一方面，是"国家与社会"层面的治理方略，属于国家治理的范畴，应该在政府引导下，加强社会非政府组织如慈善组织、志愿服务、公益企业等的建设。最后，需要明确的是，无论个人、社会还是国家话语中的友善价值观，我们要坚持友善价值观的层次性要求，将其看作一个不断提升的过程，认识到友善价值观有一个从伪善到善的提纯过程，从工具主义到终极追求境界的提升过程，从道德先行者到大众化的普及过程，最终促进友善价值观在全社会的生成。

二 当代大学生友善价值观生成过程的规律

规律是事物发展过程中各内外因素之间的本质联系及其矛盾运动的必然趋势。当代大学生友善价值观生成过程的规律是指当代大学生友善价值观生成过程各要素之间的本质联系及其矛盾运动的必然趋势,如社会友善价值观要求和大学生友善价值观现状之间的联系及其相互作用的趋势,友善认知和友善行为之间的联系及其相互作用方向等。对当代大学生友善价值观生成过程的规律进行把握,就是揭示大学生如何获取、接受外部环境和信息的影响,如何将社会友善价值观要求转化为自身的价值观并在现实生活中践行。这有助于为更好地促进大学生友善价值观生成提供理论依据,提升大学生友善价值观生成的科学性和实效性。当代大学生友善价值观生成过程的规律如下。

(一) 自我超越律

自我超越律是指在友善价值观生成过程中,主我提出的自我友善要求高于自身友善现状,引领自身友善现状不断向前发展的动态关系。具体来说就是主我的友善要求要高于客我目前的友善基础,为其提供发展空间,引领发展方向。

自我超越性是人的生存本性的显现,正是这种自我超越性构成友善价值观生成的动力源泉。"生活论意义上的自我超越,就是人在自我扬弃中,对现存'我'的既定性之否定和改变。"[①] 其中友善价值观是人实现自我超越的核心内容,事关"自己成为一个什么样的人"这一重大问题。人的自我超越性为自我友善要求提供了内在依据和动力源泉。由于人具有自我超越性,在生活中常常经历着真假、善恶、美丑的判断和选择,自我意识也逐渐分化为"主体自我"和"客体自我",主体自我常常站在审视的位置上来认识、设计、监督、调整客体自我的运转,督促客体自我朝着理想自我发展。大学生处于向理想自我转化的关键期,具有未完成性,因而也更

---

① 鲁洁:《道德教育的期待:人之自我超越》,《高等教育研究》2008年第9期。

具无限可能性，对现实自我的不断超越成为自我要求的不竭动力。

自我友善要求沟通了理想自我和现实自我，在友善价值观自我超越中发挥重大作用。自我友善要求是个体对自我友善价值观发展的一种规划、指导和牵引力，即定向期待，为自我友善价值观发展树标、设限，促使个人向着这种要求发展，其目的是实现对现实自我的超越，本质上是一种社会意识。在这种自我要求指引下，通过理想自我和现实自我的反复、多次良性互动，实现理想自我和现实自我的双螺旋上升，促进个人友善价值观不断发展和提升。

人的主观能动性是自我友善要求的基础。大学生自我是友善价值观生成的主体，而主体是指有目的地进行认识活动和实践活动的人。个体的自我要求具有目的性，需要主体发挥主观能动性，且人的主观能动性发挥得越充分，自我要求的目的性越强。恩格斯指出："在社会历史领域内进行活动的，是具有意识的、经过思虑或凭激情行动的、追求某种目的的人；任何事情的发生都不是没有自觉的意图，没有预期的目的的。"[①] 个体友善价值观的自我要求，更是一种有意识、有目的的活动，是在观念中将友善价值观生成目的、内容、方式进行合理建构的活动，需要主体作用的发挥。当代大学生相对成熟，思维活跃，可塑性强，他们的主体意识不断增强，对未来充满期待，善于对理想自我进行规划，这些为大学生提出自我友善要求提供基础。

人的自我效能感是自我友善要求转化为实践的催化剂。自我效能感，"即个体对自己能组织并完成某特定任务所要求的一系列行为的信念"[②]，自我效能感并非随着年纪的增长而提高，而是呈现出多样化的态势，随着社会化进程的发展，人们经历坎坷和收获，渐渐变得或自卑、或自负、或自信，自我效能感或低、或高、或适中，影响着人们的行为选择和行为的持续性。自我效能感高的人愿意接受高挑战性的任务，也愿意为心中的目标而奋力拼搏，并能够对自己的行为进行监督、控制和调整，从而在行为上比自我效能感低的人表现得更好。大学生拥有较为丰富的人生阅历，在生活中经历的助人事件等有利于激发其自我效能感，增强主体意识和责任

---

① 《马克思恩格斯选集》第 4 卷，人民出版社 2012 年版，第 253 页。
② [美] 保罗·埃根、唐·考查克：《教育心理学：课堂之窗》，郑日昌主译，北京大学出版社 2009 年版，第 413 页。

意识，使自我友善要求落实到实践中。

信息获取和加工能力为自我友善要求提供了具体内容支持，是友善价值观生成的前提。获取的信息越有价值，则越有利于建构合理、有效的目标。个体通过对友善信息的获取和加工，形成理想自我的形象，对自我提出要求。当代大学生知识结构丰富，认知能力强，眼界开阔，思维敏捷，具有较强的信息获取和加工能力，有助于将对自我的友善要求推向更高层次。

需要强调的是，自我友善要求对自身友善现状的这种超越必须适度，不能高到客我难以企及的高度。正如《菜根谭》中所讲："攻人之恶勿太严，要思其堪受；教人之善勿太高，当使人可从。"即要使理想自我既给现实自我发展留有空间，但又使其有实现的可能性。应使大学生自我友善要求适度超越友善价值观现状，使其动态螺旋上升，这是由人的需要发展的层次性决定的。只有当友善价值观要求为大学生所需要、所选择、所接受，并与他们已有的友善状态相矛盾时，才构成大学生友善价值观发展的内部矛盾，成为大学生友善价值观发展的直接动力。若自我要求与友善价值观现状趋于一致，则不会产生矛盾，难以打破现实自我的平衡态取得发展。但是，若要求过高，客我经过努力也难以达到，则常常以挫败和放弃结束。按照马斯洛需要层次理论，从生理需要到自我实现的需要是循序提升的，即较低层次的需要得到基本满足，才会激活较高层次的需要。人的友善价值观也有层次性，在个体友善价值观生成中，要注重由较低层次向更高层次的引领。

总之，社会对大学生的友善价值观要求与大学生友善价值观现状之间矛盾是大学生友善价值观生成过程的基本矛盾。自我超越律是对这一基本矛盾的反映，大学生友善价值观生成过程的主要任务就是推进友善价值观向社会要求这一方向发展。当某一时期自我友善要求与自身友善现状之间的矛盾解决，实现自我超越后，又会产生新的自我友善要求、新的矛盾。随着这些矛盾的解决，大学生友善价值观不断趋近社会要求。友善价值观具有层次性，友善价值观的生成是要经历从基于自身利益的工具价值向基于自觉的终极价值的形态转化。这一转化过程是长期的、阶段性的，甚至反复的，自我友善要求对自身友善现状的适度超越有助于步步为营，促进大学生友善价值观层次螺旋式提升。

(二) 内外结合律

内外结合律是指在当代大学生友善价值观生成过程中,内部自我建构和外部思想引导之间既相互区别,又相互联系、相互作用,共同促进大学生友善价值观生成。

当代大学生友善价值观生成是自主性和主导性相结合的过程。内部自我建构,指大学生对自身友善价值观的自我建构,他们自身主观能动性的发挥在其友善价值观生成中占据主体地位。人具有未完成性和自我创造性,在精神世界的建构中,人自己享有绝对的权威,若没有自我建构,人将变成相同的、机械的人,其思想也会变成空虚的、易被操纵的世界。如前所述,大学生具有强烈的主观能动性,自我超越意识,自我效能感和较高水平的信息获取、加工能力,这些构成了自我建构的前提。当代大学生多为"95后",与父辈相比,有着强烈的自主意识,强调个性,标榜"我的地盘我做主",在精神世界的建构中,更加强调自我作用的发挥。同时,当代大学生具有依赖性,在现实生活和思想成长中,更加需要师长的支持和引导,为他们的现实生活提供帮助,为其精神世界的建构提供了指导和规束。此外,内因是事物变化发展的根本原因,所有外部因素传递的友善信息都必须经历大学生主体的筛选和接纳才能起作用,运用的友善培育方式方法都必须符合大学生的身心发展特点才能事半功倍。

外部思想引导,主要指国家、学校的教育引导,代表着社会对大学生友善价值观的要求,在大学生友善价值观生成中起主导作用。思想引导在大学生友善价值观生成中必不可少,这是由于:其一,从认知发生论来讲,人的头脑中不可能自发形成友善价值观。正如列宁所讲:"工人本来也不可能有社会民主主义的意识。这种意识只能从外面灌输进去。"[①] 而使主体摒弃原有的错误思想,也必须借助新的认知这种源头活水的作用,以友善价值观占领思想阵地。其二,当代大学生是实现中华民族伟大复兴的生力军,但是他们具有尚不够成熟的特性,需要正确的价值观加以引导。当代大学生尚不够成熟,主要表现在思想上的从众性、依赖性、困惑性和摇摆性。大学是价值观定型的关键时期,当代大学生置身复杂的环境,容

---

① 《列宁选集》第1卷,人民出版社2012年版,第317页。

易受到不良因素影响，要"扣好人生第一粒扣子"，必须用友善价值观来引导，使他们明辨善恶、知晓荣辱。其三，这是新时代伟大斗争的内在要求。文化多样、价值多元时代，西方借助各种文化形式进行着意识形态渗透，试图以所谓普世价值改变我们的大学生，达到和平演变的目的。当前意识形态领域斗争形势严峻，实现中华民族伟大复兴的梦想，必须发扬斗争精神，保护好实现祖国伟大复兴的生力军。

思想引导在大学生友善价值观生成中占据主导地位，主要表现在：首先，友善价值观这一理论本身具有意识形态主导性。被倡导的友善价值观具有意识形态性，不是资本主义社会所谓"普世价值"的"博爱"，不是宗教中的"慈悲"，而是社会主义友善价值观，这种意识形态性在引导中必须占据主导作用。其次，培育友善价值观的方式要以正面引导为主。国家和学校对大学生进行的友善价值观培育活动具有鲜明的正面性，可以为大学生指明发展方向。最后，国家和学校在具体的培育活动中占据主导地位。在促进大学生友善价值观生成这一过程中，国家、学校是友善价值观要求的提出者和表达者，是促进大学生友善价值观生成一系列活动的主要策划者，为大学生友善价值观生成提供条件支持。

虽然内部自我建构和外部思想引导内涵不同、主体不同，在友善价值观生成中所占的地位也不同，但它们统一于友善价值观生成的实践过程中，共同发挥作用。没有外部思想引导，大学生友善价值观的生成只能依靠先验的直观形式，滑向唯心主义先验论，当面对一些友善问题，就会缺乏积极强化和引导，产生道德无主和思想困惑；没有内部自我建构，外部的思想引导就会流于形式，难以被大学生接受，而大学生也难以形成系统、深刻的友善价值观。根据这一规律，在大学生友善价值观生成中，一要注重将主体能动性的发挥摆在首要位置，使主体自我要求和社会要求相一致，强调大学生自我建构；二要注重正面教育和引导，旗帜鲜明地宣传、倡导友善价值观；三要注重内部自我建构和外部思想引导优势互补，而不能片面强调某一方面，贬低另一方面。

（三）知行转化律

知行转化律是指在大学生友善价值观生成过程中，友善认知和友善行为之间相互联系、相互转化、双向螺旋上升的动态关系。

友善价值观认知是大学生通过自身的感知系统对友善价值观的内涵、行为要求进行观察和了解，选择和建构自身关于友善的认知系统。苏格拉底将智慧和知识看成友爱的核心，可见，认知在友善价值观生成中具有重要作用。第一，认知能够传递友善价值观的丰富内涵，明辨是非观念。实践是人们认知的重要来源，但由于人的有限性，不可能事事亲身经验，知识为我们拓展经验范围提供了较大帮助。提升大学生对友善价值观的认知，使大学生明确友善的外延和内涵，为行为方向提供指引，树立荣辱、善恶的标准和友善的界限，否则，就会产生道德无主或被不合理的欲望盲目驱使。第二，认知能够讲明友善价值观的巨大价值，激发友善需要和动机。大学生对于友善价值观的意义和价值了解得越充分，越有助于激发他们对友善的需要和动机。第三，认知能够提升移情能力，激发友善情感。较高的认知水平使得主体越发容易了解对方及其处境，由此更容易产生情感共鸣。第四，认知能够使内外信息发生矛盾和冲突，促进友善价值观更新。感知到的信息能够唤醒旧有的知识体系，当新旧知识产生矛盾时，会打破原有认知平衡，激发新的火花，进行知识创新。第五，认知能够提升助人能力，促进友善行为实施。通过认知的学习，可以开阔视野，使大学生掌握助人的途径和方法，提升助人能力。对友善的原则、特点、规律了解得越清楚，就越能够以恰当的方式实施友善行为。针对不同对象和情境，人们的友善方式也不同，有的需要物质帮助、有的需要精神鼓励，有的需要心灵安慰，有的需要方法指导，而有时，沉默也是一种友善。缺乏这些知识，仅仅想当然地"关心"他人，则有可能无效甚至产生负面效应。

友善行为即友善价值观的践行，受到复杂因素的影响。友善行为对友善认知具有重大作用。第一，友善行为是友善认知的来源。意识来源于实践，友善行为实践可能产生友善认知。第二，友善行为能够促进友善认知的发展。人们在自己的经历和体验中，不断建构自己的价值观，而且，随着这种经历的发展，主体的价值观也必然产生变化。第三，友善行为能够加深大学生对友善价值观的认知和理解。认知是在实践基础上，通过思维进行的抽象和加工，实践是认知的具体展开，通过亲身践行，能够更加深刻地理解友善的内涵、理念和价值，更加明白如何友善。例如在志愿服务行为实践中，人们深刻体悟了志愿精神和相关知识、增加了助人本领。第四，友善行为是对人们的认知状况评估的重要途径。认知具有内隐性，而行为是思想的外化，更能反映认知状况，通过行为，有助于对认知进行评估和反思，促进认知发展。需要指出的是，目前在批判传统理论教育、道德灌输的弊端的基础上，出现了一种否定理论、一味推崇实践的声音。并且，实践以其生活性、感受性、交往性、室外性得到学生的一致欢迎，理论教育成了不受欢迎、老套陈旧的代名词。然而，殊不知，缺乏了理论指导和理论总结的实践，只能是盲目的、机械的、一阵风式的，难以取得长期效果。因此，在现实中，我们必须正确看待理论和实践的地位和功能，将理论和实践结合起来，防止矫枉过正，不能一味推崇实践、夸大实践的作用。

友善认知和友善行为在大学生友善价值观生成中扮演不同的角色，在现实生活中相互联系、相互转化，相互促进。友善认知形成后，不会囿于人的思维体系中，而是通过影响主体的态度、情感和信念，进而对行为产生相应影响。正如马克思所讲："理论一经掌握群众，也会变成物质力量。"[1] 友善行为实施过程中及实施后，需要进行知觉、感受，会产生相应的情感体验，并且，人具有思维的能力，可以实现从实践向理论的飞跃，从友善行为向友善认知转化。两者的顺利转化能够有效推进大学生友善价值观的提升。然而，现实中，往往出现对友善价值观"知易行难""重知轻行""重行轻知""行阻碍知"等问题，出现了友善认知向友善行为转化的障碍和友善行为向友善认知转化的障碍，不利于友善认知和友善行为良性互动。根据这一规律，既要重视提升友善认知，又要重视友善行为践行，更要注意将二者结合起来，使其顺畅地相互转化，促进大学生友善价值观螺旋上升。

（四）协同作用律

协同作用律是指在大学生友善价值观生成过程中，多元主体在共享理念指导下，加强沟通与合作，追求共同的目标，形成新的整体系统，同向发挥作用。

大学生友善价值观生成是一个非线性复杂过程，如前所述，受到系统

---

[1] 《马克思恩格斯选集》第1卷，人民出版社2012年版，第9页。

因素的影响。同时，应该看到当前大学生友善价值观生成中存在影响因素分散，环境背离的问题，违背友善价值观生成规律，阻碍大学生友善价值观生成。

影响大学生友善价值观生成的因素包括社会、学校、家庭、同辈群体、大学生自身等，较为分散。一方面，这些影响因素之间有着较为清晰的边界，相对封闭。社会环境与学校环境的隔离；家庭将教育责任向学校的推卸；同辈群体的自发的、非正式的影响；大学生内心的锁闭性等，这些致使各种因素处于相对闭塞的状态。另一方面，这些因素内部子系统之间相互独立和分散。在各个影响因素自身内部，各子系统也是相互独立和封闭的。由于施加影响的具体主体在思想观念、人生阅历、理解能力等方面存在差异，看问题的角度也不同，于是，这些影响可能存在不协调性，甚至有时是对立和冲突的。在学校系统中，专业课教师往往重视专业知识的教育和学生的专业课成绩；思想政治理论课教师往往对学生进行友善价值观正面教育和引导；而辅导员则更加重视学生的安全问题，甚至倾向于让学生少管闲事。这样，原本应该同向发力的教育因素各自为伍，抵消了友善价值观教育已取得的成效。在社会因素中，国家和政府更加重视在全社会宣传、培育和践行友善价值观；但是某些政府部门存在的官僚作风却又最大限度地瓦解友善价值观；媒体则更加重视对社会热点事件，尤其是奇闻轶事的报道，且往往以片面、夸张、不加引导地进行报道，这些报道确实能够抓人眼球，获得更多的点击量，但也制造了更多社会恐惧，抵消社会友善。在家庭为中，家长希望孩子能够成为一个善良、正直、正义、勇敢的人，但是时常叮嘱孩子的还是"不要和陌生人说话""不要多管闲事"，这种家庭教育自身存在矛盾性，相互抵消。在同辈群体中，同辈群体亚文化常常以反叛、解构为特征，与主流理论相背离，消解了友善价值观的理论魅力。此外，从大学生自身看，他们内部的友善认知、情感、信念、意志、行为等之间也存在脱节的现象，如知易行难、同情抑制等，直接阻碍了友善价值观生成。

实现影响大学生友善价值观生成的各主体的统筹、各环节的衔接、多领域的同向作用，需要注意以下几点。第一，树立一致的友善价值观引导目标。改变以往各自为政的做法，加强各系统内部的交流，系统之间的交流。确保友善价值观引导目标的一致，推进全员育人。第二，整合大学生友善价值观生成的自觉影响因素。自觉影响因素主要指政府、学校、家庭施加的自觉的影响。在国家和政府层面，将服务型政府建设与友善价值观培育、践行相结合；在学校，促进专业教师、思想政治理论课教师、辅导员队伍的整合；在学校和家庭之间，促进家校联合沟通，同向发挥作用。在政府、学校、家庭整体层面，要加强整合，协调三者的影响，使之正向发挥作用，共同促进大学生友善价值观生成。第三，引领大学生友善价值观生成的自发影响因素。自发影响主要指社会、同辈群体等施加的自发的影响。社会和同辈群体是大学生重要的生活空间，对其友善价值观生成具有重要影响，虽然可控性较弱，但是可以对其进行引领。一要注重抑制不良因素的影响，在对不良影响因素的澄清中进行正面引导。二要注重在社会小环境和同辈群体中，发挥主流文化、榜样示范、良好氛围等的整合力和感染力，促进大学生友善价值观生成。三要发挥法律法规的约束力，将性质恶劣的友善问题上升到法律法规的高度，抑制其发生。四要发挥回应评价的激励作用，整合和扩大社会正能量。第四，协同整合促进大学生友善价值观生成的平台。在诸多影响因素中，学校教育是促进大学生友善价值观生成的主阵地，同辈群体对大学生友善价值观生成具有直接作用，对这两个平台进行整合具有必要性和可行性，能够有效促进大学生友善价值观生成。总之，在面对影响大学生友善价值观生成的复杂因素时，一方面，要尽量扩大正面、积极的影响；另一方面，要使得各种自觉影响协调发展，向着社会友善价值观要求同向发挥作用，促进大学生友善价值观生成。

　　分析可知，自我超越律、内外结合律、知行转化律、协同作用律是大学生友善价值观生成过程的规律。促进大学生友善价值观生成，只有遵循规律，才能事半功倍，有效提升大学生友善价值观层次。

第五章　促进大学生友善价值观生成的路径与机制

> 一种价值观要真正发挥作用，必须融入社会生活，让人们在实践中感知它、领悟它。要注意把我们所提倡的与人们日常生活紧密联系起来，在落细、落小、落实上下功夫。[①]
>
> ——习近平

当代大学生友善价值观的生成具有长期性和阶段性，直面大学生友善价值观及其生成中存在的问题，把握大学生友善价值观生成的过程和关键阶段，分析其友善价值观生成过程中面临的各种影响因素，将有效促进大学生友善价值观生成，进而推进友善价值观在全社会的培育和践行。在研究了当代大学生友善价值观生成过程和规律的基础上，本章将研究促进大学生友善价值观生成的路径和机制。一方面，在大学生友善价值观生成的影响因素基础上探索多种路径，注重路径的多管齐下和整体作用发挥；另一方面，注重大学生友善价值观生成各构成要素整体功能的发挥和长效作用的保障。

一　促进大学生友善价值观生成的路径探索

当代大学生友善价值观生成具有时空交错性和复杂性，受到社会、学校、家庭、同辈群体、主体自身等多方面影响，因此，促进大学生友善价值观生成需要多管齐下，多方面共同努力，形成合力。

[①]《习近平谈治国理政》第 1 卷，外文出版社 2018 年版，第 165 页。

（一）社会支持系统是促进大学生友善价值观生成的重要保障

社会是影响大学生友善价值观生成的首要客观因素，如前所述，社会的发展在为大学生友善价值观的生成带来机遇的同时，更带来了挑战。因此，必须建立友善的社会支持系统，营造友善氛围，从而促进大学生友善价值观生成。

第一，推进国家治理现代化，建设服务型政府。党和政府的作风会直接影响社会评价，推进国家治理水平和治理能力现代化，建设服务型政府，改变以往"脸难看、事难办、话难听"的作风，能够在全社会起到表率作用，强化人们的服务意识。其一，全面从严治党，促进党内生态风清气正，带动社会风气向好发展。党的领导在国家建设中占有核心地位，党风建设对于社会风气有着决定性影响。当前我党党内风气主流是好的，但个别党员存在的特权思想、极端个人主义思想、贪腐思想、明争暗斗的同事关系等现象不仅破坏社会公正，破坏党的形象，更会直接削弱我党所倡导理论的可信度。党的十八大以来，全面从严治党成为党组织生活的主题，这有助于肃清党内思想毒瘤，加强党内同志良好关系建设，以党风塑造带动社会风气扭转。其二，依法治国与以德治国相结合，实现全社会良法善治，框定人心。"法律是成文的道德，道德是内心的法律。法律和道德都具有规范社会行为、调节社会关系、维护社会秩序的作用，在国家治理中都有其地位和功能。"① 依法治国是现代治理的必然要求，以德治国是我国的优良传统，在当代中国国家治理中，应该倡导依法治国和以德治国相结合。法律和道德两者紧密相连：一方面，法律体现了善恶的价值判断，社会主义核心价值观体现了善恶的价值标准，二者内在价值有契合之处；另一方面，法律体现了道德理念，为道德提供保障，而道德又可以滋养法律，为法治的实现提供人文环境。因此，当前社会要强化法治建设和友善价值观培育的融合，框定人心。其三，以城乡精神文明创建活动为抓手宣传友善价值观。城乡精神文明创建活动具有内容向善性、参与对象广泛性、参与主体积极性高等特征，有助于在全社会营造友善氛围，传播正

---

① 《坚持依法治国和以德治国相结合 推进国家治理体系和治理能力现代化》，《人民日报》2016年12月11日第1版。

能量。需要注意的是，在文明城市创建、美丽乡村建设的过程中，不仅要考察物质环境，更要将精神氛围放在重要位置；在进行城市、乡村精神文明建设时，不要忽视县城精神文明建设。其四，知行合一，服务社会，拓宽友善实践平台。国家友善，重点体现在对于发展落后地区和弱势群体的关注和关怀。国家清醒地认识到当前城乡差异、贫富差距较为严重的现状，并采取积极措施如扶贫政策、教育扶持计划，并取得了一定成效。大学生具有旺盛的精力、高度的热情、无尽的创造力，希望投身到社会服务中去，如"黑土麦田"计划等。国家可以进一步搭建友善实践平台，拓宽大学生参与渠道，提升参与层次。

第二，注重社会公正评价，构建维护好人利益的保障机制。人们往往依据自身体验和间接经验建构自身的道德观念，选择道德行为，对幸福体验的追求促进着人们的友善行为。然而，当前社会制度中缺少对于友善行为的公正评价机制、合理利益保护机制，导致人们产生不良助人体验，阻碍主体下一次行为的实施。在一些情况下，热心人和施助者因为他们的行为受到旁观者的讥讽和群嘲，甚至可能因为自己的善良行为反而得到恶果。例如："被小偷报复""医生抢救病人反被病人家属要求赔偿衣服""扶摔倒的老人反被诬赖"。有些好心人为他人利益和安危奉献出了自己宝贵的生命，然而，旁观者、社会舆论甚至受助者非但不对其付出进行肯定和褒扬，反而将其行为看作理所应当或"傻"的表现，将其承受的不良后果和损失也看作自食其果。这种不良助人体验被他人知觉到的后果就是道德冷漠的扩散。访谈中，不少同学谈到帮助别人可能"把祸往自己身上揽"，做了好事反倒吃亏、惹麻烦，由此，在当前社会建立对友善行为的公正评价和保障机制时不我待。其一，加强礼仪、感恩氛围营造，提升感恩意识。中国自古是礼仪之邦，强调礼尚往来和良心，有助于社会良性发展。感恩意识指人们对于他人的帮助表达感谢的内在动机和愿望，人们感恩意识越强，越有助于增加社会正能量。加强社会感恩教育，要提升人们对感恩的认知，明晰感恩缺失对社会友善的抵消作用，强调在日常生活中养成感恩习惯。其二，肯定和鼓励好人好事，弘扬社会正义和正气。对好人好事的肯定和鼓励，本质上是一种正激励，一个赞赏的眼神、一个伸出的大拇指就是一种最有温度的评价，有助于在全社会伸张正义。其三，加强好人好事法律保障，强化制度保障。针对一些消费人们的善良而谋求私利的道德恶性事件，必须依法追究其责任，决不姑息纵容。

第三，营造良好的社会氛围，加强友善文化宣传和熏陶。大学生友善水平和社会氛围互相影响，一方面，社会氛围的影响具有弥散性、区域性。在有些氛围较好的城市，出现了一批好人，而有些氛围较差的城市，则人情冷漠，这说明社会小环境的差异对于人们友善价值观的影响不同。另一方面，由于大学生在社会中承上启下的特殊地位，其友善价值观的生成也能够促进社会友善氛围营造。问卷调查显示，在题项"您希望当前社会从哪些方面促进大学生生成友善价值观"中，有78.1%的学生选择"营造良好的社会氛围"，位居第一，可见大学生对于社会良好氛围的营造抱有极大期待。社会氛围好，对人会有好的影响，而社会氛围差，会给人带来诸如"到底是我错了还是别人做错了"的困惑，令人无所适从。因此，必须在全社会加强友善文化的宣传和熏陶，营造良好的社会氛围。其一，加强基础设施建设，创建美丽和谐环境。整洁优美的生活环境有助于人们身心平和，要注重美丽中国的建设。此外，将友善价值观融入人们的生活环境，建设友善公园、友善文化广场，有助于人们在愉悦身心、家庭聚会间隙，关注和了解友善文化，探讨友善文化。其二，建立网上网下立体途径，宣传友善价值观。促进友善价值观在生活中落实，有必要将其内涵和基本理念在现实生活中具体化、丰富化、可视化，通过网上、网下立体途径，传播友善价值观。其三，针对现实生活中的热点事件，树立典型。社会如何对待典型，对于人们有一种强大的暗示作用。社会热点事件中常常浮现一些道德先行者，他们是整个社会道德的集中展现，要善于及时挖掘典型，正确对待典型，合理宣传典型，营造人人争当典型的氛围。

第四，强化媒体责任感，重视媒介素养教育，加强网络监管，为友善价值观生成肃清障碍。当前网络成为人们生活非常重要的一维，对人们的友善思想也产生重要影响。扫除网络中存在的障碍，促进大学生友善价值观生成，需要从以下几点着手。其一，媒体要摆好心态，明确自身加强沟通、缓解社会问题和矛盾的重要使命。当前一些媒体没有摆平自己的心态和地位，甚至有意利用人们内心的不平衡，运用"官二代""富二代""星二代""留学生""老人"等敏感字眼，宣泄媒体自身的不满。而对于事件本身的报道是否全面、真实，对于报道可能带来的影响和后果则少有考虑。因此，必须用主流文化引领媒体发展，促进媒体自身摆平心态，合理看待社会问题。其二，媒体要树立合理的利益观，承担社会责任，公正、全面地还原事实真相。为了博得关注、刷取流量，当前许多媒体放弃社会责任感。抓住受众的猎奇心理，肆意报道和主流思想相悖的事件，甚至产生了所谓"标题党"，为了抓眼球，肆意捏造、歪曲事实，通过这种方式制造恐慌，削弱友善价值观。通过引导和管理，帮助媒体树立正确利益观，承担社会责任感，注重对社会事件的正面报道和正确引导，强化网络舆情把关人作用，引导主流声音。其三，加强网络监管，重视媒介素养教育，肃清网络文化乱象。网络由于其匿名性、远距离性、内容海量性，监管难度极大。一方面，当前网络中各种价值观和社会思潮风起云涌，交融交锋，容易引发价值无主；另一方面，当前网民在现实中受挫后，在网上肆意宣泄情绪，产生了大量的"键盘侠"，当前网络中充斥着暴力、奇闻逸事等信息；还有一些网民为了获取知名度，在微博、论坛中肆意散布扭曲的价值观，颠倒黑白、善恶、美丑；同时，网络中夹杂了一些反动势力，将社会事件推波助澜，恶意丑化社会现实，煽动网民情绪。鉴于此，必须在发展网络和终端技术的同时，重视网络素养的培育，将教育和监管相结合。

第五，大力发展民间组织，在公益慈善中传递友善价值观。民间组织作为第三力量，在社会和谐建设中发挥着强大作用，以其实践引领着大学生公益行动和志愿精神，具有直接的教育意义。首先，要重视民间组织的友善教育功能，做好服务。我国对于民间组织的重视较为滞后，针对民间组织发展中遇到的困难，要做好服务工作。其次，厘清对民间组织的管理思路。我国民间组织管理现状较为混乱，个别组织受官本位思想影响、行政化明显，个别民间组织浑水摸鱼、打着公益慈善的旗号谋求私利，作出一些不符合主流价值观要求的事情，给友善价值观生成带来阻碍。因此，必须厘清民间组织管理思路，放管结合，既调动民间组织积极力量，又规避其中可能产生的不良现象。再次，挖掘民间组织的友善价值观教育资源。民间组织在社会实践中积累了丰富的经验，取得了实际效果，涌现了一批典型和感人故事。对这些资源进行整理和挖掘，有助于对社会其他成员产生示范和感染。最后，建立民间组织发展长效机制，加强大学生和民间组织的联系。大力发展民间组织不是权宜之计，而是社会发展大势，要将其发展纳入长效机制。学生社团和民间组织在一定程度上具有相似性，加强大学生和民间组织的联系,能够增强组织的活力和创造力,还能拓展学生参与公益的渠道,提升社会责任感和公益热情。

(二)学校培育引导是促进大学生友善价值观生成的主渠道

学校是促进大学生友善价值观生成的主渠道,具有系统性、目的性和可控性,它可以依据对学生的教育目的来塑造环境。学校的教育引导初见成效,然而现实教育实践中产生了一些不足之处,需要在传承以往经验的基础上,看到问题,有针对性地提升友善教育的有效性。

第一,加强教育,净化环境,明确并重视友善的核心价值观地位。当代大学生友善价值观认知较为模糊,学校教育具有系统性这一优势,有助于大学生明晰友善价值观认知。一方面,课堂教学是大学生了解友善理论的主渠道。课堂中,良好的师生互动能够促进双方主体意义的升华,由浅入深,由生活上升至理论,帮助学生系统了解友善价值观。另一方面,环境对大学生友善价值观的生成具有重要作用,是大学生获取信息、确立善恶准则的重要来源。有效的教育环境具有简明性、净化性。要将友善价值观核心地位、基本理念、践行要求等理论问题在校园环境中进行具体化、可视化展示,加深学生认知。此外,针对校园中存在的友善缺失现象,有针对性地进行主题引导,营造友善校园氛围,传递正能量,发挥校园环境的暗示、感染作用。

第二,引导学生树立正确的成才观和竞争观,重视友善的价值。当前学校通过营造竞争氛围,激发了大学生向上的动力,但同时,也产生了扭曲的成才观和病态竞争观,出现了功利、自私甚至失德等问题,这和大学生缺乏崇高的理想信念,仅仅关注个人利益有关。问卷调查显示,在题项"您认为应该从哪些内容促进大学生友善价值观的生成"中,有65.4%的学生选择"理想信念",位居第二。高校应该重视引领学生树立崇高的理想信念,坚定他们心系祖国和人民的博大胸怀和在为人民服务中实现自我价值的崇高志向。一方面,在全校加强理想信念教育,引导学生正确看待何谓成才、如何成才、成才为何等问题,提升大学生思想境界。另一方面,摆正竞争的位置,进行竞争观教育,引导大学生正确看待自我和他人的关系,理解自我对他人的责任,建立健康的竞争关系,合理疏导竞争中产生的不良心理。

第三，加强学校友善价值观教育的整合性，实现教育合力最大化。当前学校友善价值观教育中存在矛盾性，容易引发学生友善无主，产生疑惑和迟疑。其一，课堂教育内容之间的矛盾可能抵消友善价值观教育效果。老师们积极倡导友善价值观的主流地位，可就在学生们刚刚将课堂中的友善内化、教育效果初现的时候，社会事件的突发便提醒老师们要对学生加强安全意识教育。但是由于在教育中忽视了两者的有效结合，它们潜在地交织在一起，极易引发学生困惑，对陌生人抱有一种警惕和不信任心态。友善价值观教育和安全意识教育在现实中往往存在矛盾，但是哪些方面存在矛盾，如何处理其中的具体矛盾，如何将二者有效结合，这是许多老师乃至学校忽视的地方。其二，部分高校存在的工具理性倾向本身就不符合友善价值观要求，这可能导致其在学生心中的教育权威性、可信度降低，弱化教育效果，因此，学校必须首先扭转办校理念。其三，除了正式群体，如班级、社团、寝室之外，大学生往往还从属于一些非正式组织甚至网络组织，可能受到各种群体思想和规则的深刻影响，可能受制于某个特定团体的思想禁锢而变得偏执和狭隘。学校要关注其他力量的影响，正确协调各种力量，实现校园合力最大化。

第四，加强友善价值观教育的时效性和针对性。其一，时效性，即对于现实社会中友善相关事件的及时捕捉和对学生中存在的友善问题及时回应和解决。一方面，大学生对于社会事件十分敏感，加上网络的即时传播，他们能够及时掌握社会发生的事件，由于大学生情绪波动大，往往急于表达自己的观点和情绪，同时也容易被误导。友善价值观的生成具有多端性，可以从知、情、意、信、行等任何一端开始，面对一些大学生关注的社会热点问题，教育者要善于抓住教育契机，就地取材，及时将社会热点事件纳入教学内容，有针对性地、顺其自然地探讨友善问题，澄清大学生观念，引导其价值观升华。另一方面，当代大学生中存在许多不友善现象，教育者要善于观察和调查学生中存在的友善问题，及时作出回应和教育，对大学生友善思想进行纠偏。这种纠正做得越及时，越有利于扫除大学生友善价值观生成的障碍。其二，针对性主要是从教育对象的角度讲。学校教育除了注重及时关注社会热点、纠正学生中具有普遍性的友善问题，还要关注友善问题较为严重的重点对象，注重个案追踪。当代大学生多数较为友善，极少数人由于种种原因存在友善问题，但不能忽视对这小部分人的关心，正是有些个案问题没有得到及时解决，最终引发了同学之间的悲剧。针对部分自卑、冷漠，人际关系处理能力较差的学生，可以通过隐秘的、小范围的关怀来帮助和引导他们，避免潜在问题的发生。

第五，加强友善价值观教育的实践性和生活化。当代大学生友善价值观生成具有实践性和体验性，他们渴望以参与的方式来塑造自己的友善价值观。问卷调查显示，有63.0%的学生最喜欢"公益实践活动"的方式来促进友善价值观生成，位居第一。而部分高校却存在一种脱离生活的教育倾向，这无疑降低了友善价值观生成的有效性。杜威将学校和社会联系，十分强调实践在教育中的重要作用，他指出："个人参与某种共同活动到什么程度，社会环境就有多少真正的教育效果。"[①] 因此，要重视实践和生活在大学生友善价值观中的重要作用。首先，重视生活中的教育资源挖掘和运用。学校生活中隐含着许多友善价值观教育资源，从学生在校日常生活着手，在与室友、同学、师长的相处中学会关心他人，有助于将工作做得更加实际、具体和深入。其次，为大学生公益实践提供更多机会。当前寻找公益实践活动的渠道较少，制约了学生对志愿服务的参与。访谈中有学生表示："希望学校多提供一些志愿服务。学校定了60小时的志愿服务时间，周末去敬老院、培智学校。我都没参加。（因为）报名太繁琐了，每次只能去几个人"（207X01），这种参与机会的欠缺也冷却了同学们的热情。最后，建立友善行为激励机制。在对学生道德水平的评价、考核和评优评先中更加重视道德实践分值所占比例。对于高尚的行为予以褒扬，而对于不友善行为予以批评和惩罚。

第六，建设融思想性和趣味性于一体的校园友善文化。校园文化是大学生自我表现的重要平台，以其丰富的形式、广泛的参与等特征得到大学生的喜爱。校园文化和大学生友善价值观联系紧密，具有重要教育功能，然而由于种种因素，其育人功能发挥不够，制约了友善价值观教育效果。发挥校园文化在促进大学生友善价值观生成中的作用，一方面，要注重学生需求和主动性，提升友善相关活动的趣味性，扩大参与范围。当前高校举办了多种文化活动，如讲座、知识竞赛等，但是学生们常常以"签到

---

① ［美］约翰·杜威：《民主主义与教育》，王承绪译，人民教育出版社2001年版，第28页。

式"被动参与，难以起到教育效果。当代大学生渴望交流，喜欢新奇、有趣的教育形式，可以考虑将友善价值观融入文艺晚会、街头采访、游戏、微博话题等，引发大学生讨论和思考。另一方面，要注重加强对活动的思想指导和活动中的情感升华。活动开展过程中的情感共鸣和思想引领对于友善价值观的生成至关重要，切不可为有趣而有趣，为活动而活动，为迎合学生口味而活动，致使活动流于形式。

第七，重视教师以身作则的示范作用。当代大学生大多尊师重教，具有较强的向师性，教师的言行对他们有着深刻的影响。提高教师教育的有效性，需要从两方面着手：其一，教师要自觉言行一致，知行合一，身正示范。教师不仅要在课堂上、班会上传递友善价值观，更要在工作和生活中践行友善价值观。现实生活中，一些模范教师、"我心中的好导师"对学生的关怀和奉献会深深感化学生，促进他们传递温暖，关心他人。而有一些老师对待家人冷漠、对待学生疏远、和同事关系矛盾丛生、忽视陌生人的感受，这些对学生造成了极其恶劣的影响。如果教师知行脱节，说一套、做一套，则越是进行友善价值观教育，反而越会激发学生的叛逆心理和反感情绪，致使友善价值观教育无效，甚至摧毁已经取得的实效。其二，高校和教师扭转观念，服务育人，建设和谐师生关系。尤其当前，部分高校行政化问题依然存在，师生之间更多的还是管理与被管理的关系，高校服务育人的理念仍然停留在口头承诺上和书面报告里。良好的教育理念能够有助于建立和谐的师生关系，培养学生自尊心，提升学生自主性。因此，高校应该扭转理念，切实坚持服务育人，身体力行践行友善价值观，让学生在关心和友善中学会关心和友善。

（三）家庭熏陶是促进大学生友善价值观生成的高效路径

家庭是青年的第一所学校，父母是他们最亲密的人，也是他们的第一任老师，父母的生活方式、处世方式、人格品质和生活习惯往往对孩子有着潜移默化且根深蒂固的影响。血缘关系的存在，以及父母在子女生存发展中发挥的不可替代的作用，使家庭教育具有天然的权威性、影响力、渗透力、持久力。因此，有效促进大学生友善价值观生成，必须重视家庭的教育和引导。

由于家庭的教养方式，如家庭温情、民主、认同等对青少年的亲社会行为、道德价值观的形成具有重要的促进作用；而家庭中的不平等、冷漠、暴力、粗暴等一方面容易引起孩子性格偏执、爱钻牛角尖、歇斯底里等，另一方面容易导致孩子对暴力、冷漠、语言伤害等行为的模仿，这些都不利于青年友善价值观的生成。例如近年来一些高校出现的"投毒案""杀人案""自杀事件""虐待动物"等，大多在心理和精神层面存在一些偏差、扭曲甚至变态。当深究其为何如此时，往往能够从其原生家庭找到一些答案。针对当前家庭教养方式中存在的问题，社会和学校要引导家长学习教育科学知识，遵循孩子身心发展规律，优化家庭教养方式。

第一，尊重孩子主体地位，营造良好的家庭氛围。良好的家庭氛围环境对于孩子自尊、共情等发展具有正向的作用。有研究表明："家庭环境质量是幼儿道德敏感性发展重要影响因素，其中，知识性和娱乐性两个维度对道德敏感性的影响最大。越来越多的研究表明个体道德的发展来源于认知和情感的共同作用。"[①] 因此，营造良好的家庭氛围，一是要尊重孩子作为其自身道德和价值观生成的主体地位。尊重孩子，才能促进孩子自尊的发展、自我意识的觉醒、自我效能感的生成，激发其主动构建自身的道德理念和价值观念。二是要注重家庭温馨氛围的营造，将知识性和娱乐性相融，寓教于乐，在轻松愉悦的氛围中，提升孩子的道德敏感性和道德认同感。三是要注重严慈相济，将原则性和教育性相结合，做到容而不纵、爱而不溺。

第二，家长身体力行践行友善价值观，促使孩子学习模仿。友善价值观的生成具有生活性特征，行为的渗透力和说服力远远大于理论灌输。当代大学生具有很强的模仿能力，正是在对家长行为的模仿中，他们获得自己的友善观念和行为。在其友善价值观尚未萌芽的时候，父母对于长辈的孝和敬、对于邻里的热情、对于弱者的同情等等都深深地印刻在学生脑子中，促进其友善观念萌芽。当他们遇到类似的情境，便会在头脑中情景再现，想象父母会如何做，进而模仿家长的做法。深入访谈中，不少学生谈及这种影响，有学生讲道："我觉得在我们这个村镇来说，父母一般不会讲那些大道理，他们一般都主要是以行动来教导我们，而我们就学习他们

---

① 杜军：《家庭环境质量对幼儿道德敏感性发展的影响：共情的中介作用》，《中国健康心理学杂志》2023年第1期。

那些待人接物的态度，那么我们就潜移默化地学会了。"（103X12）正是通过生活中的观察，父母的行为悄悄地影响着孩子，这种悄然的变化具有持久性。

第三，树立正确成才观，重视孩子道德修养和待人接物培养。成才观对于大学生人际关系处理模式、对待友善的态度、对友善价值观的需要等有直接影响。当代大学生成才观主流较好，但是部分学生成才观扭曲，在品德、知识、能力中，忽视甚至无视品德的突出地位，出现以知识代品德、以品德谋利益等不良现象。正如前文所述，当代独生子女大学生肩负着家族的使命，一些家长从小培养孩子的竞争意识，考名牌大学、拿奖学金、读硕士、读博士、找到薪水可观的工作成为孩子成才的标志，而从根本上忘记了为人要善良这一基本要求，许多人为了达到目的不择手段甚至病态竞争，挤压友善空间，甚至培养出对待父母都非常冷漠的孩子。正确的成才观应该是修养和专业共同成长、个人价值和社会意义有机结合的成才观，家长需要反思自己的功利思想，注重学生全面成才，以德为先。

第四，帮助孩子确立正确的幸福观。幸福是个体的最高价值和终极目的，当前一些学生考上理想的学校后，感受到的是精神的空虚而非幸福。这主要由于他们过于关注分数、荣誉、地位、金钱等带来的外在价值，却忽视了实践经历中的内在价值。而这些内在价值才是生命中最重要的支撑。正确的幸福观应该是感性和理性的交汇点，是个人和社会的融通区。父母在对孩子的教育中，需要扭转以往只关注成绩、排名、奖学金等现象，真正和孩子一起关注生命中获得的各种体验，引导孩子提升生命的质量和价值，提升他们的感受性和获得感，从而以一种更加平和的心态去竞争，也更加乐于奉献。

第五，家庭要注重培养孩子的耻感和荣誉感，帮助其提升道德敏感性。耻，指社会中不符合甚至违背善的那些现象。耻感是主体依据内心善的标准对特定行为、现象所作出的否定性评价而形成的主观感受。具体说来，耻感是以别人的评价为主，依靠外在的强制性力量使主体意识到自己本不该如此，从而在内心产生一种内疚、不安和懊悔。中国文化中充满了耻感文化，"面子"、他人的评头论足、"丢脸"、"落下话柄"、"戳脊梁骨"等都说明耻感在中国社会和道德中发挥着重要作用。这种耻感在反思的基础上产生，进而产生懊悔的心理体验，从而促进人们道德的升华。

"知耻近乎勇",因为"良心回首以往,指导着将来"①。这表明主体对自身内部欠缺和不足有着自觉意识,是人进行自我修复和进步的重要推动力,正如斯宾诺莎所说:"羞耻也正如怜悯一样,虽不是一种德性,但就其表示一个人因具有羞耻之情,而会产生过高尚生活的愿望而言,亦可说是善的。"② 荣誉是别人对个体道德行为的肯定性评价,荣誉的获取能够使人感到人生价值实现带来的满足感。荣誉感是指当自身价值系统得到更大的价值系统的承认时,个人能够意识且重视到这种肯定和褒奖而产生的情感,是个人的羞耻心、自爱心、好胜心等复合而产生的一种道德情操。培养孩子的耻感和荣誉感,需要家庭和学校共同营造尊重孩子的氛围,理解孩子的想法,用国家精神、社会主义荣辱观引导孩子树立友善价值观,促进其亲社会行为。

(四) 自我教育是促进大学生友善价值观生成的内在路径

友善价值观的生成最终还是要落脚到主体自身,当代大学生渴望成为自己价值观的塑造者。同时,我们也必须强化学生主体地位,增强学生自主性,这是因为,他们是什么样的,他们的世界就是什么样,这是师长们教不来的。加强自我教育是促进大学生友善价值观生成的内在路径。"自我教育是受教育者个人依据社会发展的要求和自身内在的兴趣和需求,有目的、有计划、积极主动地对自己制定发展目标和任务,将自己当成了解、创造和革新的对象,经过自我认知、自我比较、自我择取、自我反思等形式,提升和优化自己的思想道德素养而展开的一种教育方式"③,按照参与人数可以分为个体自我教育和群体自我教育。

群体自我教育主要是同辈群体内部的自我教育。如前所述,同辈群体蕴含了丰富的教育资源,运用了多样的教育方法,成为有效载体,能够促进大学生友善价值观生成。同时,深入访谈显示,与中学时期由于外表、口吃等带来的歧视、诋毁、诽谤、孤立等相比,大学时期产生人际孤立的主要原因是文化差异、情商(为人处世)、生活习惯等,而这些因素是可

---

① [美]梯利:《伦理学导论》,何意译,北京师范大学出版社2015年版,第55页。
② [荷兰]斯宾诺莎:《伦理学》,贺麟译,商务印书馆1997年版,第215页。
③ 贾月:《当代大学生自我教育的现状及引导策略研究》,硕士学位论文,华中师范大学,2015年,第12页。

以进行学习和转变的，所以，要重视同辈群体的教育意义。一方面，要对其中的友善价值观教育资源、方法、载体进一步挖掘、运用，促进大学生友善价值观生成。另一方面，要有针对性地提出策略，消除或降低同辈群体的不良影响。总体说来，主要包括以下几方面。

第一，以尊重为前提，以对话为方法，重视同辈群体在大学生友善价值观生成中的作用。自尊指"学生对自我的肯定以及对自身人格与尊严的维护心态。自尊是个体发扬优点、克服缺点的力量源泉，是自我教育的内在因素"[1]。如果一个学生没有了自尊心，那他将藐视一切，正如苏霍姆林斯基所说："如果没有敏锐和强烈的自尊感，那就谈不上自我教育了。"[2]大学生有着强烈的主人翁意识和自尊感，对社会热点事件十分敏感，渴望在社会事件上发声，与主流文化和权威对话。因此，要看到同辈群体在大学生中的重要影响，在尊重和对话的基础上对其加以引导。第二，以主流价值观引领多样的群体亚文化，营造良好群体氛围，化解价值危机。当前群体亚文化具有丰富性和多样性，其中不乏正能量的信息，但是同时，还应该看到夹杂的大量消极信息。必须重视同辈群体亚文化建设，强化以社会主义核心价值观引领群体观念，追求真善美；以正能量占据文化阵地，促进群体行为准则对真善美的彰显，发挥同辈群体促进成员友善价值观生成的作用。第三，重视网络同辈群体发展，加强媒介素养教育和负能量监管。需要特别指出，随着终端和网络技术的发展，网络同辈群体对大学生道德观念、生命意识的影响日益凸显。发挥网络同辈群体的正面促进作用，必须加强大学生媒介素养教育，使其成为网络正能量的生力军；还要加强对网络不良文化的立法和监管。第四，加强核心人物的教育引导，发挥典型示范作用。苏霍姆林斯基说过，"自我教育就是用某些尺度来比较和衡量自己"[3]。同辈群体中的核心人物往往具有较强的人格魅力，受到成员的信服，对群体内成员的影响巨大，对其进行教育是改造群体文化观念的关键。群体内核心人物的示范作用不同于学校塑造的榜样，他们自身带

---

[1] 邢宝君：《引导大学生自我教育的实践策略》，《中国高教研究》2006年第11期。
[2] [苏] 瓦·阿·苏霍姆林斯基：《少年的教育和自我教育》，姜励群等译，北京出版社1984年版，第237页。
[3] [苏] 瓦·阿·苏霍姆林斯基：《少年的教育和自我教育》，姜励群等译，北京出版社1984年版，第104页。

有权威,和成员有着强烈的情感联系,其所言所行,价值观念的影响往往不言自明,通过更加隐蔽的方式产生直接效果。因此,在关注榜样的塑造时,更要注意核心人物的重大作用,对其思想进行引导。

群体自我教育最终也还是要通过个体自我教育发挥作用。个体分为主体自我和客体自我、现实自我和理想自我,其中客体自我相当于现实自我。大学生个体自我教育就是主我对客我的友善价值观现状进行反思,意识到现实自我和理想自我之间的差距,产生弥合这种差距的需要和冲动,进而对客我进行建构的教育方式。问卷调查显示,在题项"下列促进友善价值观生成的方式中,您最喜欢哪些"中,有50.3%的学生选择"自我总结和反思",排在第二位。反思是人类最高级的精神净化剂,大学生个体自我教育由反思贯穿始终,主要通过道德想象法、文化感染法、实践体会法、记忆追溯法等进行。

第一,道德想象法。想象,一是指对于不在眼前的事物,想出它的具体形象;二是心理学意义上,指人的思维在现实材料的基础上创造出新形象的心理过程。笔者认为,道德想象包括两层次内涵,一是主体基于已有的能力和资料,对于不出现在眼前的道德情境在头脑中进行的具象化展现;二是主体对现实道德状况的超越性创造。具体到友善领域中,道德想象是主体关于友善的思维能力,主要通过换位思考、预测未来、憧憬遐想等将未来可能发生的事和现实相联系、相对比。当代大学生有着鲜明的发展性特征,他们的未来有无限可能,而现实生活却是有限的,但他们思维活跃、发散,敢想敢干,产生了一种与现实不同的生活,正是想象拓展了他们的思维空间,对未知的事情能够进行体会和建构,并具有追求想象的能力。道德想象法主要是在移情和预测两种途径中促进大学生友善价值观生成。一方面,移情是友善的前提,道德想象能力的提升能够有效促进大学生移情。世界上每个人的经历都是独一无二的,感同身受在现实中是不可能的,但是通过想象,人们可以无限接近他人的处境,为他人的苦难而感到痛苦、产生同情,这无疑会促进大学生友善价值观生成。另一方面,预测是将行为会带来的可能性后果在大脑中预演,主要通过良心、憧憬和期待、归属感需要等发挥作用。首先,良心为人们界定了恶的边界。若一个人以冷漠、行恶为耻,那么,在遇到一定的道德情境时,若内心发生冲突,则通过道德想象,他会发现若自己选择与自身道德观念相背离的行为，那么内在的良心就有在未来产生懊悔的可能，从而加重帮助他人的内心倾向。其次，大学生是社会先进分子，对未来有着更加美好的憧憬和期待，为了社会变成他们想象的样子，他们可能首先会自身作出转变，追求真善美。最后，归属感需要在大学生成长中占据重要地位，其不善良的行为可能带来群体的否定和拒斥，而这是他们无法接受的，因此，通过想象，他们强化了自身思想行为与主流价值观的一致性。

第二，文化感染法。文化指人类创造的精神财富的总和，如文学、艺术、科学等。当代大学生有着活跃的思维和较高的文化品位，然而在现实生活中却常常被边缘化，但在文化中他们却可以将自己看作主角，渴望在丰富多彩的文化形式中体会和感悟生活。正如有学者所说："在当下的现实生活中，个人存在已被挤压到回忆和希望的精神世界中去了，这种精神世界保留在艺术之中。"[1] 深入访谈中，许多同学都谈及了书籍、心灵鸡汤、公益广告、电视剧、新闻宣传、媒体报道等文化因素对自身友善价值观的促进作用。文化于友善价值观及其生成有着强大的作用：以其丰富的内容增强了友善的底蕴，以其可视化方式增强了友善的阐释力，以其历史传递进程保留了友善内涵，以其创造性提升了对友善的想象力，以其高于生活的质量促使人们审视自我并重新进入现实生活，以其对真善美的追求涤荡人们的心灵。文化感染法主要通过说服和反思来进行。一方面，文化使得抽象的友善价值观要求变得生动、具体、可视，具有更强的说服力。文化具有先进和落后、精华和糟粕之分。对于不同群体而言，不同文化形式的话语力也有差别，比如对于高级知识分子，哲学话语会比较有说服力；对于年轻人，可能音乐、电影、小说、电视剧、舞蹈、舞台剧、网络视频等更有说服力；对于中老年人，或许诗歌、谚语、俗语、地方戏曲、民间故事等更有说服力。另一方面，文化中传达的丰富信息发人反思，促进人们改变自身不良思想和行为。文化传达的友善信息是丰富而多样的，和人们原有的友善观念发生冲突的现象屡见不鲜，这种冲突打破了人们思维的平衡态，有助于其友善观念螺旋上升，建构和刷新友善价值观。需要注意的是，大学生生活在一个多元化、泛娱乐化、碎片化、精神产品物化的文化环境下，发挥大学生主体作用以文化进行自我教育，需要社会和学

---

[1] 余虹：《艺术与精神》，社会科学文献出版社2000年版，第233页。

校加强引领，创造更多更好的文化作品，处理好真善美的关系，以真为基础，以美为形式，以善为价值追求。

第三，实践体会法。体会即体验、领会、领悟。实践体会法即大学生通过当下实践活动，在具体行为中体会各种心理由一阶段到另一阶段的变化，通过领悟、总结等来塑造自身友善价值观的方法。实践具有感官性、体验性，往往受到大学生的喜爱，但若不加以总结，则可能导致为实践而实践，难以提升大学生的思想层次。领悟和总结能够将实践和理论相结合，深化实践的效果，事半功倍。一方面，实践体会法需要大学生用心体验。人的情绪和情感具有情境性和流动性，它们产生和存在于特定的情境中，若不加注意，当脱离情境后，人们会很快淡化或忘记自己当时的情绪状况和情感表征，甚至会在极短的时间里发生从冷漠到同情的转变。另一方面，实践体会法需要大学生不断总结。由于行为具有偶然性、具体性、感性化、表面化等特征，需要主体对其进行抽象化的加工和总结，才能影响大学生原有的价值观。

第四，记忆追溯法。记忆即对过去事物的印象，追溯即回首往事、探寻渊源，是一种逆向思维的运用。记忆追溯法是指大学生通过对自身以往道德记忆进行回忆，由果溯因，进行反思并塑造自身友善价值观的方法。"假定这个动物有记忆力，那么，它将回忆起它过去的行动和动机，为一个持久的本能没有得到满足而感到不满甚至感到不幸。"[1] 而人恰恰具有记忆，会回忆和反省，这也说明了为什么个体会因为曾经的冷漠而懊悔，为什么会因为中学时期欺负弱小而自责，为什么会因为自己的不良行为感到羞耻。不论他们是否愿意，总会有一些记忆深深地留在脑海中，当遇到特定的刺激，就会不自觉地回忆过去，当感到良心欠安，就会产生负向情绪和不愉快后果，如懊悔、自责、后怕等，使得主体对自身价值观和行为选择进行重塑。人类正是在对记忆的提取和总结中学习友善价值观的。如人们通过语言、表情、肢体的记忆，意识到他人的痛苦，进而禁止伤害或实施帮助。大学生具有尚不成熟性和发展性，许多以前的行为做了之后没有认真总结或总结得很肤浅和片面。然而随着他们的经历的增加、能力的提升、思维方式的转变、知识结构的升级，遇到刺激，当某些记忆闯入的时

---

[1] ［美］梯利：《伦理学导论》，何意译，北京师范大学出版社2015年版，第54页。

候,他们通过回忆和追溯进行反思,并更新自己的友善价值观。

二 促进大学生友善价值观生成的机制建构

机制是一事物赖以存在和发展的作用机理和动力保障。当代大学生友善价值观生成是在遵循大学生身心发展规律和友善价值观生成规律的基础上,经历接收、内化、外化、养成等过程,促进个体形成友善价值观的认知、情感、信念、意志和行为习惯,并将其作为一种终极价值追求。促进当代大学生友善价值观生成,需要在探索发力点的基础上精准地构建培育机制,以促进友善价值观培育的有效性和持续性。从友善的知识、情感、意志等内在因素激发人们的善行善意,从利益、舆论、制度、氛围、行为习惯等方面加强外部机制建设,是促进大学生友善价值观生成的重要机制。

(一)友善文化教育——传递机制

文化是培育友善价值观的重要维度,为友善价值观培育提供了基本环境、重要载体和主要内容。以文化培育友善价值观,需要从友善物质文化、友善文化符号、友善制度、友善环境营造四个维度推进:促进友善文化设施和慈善机构建设,铸牢友善物质文化之基;打造友善文化符号,彰显友善精神文化之魂;完善友善制度,激励善言善行;与善同行,在行为文化中渗透友善价值观。

1. 友善价值观的生成需要文化滋养

文化本身包含了价值观,价值观是文化的核心内容,"许多文化现象、文化活动、文化商品本身蕴含着、折射着价值内涵,一旦这种文化被受众接受,其蕴含的价值内涵也就成为受众价值观的重要来源"[①]。因此,文化是价值观形成发展的源泉和培养液。在人类发展的长河中,人们的友善行为从实践上升为理论,从具体变得抽象,从个体意义上升到社会意义,从

---

① 梅萍、罗佳:《论大众文化对青少年生命价值观的影响及引导》,《中州学刊》2016年第1期。

个人私德上升为社会责任,最终形成纷繁复杂的友善文化圈,共同构成了友善价值观培育的基本环境、重要载体、主要内容等要素。同时,友善价值观生成具有情境性,这决定它需要文化的滋养。友善是一种态度、一种品格、一种责任,更是一种行为方式、一种生活的智慧和艺术,它不是仅仅通过知识性的学习就可以得来的,而是要在具体的空间维度下展开的,即具有情境性。

第一,文化可以提供丰富的情境,提升主体的移情能力。友善价值观培育的核心是提升人的移情能力,这种移情能力需要在具体的情境中得到锻炼。从友善价值观提纯、升华的过程来看,友善行为的产生总是发生在特定的情境和环境中。"移情是指当个体知觉到他人处于困境中时,对他人情感的同情性体验和替代性感受,即'我感受到了你的痛苦','我能够理解你的痛苦'。"[1] 现实生活像个大舞台,人们扮演着不同的社会角色,承担着与其身份、地位相一致的,社会期待的一整套权利、义务、规范和行为方式。但社会角色是个性化的,即不存在角色权利、角色义务和角色规范完全相同的两种不同角色,每个人的生活轨迹和心理活动都是独一无二的,不同生活经历的人很难理解别人的痛苦,这种移情能力产生于生动的生活场景,而文化恰恰可以拓展人们的生活阅历。第二,文化为友善价值观提供根基。2022 年 10 月 28 日下午,习近平总书记在考察河南省安阳市殷墟遗址时指出:"中华优秀传统文化是我们党创新理论的'根',我们推进马克思主义中国化时代化的根本途径是'两个结合'。我们要坚定文化自信,增强做中国人的自信心和自豪感。"[2] 当友善价值观脱离了一定的文化根基,或者文化资源过于贫乏,它就不能得到有力的阐释和合理的论证,极易被来自内外部的文化冲突、断裂、转型所吞噬,没有丰富文化资源的友善是虚假的、易废除的、流变的,正如马克思主义认为,在先进和落后文化的较量中,"高卢人、伊比利亚人、利古里亚人、诺里克人都不复存在,他们都变成罗马人了"[3]。第三,文化可以帮助主体提升友善能力。友善是一种生活的艺术,需要幽默、温柔、技巧等化解尴尬和摩擦,

---

[1] 李柳健:《培养亲社会行为 提高心理健康水平》,《中国成人教育》2007 年第 2 期。

[2] 求是网评论员:《中华优秀传统文化是我们党创新理论的"根"》,http://www.qstheory.cn/2022-11/03/c_1129098532.htm.

[3] 《马克思恩格斯选集》第 4 卷,人民出版社 2012 年版,第 164 页。

内含着对能力的规定和要求。有的人常常怀有善意,却不知道该如何帮助别人,于是选择了冷漠围观,比如,施舍给乞丐一顿饭是十分简单的事,大多数人都可以做到,但是如何帮助一对打架的夫妻化解矛盾,则需要一定的技巧和艺术,不是每个人都可以调解好类似的矛盾。生活中还常常出现"好心办坏事"的现象,即人们在友善的态度下作出了不友善的行为。如有的人常常以自己的幸福标准议论别人的不幸,对别人的生活指指点点,为别人徒增烦恼;有的人面对别人的不善言辞作出以牙还牙的回应,激发矛盾;而有的人则可以用自嘲、诙谐的方式一笑带过,化解尴尬。文化中蕴含的丰富内容利于人们学习如何巧妙化解矛盾和危机,挽救别人于痛苦之中。第四,文化可以为人们观察和模仿友善行为提供范本。友善本质上是亲社会行为,观察和模仿是学习亲社会行为的主要手段。以文化产品为例,尽管电影、电视中存在着血腥和子弹,但更多的还是善良和友爱的符号,具有娱乐和教化的双重功能。人们更多的是在对友善文化符号的观察和共鸣基础之上接收和内化传递的观念,进而模仿此类亲社会行为。若一个人拥有较强的移情能力,在相同的场景下,会非常容易产生怜悯、同情之心,继而模仿之前观察到的亲社会行为。实证研究表明,"大学生对亲社会行为报道的接触频率越高,其亲社会行为的改善情况也会较好","大学生接触媒体亲社会报道的主动性越强,其亲社会行为的受影响效果也越明显"[①]。所以要利用好文化产品和文化媒介,为人们提供可待模仿的友善行为。第五,文化构成了友善价值观传承与传播的载体,为友善价值观培育提供了丰富素材。社会中许多友善观念融于各种各样的神话、故事、音乐、礼仪、电影甚至建筑等文化形式之中。因此,文化是培育友善价值观的重要进路,通过探索友善物质文化、友善文化符号、友善制度、友善实践理念四个维度,将友善内涵和理念与鲜活的生活联系起来,有助于提升友善价值观培育的实效性。

2. "友善文化教育——传递机制"是促进大学生友善价值观生成的基础

友善文化是人们在长期社会生活实践中积累的关于善意善行的物质文

---

① 车文辉、杨琼:《媒体对大学生亲社会行为影响的实证研究》,《现代大学教育》2011年第4期。

化、精神文化、制度文化和行为文化的总和。大学生"友善文化培育—传递机制"是指将友善文化各层次内容融入大学生生活和教育全过程，通过多样的培育方法，提高他们的道德判断力，从而促进其友善行为的实施。友善文化具有历史性，创新友善文化的科学内涵是教育和传递友善文化的前提和基础，要牢牢扭住友善文化的逻辑起点和发展理路，加强友善文化的教育和传递。

教育和传递友善文化，需要从促进友善文化的内涵创新，将友善文化融入学校教育全过程，通过主流媒体引导舆论，促进友善文化设施和慈善机构建设铸牢友善物质文化之基，打造友善文化符号彰显友善精神文化之魂，完善友善制度文化激励善言善行，与善同行在行为文化中渗透友善价值观等方面着手，本部分重点介绍前五个对策，后两个对策在下文其他相关机制中具体论述。

第一，继承和发展友善文化内涵是做好友善文化培育—传递的前提。友善价值观作为一种理论，有其自身的实践起点、理论渊源和发展理路，要深刻理解友善价值观，并日益丰富其思想内涵，一定要具备文化自觉，"明白它的来历，形成过程，所具的特色和它发展的趋向"[1]。笔者认为当前我国友善价值观有三个来源：中国传统友善文化构成了我国友善价值观的理论底色和逻辑起点；国外先进友善文化对我国友善价值观的发展有一定的补充和启发；马克思主义的实践观指导下的中国特色社会主义实践是我国友善价值观发展的不竭动力。

首先，中国传统友善观奠定了我国友善文化的历史根基。"文化虽然永远在不断变动之中，但是事实上却没有任何一个民族可以一旦尽弃其文化传统而重新开始。"[2] 即使人类社会已经演进到现代文明和后现代文明，也无法割舍与传统的联系。面临当代文化和价值观的重建，我们必须"努力实现传统文化的创造性转化、创新性发展，使之与现实文化相融相通"[3]。中国传统友善文化构成了我国友善价值观的理论底色和逻辑起点。"仁爱"是中国古代伦理思想的核心，古代先贤围绕着"仁爱"问题展开争鸣。

---

[1] 费孝通：《反思·对话·文化自觉》，《北京大学学报》（哲学社会科学版）1997年第3期。
[2] 余英时：《文史传统与文化重建》，生活·读书·新知三联书店2004年版，第429页。
[3] 习近平：《在纪念孔子诞辰2565周年国际学术研讨会暨国际儒学联合会第五届会员大会开幕会上的讲话》，《人民日报》2014年9月25日第2版。

"仁"是中国儒家传统友善观的核心,"恕"和"礼"是方法和原则,"和"与"大同"是价值追求,最终实现"人不独亲其亲,不独子其子,使老有所终,壮有所用,幼有所长,矜寡孤独废疾者,皆有所养"(《礼记·礼运篇》)的和谐社会。与儒家有差等的爱不同,墨家提倡"兼爱",即平等无差地爱每一个人。此外,中国古代友善观还推及自然,强调通过"时禁"保护自然,如"树木以时伐焉,禽兽以时杀焉"(《礼记·祭义》)。需要注意的是,中国传统友善文化产生于特定的社会阶级、历史背景,只有紧密结合当前社会对其进行现代性转化,才能发挥其应有的而非万能的作用。正如习近平总书记在中央政治局第十三次集体学习时指出的:"对历史文化特别是先人传承下来的价值理念和道德规范,要坚持古为今用、推陈出新,有鉴别地加以对待,有扬弃地予以继承。"[1]

其次,国外先进友善观对我国友善文化的发展有借鉴作用。当前社会全球化进程进一步加快,随着经济全球化趋势,文化的多元化随之而来。风格迥异的各国文化形成了全世界的璀璨文化,中西文化也有着巨大的差异。例如中国传统社会是差序格局,"仁爱"思想基于孝向外一层层展开的,具有差等性,而西方倡导人人平等的博爱精神;中国重视人情裙带,西方重视契约精神。可以说,在当今世界,尊重、包容、对话成为文化发展的主题。深厚、开阔的文化视野能够拓展友善价值观的内涵,丰富友善价值观生成的资源。国外关于友善的研究中更多地涉及友爱、共情、移情、亲社会行为等,取得了丰硕的成果。在伦理学领域,亚里士多德最早论述了三种友爱,亚当·斯密强调了同情在道德中的重要作用,迈克尔·斯洛特则从移情出发,构建了影响深远的情感主义德性伦理学。在心理学领域,国外重视共情对亲社会行为的促进作用,研究了同情的神经基础、结构和心理机制等,对促进我国友善文化发展的丰富性和科学性有重要启示。但同时,我们也应看到价值标准的多重性和意识形态的差异性,一方面会引起我国价值理念和行为的冲突,弱化主流道德和价值,甚至产生文化殖民;另一方面可能导致价值相对主义,倡导包容、忽视标准,导致价值底线不断失守。因此,无论是否承认,我们已经置身文化全球化的现实中来,面对多元价值文化,我们应该积极吸取西方先进文化,同时保持清

---

[1] 《习近平谈治国理政》第1卷,外文出版社2018年版,第164页。

醒的头脑，看到西方文化的产生背景及阶级本质，对其意识形态性保持清醒的头脑，反对文化殖民，处理好国外文化与我国社会主义实践的关系，促进西方文化精髓的中国化和特色化。

最后，中国特色社会主义的实践是我国友善文化发展的不竭动力。马克思主义实践观认为："物质生活的生产方式制约着整个社会生活、政治生活和精神生活的过程。不是人们的意识决定人们的存在，相反，是人们的社会存在决定人们的意识。"① 实践是道德产生、变化和发展的不竭动力，按照恩格斯的观点，人们的行为规范——风俗、道德、法律最根本的形成动因，在于维系人类社会的生产秩序。正是中国特色社会主义建设的生动、丰富的实践活动推动友善文化不断向深度、广度发展，提出了许多富有时代内涵的新命题。随着全球化发展，和平与发展成为时代主题，同时各国利益矛盾交织，习近平总书记提出人类命运共同体理论，坚决走和平发展道路。在联合国成立70周年大会上，习近平总书记发表了《携手构建合作共赢新伙伴同心打造人类命运共同体》的讲话，阐述了其核心思想；随后又在联合国日内瓦总部发表了《共同构建人类命运共同体》的讲话，并将其确定为时代命题。随着人与自然矛盾日益凸显，习近平总书记提出"绿水青山就是金山银山"，强调建设美丽中国，促进人与自然和谐发展。他认为良好的环境关系民生福祉，将其看作中国梦的重要内容，应该坚持"绿色"发展理念，守住生态红线。总之，以中国特色社会主义实践为不竭动力，提升友善价值观的阐释力和生命力，促进马克思主义与中国实际相结合，是正确对待马克思主义的态度。只有这样，才能够促进中国人民的认同，才能够解决中国的现实问题。同时，中国特色社会主义建设的实践为友善文化的发展提出具有时代特征的新要求和检验标准。

总之，中国传统友善观是根，社会主义友善观是魂，国外先进友善观是补充，我们要在中国特色社会主义实践的基础上对传统和西方的友善观进行扬弃并发展，不断丰富友善文化的内涵，增强理论说服力和大众感知力。尤其在"学习—感知—反映"阶段，一方面要增强友善理论的表达，另一方面要提高公众对友善认知的敏感性。友善认知形成于友善信息的获取，根据友善信息的形态，具体可以分为正式信息和非正式信息。其一，

---

① 《马克思恩格斯选集》第2卷，人民出版社2012年版，第2页。

正式信息主要指国家和政府层面,以法律法规、政策规章、重要讲话和精神等方式提出和传递的信息,如社会主义核心价值观、新时代公民道德规范等。促进这些正式信息入脑、入耳、入心遵循着一些文件精神,具有制度上的保障优势,可以通过宣传、教育、慈善等部门规范、生动的阐述,明确友善的具体要求,引领社会风尚。同时,需要顺应人们认知形成规律,注意运用多种载体和方式,引起人们的关注和亲近,促使人们调动各个器官去感受和体会,以加深了解。其二,非正式信息主要指家风家教、乡规民约、团体风气、坊间舆论、网络舆情等非正式方式传递的友善信息。这些信息与人们的生活密切相关,具有丰富、多样、持续、潜移默化等特点和优势,可以探索多种信息传递途径,如以节日、仪式、活动、自媒体等为载体,在生活中传递生动的友善信息。其三,正式信息和非正式信息之间既区别又相互联系,可以通过友善文化符号的打造,整合不同友善信息的正确性和丰富性、约束性和吸引性、理论性和渗透性,促进人们对友善信息的敏感度和接纳度。例如将社会主义核心价值观中友善的要求,与中华优秀传统文化中"仁"的思想相结合转化,阐释和丰富"雷锋精神"的深厚内涵和时代要求,通过"雷锋日"等节日和仪式强化人们的认知。

第二,将友善文化融入学校教育全过程是友善文化教育的重点。大学生的价值取向决定了祖国未来的价值取向。但由于当前教育的弊端,大学生群体中出现了心态失衡、人际关系紧张等现象。学校教育是有计划的、系统性的教育,具有可控性,而且学校小环境中的友善氛围对于净化社会风气也有一定作用。在学校教育中传递友善文化,要从课堂教学、第二课堂实践、校园文化营造、阅读氛围营造等渠道展开。首先,将友善文化融入课堂教学。课堂教学是校园生活的主要形态,也是友善文化教育的主渠道,将中华传统美德故事、西方神话故事、社会生活中的真实案例融入课堂教学之中,能够促进同学之间建立平等、关爱和互助的关系。其次,将友善文化融入第二课堂实践。第二课堂实践丰富了课堂形式,得到学生喜爱,其中,志愿服务等更是以行为文化来引导学生实践友善,具有更加直接的教育效果。再次,将友善文化融入校园文化建设之中。校园文化是充满吸引力的文化磁场,将友善价值观融入校园物质文化、精神文化、制度文化之中能够起到潜移默化的作用。最后,营造校园氛围,培养阅读习惯。书籍是大学生最好的朋友，阅读能给人带来收获。问卷调查显示，在题项"下列促进友善价值观生成的方式中，您最喜欢哪些"上，有46.5%的学生选择"读书"。可见，读书成为大学生自我教育的重要方式，针对大学生对书籍的强烈需求，要加强图书馆硬件建设和阅读氛围营造。

第三，通过微媒体对大学生进行友善知识教育是提升友善培育吸引力的重要手段。媒体是友善文化符号传播的重要载体，在我国当前社会，电视媒体、网络媒体成为人们业余时间的主要生活场域，甚至构成人们的第二生存空间，微信、微博、直播平台等微媒体成为人们线上主要的生活场域，大学生尤其成为网民重要群体。问卷调查显示，在题项"下列促进友善价值观生成的方式中，您最喜欢哪些"上，有43.0%的学生选择"网络、媒体的道德情境体悟"。然而，由于网络的匿名性、庞杂性、一些运营商的逐利性，加上网络道德及立法的滞后性等因素，网络成为友善失守的重灾区。通过微媒体向大学生进行友善知识的教育是提升教育吸引力的重要手段。微媒体的受众具有层次性和广泛性的特点，通过微媒体向大学生传递友善文化，要坚持娱乐性与思想性有机结合，传递友善正能量；坚持以主流文化引领媒体文化和舆论走向，以正义压倒邪恶；着力处理好真、善、美的关系，在追求事实真相的基础上提升审美品位，以提升友善行为判断力和执行力。具体说来，通过媒体向受众传递友善文化，需要注意以下四点：其一，注重主流文化、正面文化的引领作用。针对现代部分媒体为"博眼球"而剑走偏锋，对大量负面消息进行报道等的倾向，更要强调媒体的社会责任，以主流文化、正面文化引领媒体发展是优化媒体环境的方向保证。其二，要合理对待媒体的娱乐功能，创造具有吸引力的友善文化产品，将娱乐性和思想性有机结合。例如，通过电视剧《最美的青春》阐释"塞罕坝精神"，表达了人与自然和谐相处的理念。其三，要看到不同层次的友善文化有不同的说服力，适用于不同的受众，要提升媒体传递的针对性。例如，对于高级知识分子而言，哲学话语会比较有说服力；但对于普通民众，可能诗歌、故事等更有说服力；对于更加基层的民众，谚语、俗语、地方戏曲可能说服力更强。其四，针对当前媒体出现的失实报道、肤浅化、低俗化等现象，还要处理好真、善、美的关系。求真，即追求事实真相，公平正义评价事态，反对利用人们的猎奇心理，为博取眼球故作丑态、故意炒作的行为；求善，即在事件引导中体现向善的信念，反对以恶博取出位的现象；求美，即提升审美品位，反对以丑为美、黑白颠倒的状态，从而提高友善行为判断能力和实施能力。

第四，促进友善文化设施和慈善机构建设，铸牢友善物质文化之基。任何时代都需要道德先行者，但按照马斯洛需要层次理论的观点，大多数人的需要具有层次性，只有较低层次的需要得到满足，才会激发更高层次的需求。同样，在全社会培育和践行友善价值观，友善物质文化的建设是基础。铸牢友善物质文化之基，需要加强友善文化设施建设，体现人文精神。近代著名教育家蔡元培先生说："世界文明进步，无非以向时少数人独享者，普及于人人而已。即就建筑布置而论，最讲究者，为学堂、博物馆、公园，皆为人人可至之地，亦一证也"[①]，强调文明进步的标志在于文化载体从少数人享用走向普及。文化设施主要包括以下六类：文化教育类，如学校、图书馆、科技馆等；展览观赏类，如博物馆、美术馆、纪念馆等；文化演艺类，如演艺团体、话剧院等；广播电视类，如电台、电视台等；休闲娱乐类，如公园、广场、体育场等；历史文化类，如名胜古迹、遗迹等。随着物质生活的提升，精神生活成为人们普遍迫切的追求，各种文化设施与人们的需求紧密相连，在这些设施的建设中凸显友善价值观，有利于激发人们追求真善美的人文精神，丰富精神生活的内容，提升精神生活的层次。最重要的就是将友善价值观作为一种理念，贯穿于社会文化设施建设的始终。

首先，将友善价值观的内容和理念镶嵌入各项基础设施和人居环境中，让人们在日常生活中体味友善之美，如建设和谐文化广场，打造以善为核心的最美乡村。其次，将友善价值观的内容和理念呈现于各种观光、旅游项目中，让人们在休闲中感受友善之魅，如山西李家大院中展现的"善"文化。再次，将友善价值观的内容和理念贯穿于国民教育始终，让青少年从小感悟做一个善良的人，践行友善价值观。最后，将友善价值观的内容和理念贯穿于各项文化活动中，尤其是根据当代人们精神生活的实际，利用好各种电视和新媒体，如电视、微信、微博、小视频、公众号等，讲好中国的友善故事，传递好向善的声音，使友善立体化、形象化、可视化，如自媒体公众号对于社会中真实的友善现象的传递和报道，创办社

[①] 高平叔：《蔡元培全集》第2卷，中华书局1984年版，第301页。

会道德文明类节目，创作并传播彰显友善理念的歌曲、电影、话剧等。

铸牢友善物质文化之基，尤其要注重搭建社会慈善机构，引导全社会关爱弱势群体。慈善包括捐钱、捐物，无条件对他人的同情和帮助等，其核心价值在于利他。慈善与友善价值观有着共同的文化渊源和价值彰显，是友善价值观的重要一维。社会慈善机构主要包括敬老院、儿童福利院、公益基金组织、社区互助组织等机构，它们致力于扶贫与发展、环境与生态保护、传统文化资源保护、教育、卫生，提高妇女、儿童、残疾人、老年人的地位和生存状态等，倡导公民互助友善，从受助到自助，再互助，再助人，从而推动社会文明和谐。有调查显示，由于种种原因，当前人们参与公益慈善的积极性不够高。促进慈善事业的发展，最首要的还是要破除行政化思维管理模式，调动民间组织的力量，结合各地域自身特色，增加社会慈善机构的数量、提升慈善机构的质量，促进慈善机构进社区、进单位、进学校，增强慈善组织活力和实力，切实壮大慈善力量，践行友善价值观。

第五，打造友善文化符号，彰显友善精神文化之魂。打造友善文化符号，表达丰富的友善内涵和理念是强化友善价值观渗透力的重要方式。卡西尔认为，"人不再生活在一个单纯的物理宇宙之中，而是生活在一个符号宇宙之中……他是如此地使自己被包围在语言的形式、艺术的想象、神话的符号以及宗教的仪式之中，以致除非凭借这些人为媒介物的中介，他就不可能看见或认识任何东西……因此，我们应当把人定义为符号的动物（animal symbolicum）来取代把人定义为理性的动物。"① 瑞士语言学家索绪尔将符号理解为能指与所指的结合，法国学者罗兰·巴特也认为，语言符号和其他符号是能指和所指的统一，二者的结合即为意指。"能指（signifier）即表达其他事物的事物；所指（signified）即能指所表达的事物的意义"②，二者有所不同。从内容上看，能指是符号表达的形象，所指是代表的意义；从形式上看，能指简明形象、辨识度较高，所指寓意深刻、内涵丰富；从结构上看，能指是表达面、表层面，所指是内容面、内里面；从功能上看，能指常常作为一种中介体和载体，所指往往代表人们对某事

---

① ［德］恩斯特·卡西尔：《人论》，甘阳译，上海译文出版社1985年版，第33—34页。
② 陆爱华、徐周双：《基于文化符号的高校思想政治教育试析》，《高等农业教育》2012年第2期。

物的主观认识。能指和所指的结合行为和过程是"意指"（signification），最终产生了符号这种产物。凡是没有符号化的文化现象，都是偶然的、分散的、肤浅的，当今社会瞬息万变、纷繁复杂，面对难以把握的未来、价值准则的失落、物质财富的不均衡，人们生活在其中是受压抑和易失衡的，有必要将杂乱的文化现象符号化。友善文化符号即以"友善"这一社会主义核心价值观为所指，以建筑、人物、影像、图画、音乐、风俗、谚语、礼仪、行为等文化形式为能指，且二者相互结合的行为和过程的产物。文化符号是公共认同的文化意识，同时，文化符号的形成也有利于促进文化传播，提升文化影响力。通过凝练和宣传友善文化符号，能够促进社会整合。例如，李家大院"善"的内涵体现了推己及人的态度，"雷锋"表达着志愿服务精神，"最美……"现象承载着中国好人形象，"美丽中国"表达着人与自然和谐的追求等。需要看到，当前我国友善文化符号的打造存在一些不足，如打造友善文化符号的意识较为淡薄、友善文化资源挖掘不充分、叙事方式老旧、宣传力度有限等，因此，打造友善文化符号、彰显友善精神文化之魂在培育友善价值观中具有重大意义。

　　打造友善文化符号要坚持四个原则：第一，真实性原则，取材真实是有效传播的前提基础。尤其在新媒体时代，"把关人"时代一去不复返，任何信息都可能被网友"人肉""起底"，只有真实的素材才能经得起考验，否则只会招致吐槽、批判和疏离，起到负作用。第二，实践性原则，体现时代特点、符合实践要求是文化符号的生命所在。当前我国走的是有中国特色的社会主义道路，有自身的发展特点，只有源于实践、服务实践的友善文化符号才有旺盛的生命力，友善文化符号的打造，一定要来源于生动的实践。第三，历史性和发展性原则。既要保留中国传统文化和革命文化中的精髓，又要注重传统文化符号的现代性发展和转化。作为四大文明古国之一，中国在悠悠历史上产生了无数的友善文化符号，然而随着历史的车轮滚滚向前，一些人面对一些曾经发挥灵魂指引作用的文化符号，如"雷锋精神"，不禁发出所谓时代之问：雷锋精神在今天是否已经过时了？因此，要注重传统经典文化符号的内涵发展。第四，吸引力原则，人民喜闻乐见是文化符号广泛传播的有力保障。意义世界总是让人眼花缭乱的，各式各样的文化让人们目不暇接，由于人们总是对自己需要的事物感兴趣，在打造友善文化符号的时候，有必要密切联系人们的生活，将友善价值观落细、落实。

打造友善文化符号,需要将其要素层层解剖分析。根据不同的划分标准,友善文化符号具有多种类型。由于友善文化符号的主要来源为传承和创造,同时为了便于研究,我们从时间维度,将友善文化符号划分为历史的文化符号和当代的文化符号,这两大类友善文化符号有着不同的特点和形成、发展方式,笔者将有重点地分析其基本要素,即能指、所指,有针对性地打造友善文化符号。对于历史的友善文化符号重在传承和发展,我们要更加注重对于传承文化价值、释义新内涵、运用符合时代特点的叙事方式。在传承历史友善文化符号时,一般能指的变化较小,重点要关注所指方面。一方面,要将传统友善文化符号"所指"方面的内涵加以时代化、丰富化。另一方面,要根据时代特点,重新编排叙事方式,使其符合受众的要求。当代的友善文化符号重在创造和凝练,在能指和所指方面都需要给予关注。其一,在能指方面,要注重其生活性、层次性、时代性、形象化,以贴切的生活感打通情感通道,以夺目、生动的形象增强吸引力。例如随着网络文化的发展,"表情包""小视频"等成为人们喜闻乐见的文化形式,在提升友善文化吸引力方面有着极大意义。其二,在所指方面,要注重所指的正面性、先进性和意识形态性,以正面引导、正面教育为主,积极宣扬社会主义友善价值观和先进文化,区别资本主义和封建主义友善价值观。其三,在叙事方式和话语表达方面,要兼顾道德价值和美学价值,采取既具有中国特色又表达中国友善内涵,同时符合大众审美品位的叙事方式和话语表达。最终,能指和所指各自的创新,推动了意指,即友善文化符号的发展。

(二)友善情感激发——感染机制

1. 同情心和共情能力是友善情感的核心

友善是一种道德情感,这种情感作为一种心理定式和倾向,能推动人们产生利他行为。舍勒说,"人在具有思想或意图之前,首先是人本身……人类正是用爱与恨交织而成的网来捕捉世界,而后(正如叔本华常常说的)又以意志控制世界,并对其进行表征"[1]。可见,与理性相比,友善情感具

---

[1] [英]齐格蒙特·鲍曼:《个体化社会》,范祥涛译,上海三联书店2002年版,第216页。

有先在性，是培育友善价值观的重要前提。友善情感是指人们对友善原则、友善品质、友善行为在情绪上的认同感和向往感，其核心在于对他人处境的共情和同情。培养人们关于友善的情感，其核心在于培养人们对他人困难处境的敏感性和感受力，即共情能力。具体说来，这种关于友善的情感包括同情心和共情能力两个方面。共情是产生同情的前提，指"个体感知或想象其他个体的情感，并部分体验到其他个体感受的心理过程（Singer & Lamm，2009）"①，它包括情绪共情和认知共情两个方面。心理学研究表明共情能力强的人更乐意为他人提供帮助。深入访谈中，也有学生谈道："如果对方的情况很紧急，或者我曾陷入相同的困境之中的情况下，会给对方提供帮助。"（310X19）

2. "友善情感激发——感染机制"是促进大学生友善价值观生成的重要通道

大学生"友善情感激发—感染机制"就是艺术地运用一系列材料引起大学生的关注，激发他们关于友善的情感，引导他们加深对友善情感的体验并弥散这种心境，使他们的友善情感经历"感官接触—心灵体悟—情感激发—情绪感染—情感升华"等过程，从而促成友善的心理定势并在实际的生活情境中作出利他行为。激发和感染大学生友善情感需要从过程、材料、载体、方法四个维度的设计和创新来进行。

激发和感染友善情感是一个完整的心理过程。首先，感官接触是起点。即通过选择一系列材料，如教材、榜样、苦难、艺术和自然生态等，让大学生接触到苦难、贫困、疾病、死亡等情境，以引起他们的感官注意。其次，心灵体悟是关键。主要通过直接联想、代表性联想、模仿、角色扮演等方式来启动道德想象力产生共情。第三，情感激发是核心。通过前两个环节产生怜悯、痛苦、感动等情绪体验和心境。第四，情绪感染是重要环节。通过实现情感催化、营造友善氛围来以情感唤醒情感、以个人联结他人。最后，情感升华是目标。把已经激发出的友善情感上升成一种稳定的心理定式和思维习惯，促进良性循环，实现螺旋式跨越和提升。需要指出的是，这五个阶段构成紧密连接、持续发展的过程，前一阶段的进

---

① 李文辉等：《大学生共情对利他行为的影响：一个有调节的中介模型》，《心理发展与教育》2015 年第 5 期。

展为后一阶段提供铺垫和基础，后一阶段的发展是前一阶段的提升和跨越，它们在实践中相互交织和作用，共同构成友善情感的发展路径。

激发和感染友善情感，需要选择恰当的友善材料，提升大学生道德想象力。文化是当代大学生喜闻乐见的教育载体，通过创新运用丰富的材料，如故事、艺术、榜样等，能够有效提升他们的道德想象力。他人的处境与自己的境遇不可能完全相同，此处的人要理解彼处人的处境和心情，需要一定的道德想象力。文化是提升人们道德想象力的重要因素。人的生命具有未完成性和有限性，文化将人类的历史、现实、未来相连，将自我、他人、世界相接，拓展了人们生存的时空。人们的想象力是不同的，也是有限的，而通过故事、音乐、文字、图片等形象化地揭示人们的内心独白，可以帮助人们提升不够发达的道德想象力，产生共情和同情。

激发和传播友善情感，需要重视网络媒体阵地。第一，要加强媒体责任，以主流文化引领媒体发展，为大学生营造良好成长环境。传播学者拉斯韦尔和赖特提出了传媒的四大职能，即"对环境进行监测""使社会各部分为适应环境而建立相互关系""使社会遗产代代相传""提供娱乐"。[①]媒体在大学生学习生活中占据重要地位，主要发挥着人际互动、提供娱乐、获取资讯等功能。市场经济下，为了追求利益，媒体文化出现了泛娱乐化、精神生活物质化倾向、恶意炒作、直接展示暴力、低俗画面等现象，丧失了媒体应有的社会责任，污染了大学生成长空间，给他们友善价值观生成增加了难度。"新媒体是以满足受众'需要'为根本目的，以应用最新技术为手段的现代化信息传播体系。它是媒体中的一员，得益于网络化、数字化的技术影响，是媒体发展的一种高级形式。"[②] 新媒体成为当前对大学生进行道德教育和心态引领的重要环境因素，尤其是微博、微信、电视等对大学生影响甚大，要加强媒体伦理和责任感，作出融娱乐性和思想性、营利性和社会性的好节目，要将弘扬正气、传递正能量作为媒体的主旋律，促进大学生友善价值观生成。第二，学校要强化网络教育意识和能力，疏通和引导网络情绪。面对网络信息鱼龙混杂，弥漫着黄色文化、黑色文化等垃圾这一现状，教育者必须用丰富的友善教育资源抢占网

[①] 陈力丹：《新闻理论十讲》，复旦大学出版社2008年版，第150—151页。
[②] 林刚：《新媒体概论》，中国传媒大学出版社2014年版，第9页。

络思想阵地，为促进大学生友善价值观生成提供资源保障。首先，加强融友善价值观的网络教育平台建设，疏导学生情绪，培育学生友善情感。学校设立道德教育、心理咨询、社会热点问题讨论、社会服务等网络专栏，同时利用博客、QQ、微博、微信将正能量信息推送给学生，并及时引导学生交流，疏通观念。其次，加强对大学生网络亚文化的关注和引导。教师要及时了解学生思想动态和网络舆情，用主流文化提升大学生网络亚文化的品位，用社会主义主旋律引领大学生网络思潮。第三，强化大学生媒介素养教育，提升友善情感自觉。媒体环境十分庞杂，对其治理需要多方面共同发力，难度较大。同时，新媒体环境下，每个人既是受众又是信息发布者，在这种相互作用中影响彼此，极易产生责任的缺乏和集体无意识。正如古斯塔夫·勒庞所说："群体是个无名氏，因此也不必承担责任。这样一来，总是约束着个人的责任感便彻底消失了"①，而这种责任感的缺失，更加剧了群体的兴奋和丧失理性。新媒体具有匿名性、超时空性、融合性、形象化、娱乐性等特征，其传播方式具有裂变性和感染性，传播速度之快，传递内容之泥沙俱下，对我们利用媒体培育友善价值观提出了更高要求。创新运用媒体激发和传播友善价值观，要加强大学生网络素养教育，筛选、汇聚友善的力量。媒介素养是指"人们面对媒介时所体现的行为素质与修养，如对大量信息的解读和判断以及运用媒介信息服务于生产和生活的能力"②。首先，要引导学生树立正确的网络观，正确看待网络媒体信息。通过讲座、宣传等手段，让学生明白网络信息是如何产生和加工的，网络媒体的工具意义和影响两重性，不要盲目崇拜网络。其次，在正确的网络观下，唤醒学生的网络主体意识，批判地看待网络媒体信息，自觉选择、接受、传递正能量，文明上网，杜绝网络暴力。最后，引导学生合理安排上网时间，将生活重点放在现实，关注他人和社会，自觉践行友善价值观。

激发和感染友善情感，关键在于选择正确有效的方法，突出情境设置，实施情境教育、苦难教育和特性角色。其一，情境教育法。"情境就是在一个给定的时空场景中所展现出来的，能够影响到个体对目标刺激的

---

① ［法］古斯塔夫·勒庞：《乌合之众：大众心理研究》，冯克利译，中央编译出版社2015年版，第8页。

② 邢勇：《微博的自媒体特征及社会责任建构》，《中国出版》2012年第7期。

意义理解的一切事物或信息。"① 情境教育法就是指通过创设友善问题情境对人们进行引导和教育，通过情境再现传递丰富的友善情感信息。其二，苦难教育法。苦难教育是指通过对苦难的揭露，引导人们感受他人的不幸和羸弱，激发人们的同情心。卢梭十分重视通过苦难对爱弥儿进行同情的教育，同时他非常强调这种教育的合宜性和恰当性，他认为，"同样的景象看得多了，对它们就觉得无所谓了，对一切事物都是见惯不惊的……只要好好地选择一件事情，在适当的时候告诉他去看，就足以使他在一个月里心怀恻隐，常常思考那件事情"②，否则，若过多运用则可能产生情感麻木甚至反感，毫无实效可言。其三，特性角色法。特性角色是指在角色扮演中促进角色体验，通过想象和模仿与他人易地而处，人们也正是在这样的过程中实现社会化的。需要注意的是，由于情境具有外在性、暂时性，情绪具有流动性，而个体具有多样性，人们可能或以一种旁观者的身份看待善言善行；或在友善情感激发之后没有引起行为上的实质改变；或仅仅产生了极其短暂和微弱的行为效果。这些结果的存在表明，单纯的"友善情感激发—感染机制"只是友善价值观培育的前提，要想达成实效，还需其他机制参与进来。

（三）伙伴精神塑造机制

1. 正确的利益观是伙伴精神的核心

对利益的追求是人们行为的最强驱动力，引导人们将外在利益和内在利益相结合，将个人利益和社会利益辩证统一是培育友善价值观的落脚点。马克思指出："人们奋斗所争取的一切，都同他们的利益有关"③，利益是人们生活中最敏感的神经。市场经济下每个人都遵循利益最大化原则，个体的利益、尊严和自由得到极大发展。但是"自私是一种贪婪。同所有的贪婪一样，它蕴含着一种不满足性，其结果是永远没有真正的满足……他对任何可能得到更多的人嫉妒万分"④，若失去价值追求的指引，

---

① 陈武英、刘连启：《情境对共情的影响》，《心理科学进展》2016 年第 1 期。
② ［法］卢梭：《爱弥儿——论教育》（上卷），李平沤译，人民教育出版社1985年版，第305 页。
③ 《马克思恩格斯全集》第 1 卷，人民出版社 1956 年版，第 82 页。
④ ［美］艾里希·弗洛姆：《逃避自由》，刘林海译，上海译文出版社2015年版，第77页。

人们容易产生极端个人主义倾向。随着市场经济的深入发展，人们自我意识觉醒，对个人利益的关注被推上了至高的地位。市场经济强调效益和竞争，人们有着强烈的竞争意识，若不能树立良好的竞争观，则会出现如前文指出的病态竞争、将他人视为地狱等问题。正确的利益观有助于人们在关注自身利益的同时，观照他人的正当利益，构建伙伴关系。当前社会普遍存在一种"利益的获得与友善的品质呈二律背反"的观点，人们更多地关注金钱、名望等外在利益，将友善和利益相对立，认为与竞争意识相比，友善不仅不是一个成功人士应具备的品质，反而会成为实现人们伟大抱负的绊脚石，甚至对友善之人形成了"马善被人骑，人善被人欺"的刻板印象。还有一种随着"助人反被讹"现象出现的"助人恐惧症"，"助人反被讹"打破了人们的道德底线，产生破窗效应，人们更多地讲对陌生人的戒备和敌视而非友善，长此以往，友善便徒有其名。

利益是友善和罪恶等一切道德问题的基础，马克思指出："既然正确理解的利益是整个道德的基础，那就必须使个别人的私人利益符合于全人类的利益。"① 在社会有机体中，个人与社会是辩证统一的，集体主义"决不是说可以不注意个人利益，不注意局部利益，不注意暂时利益"②。社会肯定个人的合法利益，但是在肯定人们追求自身利益时，还要呼吁个人利益与社会利益的辩证统一，内在利益与外在利益的有机结合。麦金太尔将人的利益分为外在利益和内在利益，外在利益是人们通过实践可获得的权势、地位或金钱，它始终属于个人的财产和所有物，具有竞争性；而内在利益是某种实践本身内在所具有的，除了这种实践活动，任何其他类型的活动不可能获得的利益，虽然也是竞争的结果，但其获得有利于参与实践的整个共同体，包括他自己。在一个过于追求外在利益的社会，竞争性必然成为其主要特征，"竞争对手之间的关系必须以人与人之间的相互漠不关心为基础。否则，任何一个人都会寸步难行，无法完成其经济任务，即，相互斗争"③，在竞争的角斗场中，强者哲学成为合理的逻辑，生产着道德冷漠，不利于合作和助人。反观当今社会，我们摆脱了人的依赖性形态，处于一种物的依赖性形态下人的个体化状态，这种状态距离人的自由

---

① 《马克思恩格斯全集》第 2 卷，人民出版社 1957 年版，第 167 页。
② 《邓小平文选》第 2 卷，人民出版社 1994 年版，第 175 页。
③ [美] 艾里希·弗洛姆：《逃避自由》，刘林海译，上海译文出版社 2015 年版，第 79 页。

个性形态还有较远的差距，社会风险和不确定性更加突出，而社会分工日益细化，人们各有所长，人的一生也总是流动和易变的，相互的关爱和帮助成为人们安全和幸福的重要保障。每个人都有对友谊、爱、幸福和安宁的需要，如果人人都能将内在利益与外在利益相结合，将个人利益和社会利益相统一，必定有助于促进社会合作、缓解社会焦虑，这将符合每个人、当然也包括他自己的利益。

2. "伙伴精神塑造机制"是促进大学生友善价值观生成的核心和重点

德国哲学家雅斯贝尔斯认为："伙伴精神是人性，是人之所以成为人的一个根本。"[①] 荀子说："力不若牛，走不若马，而牛马为用，何也？曰：人能群，彼不能群也。……一则多力，多力则强，强则胜物"[②]，指出了人们相互合作、建立社会组织的重要性。但中国人自古"系心于各自的家庭而不知有社会"[③]，缺乏公共精神，在现代社会，人们的价值取向更加具有异质性，公共精神和共同价值的缺失会导致"无可无不可"的道德冷漠及评价失当，持不同价值追求的人可能对善言善行表现出"白眼"，甚至对冷言恶语表示"肯定"。立足个体化社会的现实，伙伴精神是促进人们互助和团结的重要力量，也是正确评价友善行为的重要保障，其塑造成为培育大学生友善价值观的核心和重点。

针对当前道德领域的突出问题，有学者提出要"塑造以美德伦理为支撑的道德共同体"，并探索构建"远距离道德"[④]。笔者认为这一提法并不可行。首先，一切道德都有其利益基础和阶级性，在当前财富尚未充分涌流、贫富差距依旧拉大，社会底层群众境况不佳，社会阶层壁垒存在的境遇下，缺乏构建这种道德共同体的物质基础。其次，"远距离道德"主要有两个困难，一方面，我们不能接近受助者，可能产生心有余而力不足的情况；另一方面，如前所述，远距离会产生道德盲视，很难引起人们的情感共鸣。此外，作为"局外人"的我们投入过分关注可能会给当事人带来困扰。所谓"远亲不如近邻"，"远"终究是个问题，但这并非表明我们对远距离的人毫无责任，尤其在互联网时代，我们的一言一行可能产生蝴蝶

---

① 戚万学等：《道德教育的文化使命》，教育科学出版社2010年版，第11页。
② 冯友兰：《中国哲学简史》，涂又光译，北京大学出版社2013年版，第142页。
③ 林语堂：《吾国与吾民》，黄嘉德译，湖南文艺出版社2018年版，第149页。
④ 陈伟宏、陈祥勤：《道德冷漠的原因分析及其矫治对策》，《道德与文明》2014年第4期。

效应，这就要求每个人最起码约束好自己的言行举止。笔者认为，从熟人社会走向陌生人社会，当业缘、趣缘等取代血缘、地缘成为我们"在一起"的纽带和动力时，"伙伴精神"比"远距离道德"的培育更适合当前社会现实。正如心理学研究显示，"每一个人类个体在社会中总是会归属于某些群体，或者说对某些群体产生认同感，重视自身群体的利益以及自己与群体成员的关系"[①]。"伙伴精神"的核心就在于正确认识自我与群体成员的关系，树立关心他人的意识和决心。"伙伴精神塑造机制"则是通过一系列方式和手段，引导人们反思自己与他人的关系，树立一种超越自我的群体观念，促进人们对他人命运和幸福的关心。它是促进大学生友善价值观生成的核心和重点。

第一，提炼新时代伙伴精神的内涵是塑造大学生伙伴精神的前提准备。伙伴精神的内涵随着人类社会的发展经历了一系列变迁：原始社会伙伴精神主要表现为攻守同盟和成果共享；封建社会伙伴精神表现为对自己氏族利益的保护；进入资本主义社会，伙伴精神主要体现在人们进行资本生产、分配、交换、消费各过程中的平等相待、公平交换。社会主义市场经济下，人的主体性和个性得到发展，同时也面临更多的风险和不确定性，当代伙伴精神的内涵也得到拓宽和更新，主要包括平等、共享、合作和友善。平等是前提，在平等的群体中人们才能体会到尊严，提升自我效能感，促进利他行为；共享与合作是核心，在群体中要树立一种开放的心态，接纳他人并懂得分享，同时考虑群体规则，为共同的利益携手奋斗；友善是内在要求，在友善的氛围中人们更关心他人、帮助他人。

第二，利用地缘优势，引导大学生将个人利益与他人利益相结合，构建友好互助生活圈是塑造伙伴精神的有效途径。伴随着农业社会向城市化的发展，人们的活动范围扩大了，在人际关系方面是熟人社会向陌生人社会的转变，进入依靠利益和地缘相联系的时代。即使博爱之人，由于时空限制和个人精力、能力有限，其助人行为也总有局限性，结合现实发展来看，促进人们关心身边的邻人和伙伴不仅必要，而且可行。引导大学生处理与他人的关系，可以运用推恩法，从家庭关系中的友爱入手，学会关心他人；进而推及室友之间的互帮互助，引导他们关心室友的命运和幸福，

---

① 陈武英、刘连启：《情境对共情的影响》，《心理科学进展》2016年第1期。

建设融洽的寝室关系；最后以室友关系、同学关系促进社团建设、班级建设，关心社会弱势群体，层层外推，构建友好互助的生活圈。

第三，引导学生关爱自然，促进人与自然友爱共生是塑造伙伴精神的内在要求。科技的发展、经济的腾飞在为我们的生活带来极大便利的同时，也带来了一系列全球问题，威胁着子代的切身利益。人类的繁衍离不开大自然，大自然为人类的发展提供了适宜的环境，其状况好坏决定了人们的生活质量，建立人与自然的伙伴关系不仅对自然、人类自身，甚至对后代都是福祉。要通过科教片进行关于人类起源的教育，让大学生明确自身和人类在自然中渺小但并不卑微的地位，通过人文教育促使他们明白自然对人类在促进身心健康、德性发展、提升审美品位等方面的作用，通过中国传统文化和西方优秀文化中关于生态伦理的思想对他们进行思想观念、态度情感、行为方式上的教育，塑造人与自然之间的伙伴关系。

（四）友善行为回应——评价机制

1. 回应和评价通过主体体验发挥作用

在影响大学生友善价值观生成的因素中，主体性因素主要通过影响大学生自身体验来促进或阻碍其友善价值观生成。大学生友善价值观生成包括心理系统和行为系统，其中由行为产生的体验是友善价值观改变的重要力量，行为正是通过体验对友善价值观生成发挥作用。"体验是一种图景思维活动。其中'图景'是一种跨越时空的整体性存在，它同时包含着个体人的生活阅历、当下生活场景和未来人生希冀，其显著特征是整体性、现场性和超越性。"[①] 体验连接着人的情感和行为，对人的友善价值观发挥长效作用。首先，体验具有情感性。体验和情感紧密联系，情感需要体验才能产生，体验常常与情感相伴随。体验具有超越语言的表达力，往往以惊讶、郁闷、叹气、点头、皱眉、感动等表达，只可意会不可言传，它是一种思维图景的转换。其次，体验具有长效性。道德体验是在道德情境的亲身经历中获得的经验和感悟，是主体将自己放置在道德情境之中，领悟到自己或他人行为的作用、价值，并对其评价、判断，是一种真正入脑、入心的东西，具有长效性。最后，体验对人的行为具有直接影响性。由于

---

① 刘惊铎：《体验：道德教育的本体》，《教育研究》2003 年第 2 期。

人总是因其经验、体会来感受生活、感知世界的，也是因其自我感受来设定自身心理行为态势的，道德体验对道德行为影响巨大。良好的体验，如赞美、肯定、褒扬等能够保持、促进主体经历的行为；不良的体验，如嘲讽、嫉妒、讥笑等会阻碍主体道德行为的再次呈现。影响个人体验的因素较多，其中自我评价、他人评价发挥着重要作用。一方面，自我评价对大学生友善价值观生成起根本作用。大学生自身在特定情境中感受到的体验会对其产生刺激，直接促使或阻碍其友善价值观生成。当一个人对自己行为有着正确的善恶评价时，他将对自己认为善的事情作出心理准备状态，倘若他有着较强的信念和意志，那么不管遇到多少阻抗，都会按照自己的价值观行事。另一方面，受助者和旁观者回应和评价对大学生友善价值观生成起重大作用。受助者和旁观者的回应、评价作为一种社会镜像，影响主体自我认知，进而对主体的友善价值观产生促进或阻碍的作用。人是社会动物，他总是在他人的评价中确认自我，实现社会化。尤其是大学生，他们的自我认知较为模糊，具有流变性，他人的言语、动作、表情透露出来的回应和评价信息，会对其自我认知和行为选择产生重大影响，有时甚至起决定作用。因此，友善行为的回应—评价机制为大学生友善价值观生成提供不竭动力。

2. "友善行为回应——评价机制"是促进大学生友善价值观生成的外在保障

"友善行为回应——评价机制"是促进大学生友善价值观生成的外在保障和持续动力。"友善行为"是处于相对优势地位的人对于相对弱势地位的人产生的一种非功利性的帮助行为。它是一种关系性的活动，其中施助和受助是同一过程的两个方面，友善行为要想成立，不仅要求施善者对求助者有所反应，如关注和施助，并不求回报；而且要求受助者对施助者有回应，如接受帮助、反馈感恩等，正是在这样的张力中，友善行为得以成立，人性的美好得以彰显。友善行为的"回应"是指受助者对于施助者的友善行为给予一种温暖的刺激反应，如报以微笑、颔首致谢等。"评价"就是判断，是指通过一定的标准，运用科学的方法对友善行为及其效果作出判断的过程。"友善行为回应—评价机制"是指在一种友善行为实施过程之中或之后，由受助者对施助者的行为作出温暖的反应，由社会依据一定标准和方法，对施助者的行为作出判断的机制。回应和评价是对行为的一种刺激和强化，是善行善意的外在保障和持续动力，能够促进友善的持续和传递。

第一，肯定施善者所付出的价值及其合理利益是实施"友善行为回应——评价机制"的前提和基础。卢梭认为："我们的种种欲念的发源，所有一切欲念的本源，唯一同人一起产生而且终生不离的根本欲念，是自爱。它是原始的、内在的、先于其他一切欲念的欲念。"[①] 对施善者的行为作出回应和评价，必须肯定施善者的利益及其付出，不能因其高尚的品德与人生境界而人为地抹煞其合理的利益诉求，造成道德绑架。同时要注意，施善者这种与施善行为相关联的利益有一个边界问题，那就是自愿性和滞后性，即由受助者或者社会自发地对其进行感恩或表彰，且滞后于施善行为的产生，这是判断友善行为是否成立的重要标准之一。

第二，培养受助者的回应习惯和社会的评价习惯是实施"友善行为反应——评价机制"的中心环节。人的善心本身是无穷尽的，但若机制不健全，则可能导致好人受伤和善心枯竭，受助者的回应和社会的评价是激发善心的不竭动力。个人层面上，要通过养成教育，培养大学生感恩的习惯，通过课堂教育和校园文化，涵育大学生文明礼仪。在分工日益细化的社会中，每个人都有可能成为受助者，养成感恩的习惯既可以提升自身的幸福，也能够加深与他人的感情，促进他人的友善行为；文明礼仪则是和谐相处的重要基础。社会层面上，要建构官方和民间的道德评价和监督机构，对特定情境中人的行为予以合理的评价。主流媒体应该坚持正面引导，宣传道德回应、文明礼仪的重要性，通过公益广告、微信、微博、微电影、漫画等碎片化的文化形式进行正面的宣传等；民间组织可以通过建立组织和网站宣扬好人好事，如汶川地震后创办的"中国好人网"秉持着"说好人、帮好人、做好人"的宗旨，这既是对施善者的一种肯定和保护，又能够形成一种社会风气的良好导向，促进社会风气好转。

第三，构建国家和社会激励——奖励制度是实施"友善行为回应——评价机制"的重点和难点。只有重视和合理利用回应和评价结果，对友善行为进行正强化才能形成社会风气好转的活水源泉。友善行为本身具有层次性，施善者的精神境界、物质生活等也具有层次性，所以施善者对受助

---

① 何怀宏：《伦理学是什么》，北京大学出版社2015年版，第156页。

者的期待也就有层次性。有些友善行为是生活中十分琐碎和微小的事，一个颔首、一个微笑、一个感恩的"谢谢"、一句轻柔的表扬就足以让施助者感到精神上的愉悦和满足。对于这种较为普遍的友善行为，进行相应的回应和评价即可促进下一次的施善动力。而有些友善行为却需要施助者放弃自身的物质利益甚至冒着宝贵生命的危险去实施，他们在施善之前甚至没有进行利弊和"付出—收益"的衡量，而是凭借着自己的良心和道德的激情，不假思索地将自身利益置之度外。对于这种层次的施善行为，受助者、社会和国家不能视其利益而不见，在荣誉的光环下更应该对其实际生活予以关注。同样，激励—奖励也有一个边界问题：这种激励和奖励是施善者的受动性权利，即它是受助者、社会和国家主动给予的，倘若施善者主动要求物质利益就使原本的道德行为异化。此外，受助者往往具有相对弱势性，他们通常无力回报，官方和民间组织可能要担负起社会道德建设的重任，给予施善者最强大的依靠和支撑。一方面要建立相关官方机构和民间组织，对于重大的友善行为进行总结和宣传。不仅要宣传施善者的行为，同时也要将受助者和社会的回应也纳入宣传的内容中来，在事实报道的基础上进行一种鼓励性的引导。过去，在对榜样进行宣传的时候，往往容易将报道停止在对施善者的无私的表扬上，而没有评价性、回应性的报道，没有充分挖掘道德教育资源。另一方面要建立相应奖励制度，公平地进行奖赏。制度是节制人们行为的尺度，它本身对人们的行为就具有规范和引导的作用。这种奖励制度与禁止性制度不同，它主要是用于对好人合法权益的规定。

（五）友善价值德法互融——保障机制

制度是节制人们行为的尺度，对人们的行为具有规范和引导的作用。制度文化既包括各种成文的、条例化的和不成文的制度，还包括人们对待制度的方式和态度。"我们的时代是一个强烈地感受到了道德模糊性的时代，这个时代给我们提供了以前从未享受过的选择自由，同时也把我们抛入了一种以前从未如此令人烦恼的不确定状态"[①]，而制度文化是联系精神

---

① [英]齐格蒙特·鲍曼：《后现代伦理学》，张成岗译，江苏人民出版社2003年版，第24页。

文化和行为文化的桥梁，正如邓小平所说："制度好可以使坏人无法任意横行，制度不好可以使好人无法充分做好事，甚至会走向反面"①。将友善价值观融入各项制度建设中，第一，可以促使人们在"感知—认可—内化—外化"这一过程中践履亲社会行为；第二，可以通过正刺激和负刺激，反复强化亲社会行为，形成一种稳定的心理定式；第三，当前社会下"人不为己，天诛地灭""事不关己高高挂起"等不友善的潜规则依然存在，通过制度约束和禁止潜规则，能够起到移风易俗的良好效果，所以要重视制度在友善价值观培育中的重要作用。

1. 道德和法治都是调节人们之间关系的重要手段

学界关于对友善价值观的柔性涵育研究较多，取得了丰硕成果。同时，应该看到，道德和法律都是公共秩序的重要保障。德润心，法正身，道德能够滋养社会公德，法律可以提供价值引领和制度保障。我国有着以德治国的优良传统，全面依法治国是当前社会的重要追求。

2014年，《中共中央关于全面推进依法治国若干重大问题的决定》指出，"国家和社会治理需要法律和道德共同发挥作用"，强调了法律和道德相融并济的密切关系。2016年，中共中央办公厅、国务院办公厅印发《关于进一步把社会主义核心价值观融入法治建设的指导意见》，指出要加强重点领域立法，严格规范公正文明执法，用司法公正引领社会公正，弘扬社会主义法治精神，为以法律推动社会主义核心价值观建设提出宏观指导。2017年10月，党的十九大报告在论及社会主义核心价值观时，明确提出要"强化教育引导、实践养成、制度保障"。2018年5月，中共中央印发《社会主义核心价值观融入法治建设立法修法规划》，明确了"加强道德领域突出问题专项立法，把一些基本道德要求及时上升为法律规范"的任务，社会主义核心价值观的制度保障在法律制度层面有了重要推进。2018年9月，中华人民共和国最高人民法院发布《关于在司法解释中全面贯彻社会主义核心价值观的工作规划（2018—2023）》，旨在让人民群众在每一个司法案件中感受到公平正义。2019年，中共中央、国务院印发的《新时代公民道德建设实施纲要》更加强调公民道德建设的法治保障作用及蓝图设计，强调发挥制度保障作用，把社会主义道德要求体现到立法、

---

① 《邓小平文选》第2卷，人民出版社1994年版，第333页。

执法、司法、守法之中。

2. "友善价值德法互融——保障机制"是促进友善生成的刚性保障

"友善价值德法互融——保障机制"是促进友善价值观生成的刚性保障。"友善价值德法互融——保障机制"是指在坚持道德和法律共同发挥作用的基础上,结合当前社会现状,强调以法治来保障和促进友善价值观生成,其作用与柔性的教育引导相比,更具强制性,因此称为刚性保障。纵向上,它主要包括三层次:国家层面上的法律和法规,党内法规和制度,社会治理的各项具体政策和制度。横向上,主要包括"三环节一文化",即促进友善价值观相关道德理念的立法转化,在执法环节做好友善示范引领,在司法环节体现惩恶扬善的功能,加强友善法治文化建设以筑牢底线。

建立和完善友善制度,需要从理念树立、原则遵循、外在力量、内在动力等方面着手。第一,要有大爱的精神理念贯穿其中。友善制度在价值上追求以人为本,促进人的自由全面发展。"爱是人类普通存在的人道精神,而大爱是爱人之爱,是对人深远的爱,是自觉自愿发自内心的爱。具体到大爱精神,则是人们对人类自身的价值、前途和命运的自觉关爱、高度负责与无私奉献精神"[①],是友善价值观的灵魂所在,因为有爱,所以善良。传统思维常常将理性与感性二元对立,认为在科层制管理下,每个人按照自己的社会角色,履行相应的权利、义务,这保证了社会机体的有序运转,但也常常见到"友善止于规则"的现象,即在规则面前,人们往往容易露出冷酷甚至凶恶的面目。实现国家治理现代化,必须在规则的设计和落实中贯彻友善价值观,如法律必须体现道德和人性的尊严,在道德和法律之间找到平衡。

第二,要注重友善制度的层次性,将先进性与广泛性、强制性与非强制性良好结合。制度文化包括各种制度和人们对待制度的方式和态度,法律、规章、道德、风俗、潜规则等制度在强制性和适用范围上有着明显的不同,各有所长。值得一提的是,在当前个体化社会下,传统价值消解,价值的生成性和个性化特征凸显,将友善的道德、风俗等不成文的制度提

---

① 王少安:《试论大学制度文化建设的大爱精神理念》,《学校党建与思想教育》2008年第8期。

升到成文的规章甚至是法律的层面是有必要的。比如,青少年暴力事件等校园邪恶事件和人们肆意破坏生态环境的行为等亟待上升到法律的高度予以关注,社会生活中的道德冷漠现象有待上升到规章的层面加以引导。

第三,要有较强的执行力作为友善制度的支撑和保障。友善的制度不执行,就会成为天花乱坠的装饰品;友善的制度若不能公正地执行,反而会制造不平等和摩擦,诱发反社会行为。尤其在个体化特征凸显的社会现实中,身处陌生人周围,除了法律之外,普通人无所依靠,所以当法律和制度不健全,或法律、制度不能维护社会公平正义,个体无法找到其权利和尊严实现的途径,人们就会变得偏激,甚至出现仇恨和报复社会的事件。

第四,要建立配套的激励和惩处机制,调动内在动力。动机诱发行为,友善的制度要发挥作用,必须深入个体的微观心理层面。人们实施善行善言有三种动机:一是纯粹的人格追求,如"毫不利己专门利人";二是理性的功利主义,如"好人有好报";三是赤裸裸的功利主义,如"朋友就是互相利用"。这几种动机具有层次性,我们提倡第一种和第二种,至于第三种,从本质上讲不能算作真正的善。因此,在建立配套的激励和惩处机制时要注重正确的价值导向性。以往的研究中,人们常常强调施与和付出,有意或无意地忽视了对受助者的期待和要求,社会现实也常常出现"好人流血又流泪"、骗取同情等令人或扼腕叹息、或愤恨的现象,这些现象无不是对社会同情心的消费和亵渎,会削弱善言善行的动力,挤压着友善空间,导致人性的堕落。通过建立激励和惩处机制,能够有效保持友善价值观的动力,促进良性循环。

具体而言,发挥"友善价值德法互融——保障机制"的作用,需要在了解纵向三层次、横向三环节一文化的基础上,综合发挥以法治保障社会公德的培育和践行。

纵向制度方面,第一,在国家层面上将友善价值观融入法律和法规,主要指通过规范法律权利和义务的方式将其规定下来。如2017年3月15日通过的《中华人民共和国民法总则》的基本规定指出,"为了保护民事主体的合法权益,调整民事关系,维护社会和经济秩序,适应中国特色社会主义发展要求,弘扬社会主义核心价值观,根据宪法,制定本法"[1],涉

---

[1] 《中华人民共和国民法总则》,《人民日报》2017年3月19日第1版。

及关于见义勇为者受损害的民事责任规定、自愿实施紧急救助者的免责规定等具体制度。第二，在政党层面上将友善价值观融入党内法规和制度，主要指通过党章、条例等规定下来。2019年5月，中共中央印发了《中国共产党党员教育管理工作条例》，其中规定了"自觉遵守党的纪律，带头践行社会主义核心价值观，培养高尚道德情操"，"引导党员践行全心全意为人民服务的根本宗旨"[①]。有利于以当前为道德先锋，发挥示范引领作用。第三，在社会治理的各个领域，将友善价值观融入各项具体政策、制度和条例，涉及范围较广、具体政策较为多样、与人们生活更为密切。如浙江余姚的"道德银行"，存入道德，取出贷款；上海金山见义勇为奖励和保护制度等。

横向运行方面，第一，促进友善价值观相关规范的立法转化。如将见义勇为、志愿服务、孝老爱亲、保护生态等方面的规范转化为法律规范，做到有法可依。第二，在执法环节做好友善价值观示范引领。执法人员的行为和态度在社会中具有放大效应，当前一些不和谐因素中，不乏执法人员态度蛮横、手段粗暴的现象，给执法人员形象带来不良影响。要将良法与善治相结合，在执法环节呈现友善价值观的要求，赢得人心、发挥营造和谐社会的作用。第三，在司法环节体现惩恶扬善的功能。司法最能体现社会公正，要在司法审判、执行、宣传的过程中体现惩恶扬善，公平的价值彰显，发布与友善价值观相关的典型司法案件，让人们感受到"德福一致"的社会道德生态。第四，加强友善价值观法治文化建设以筑牢底线。思想决定行为，通过法治文化、法律服务，提升人们的法治观念，有助于营造培育友善价值观的浓厚氛围。通过相关案例的阐释和宣传、微视频等载体的传播、法律援助实践的拓展，培育人们法治意识，筑牢友善治理之网。

总之，友善价值观是一个集友善情感、友善文化知识、友善意志于一体的总和观念，其落脚点在于促进友善行为的实施。通过"友善文化教育——传递机制"使人们认知友善文化、进行道德判断；通过"友善情感激发——感染机制"激发人们的同情心；通过"伙伴精神塑造机制"引导人们树立一种互助共享的理念，将个人幸福与他人幸福相结合；通过"友

[①] 《中共中央印发〈中国共产党党员教育管理工作条例〉》，《人民日报》2019年5月22日第1版。

善行为回应——评价机制"促进施善者心理期待的满足和对社会风气的导向,激发人们再一次的善意善行;通过"友善价值德法互融——保障机制"织牢"好人有好报"的社会安全网,守护道德生态屏障。这五个机制各有其不同的地位和功能,在实际生活中要联合发力,以有效促进大学生友善价值观生成。

结　　语

> 人们天性有友爱的性情：他们彼此需要，彼此同情，为共同的利益而通力合作，由于他们都意识到这种情况，所以他们就有互相感激的心情。①
>
> ——［古希腊］苏格拉底

友善，作为一种美德，在人类发展的长河中缓缓流淌，贯穿始终，经由时间的打磨，在人类不同时期呈现出璀璨的光芒。一个缺乏友善的社会，就像一条干涸的河流、一片荒凉无情的沙漠；处于该社会中的个人，也不过像一条条岌岌可危的小鱼、一粒粒散沙。精神匮乏和道德失范的背后，是生存的危机。友善，看似最具生活性、普遍性的道德，有着悠久的历史和丰厚的文化底蕴。先哲们积极探索个人幸福获得的秘密和理想社会实现的路径，在不同时期均强调了友善的价值。我国有着以德治国的优良传统，光阴流转，友善在当代中国的价值更加显著。它不仅是社会主义和谐社会的内在要求，也是实现人民对于美好生活向往的重要路径。党的十八大以来，友善被提升到了社会主义核心价值观的高度，在全社会积极培育和践行，为社会提供了是非善恶的价值准则，是社会主义先进文化的集中体现。

当我在生活实践中和学术会议上谈论友善问题的时候，我常常会注意到人们略带疑惑的目光，似乎诉说着"那又怎样"，表达了一种无力感。对于这一问题，我的答复是："难道你们不希望自己生活在一个友善的环境中？难道你不会在经历了社会中的友善现象而感到温暖？难道你不愿自

---

① ［古希腊］色诺芬：《回忆苏格拉底》，吴永泉译，商务印书馆2009年版，第69页。

己被善待？记住，你是怎样，这个世界就怎样。"友善不是高深艰涩的哲学分支，而是现代生活的必需品，存在于人类生活实践的各个领域，促进友善的生成已然成为时代的呼吁。

在全社会培育和践行友善价值观是一个具有长期性、渐进性、复杂性、系统性的宏大工程，抓住主要群体和关键环节进行研究和突破，能够事半功倍。当代大学生友善价值观生成研究正是在全社会培育和践行友善价值观的重要突破口。大学生是祖国的栋梁之材和重要建设者，也是社会中的高素质人群，他们的道德能够作为一种酵母，在全社会发挥正面引导作用。而在大学生中培育和践行友善价值观，最重要的是关注大学生友善价值观生成这一关键环节。当代大学生友善价值观生成研究，既要直面现实，剖析问题、分析影响因素；又要深入理论，追溯渊源、洞悉生成过程；还要面向未来，探索路径、建构机制，聚焦破解"如何促进当代大学生友善价值观生成"这一重大现实问题。

友善是一个既古老又现代的问题。从历史上看，社会每每出现道德危机，学者们就对道德培育寄予厚望，但是又失望而归。不同的是，本研究以"生成"为切入点、主线和落脚点，在立足现实性的基础上，突出研究的创新性和深刻性。这是因为与培育不同，生成的主体是大学生，更加突出了大学生的主体性，强调了生成过程的复杂性，关注了友善价值观的内在机理。正是由于主体能动性发挥得不同，相同的信息源引发了主体不同的认知、情感、体验和行为。从生成的视角研究大学生友善价值观生成，更具根本性。此外，以"生成"为切入点研究大学生友善价值观生成，突破了伦理学中"应然""实然"的研究范式，更加关注友善价值观生成的内在机理，增强了力量感和实现的可能，更具操作性。

理论研究构成了学术研究的根基。在整个研究过程中，笔者注重系统研究法的运用，关注事物内部、事物之间的联系，解释逻辑关系，进行科学论证，以全面了解大学生个体友善价值观生成。本书通过对友善价值观的概念界定、内容和理念的论证，为大学生友善价值观生成提供了具有现实性的理论基础。接下来，对大学生友善价值观生成的过程和规律进行系统剖析，对促进大学生友善价值观生成的路径进行探索，建构促进大学生友善价值观生成的长效机制，以理论的优势探索解决现实中的问题。但是，由于理论研究能力有限，在理论研究中不免存在遗憾，如对于大学生友善价值观生成的内在机理研究尚不够透彻明晰。

实证研究最能体现研究的现实感和实在感。本书通过问卷调查法和深入访谈法，客观地描述了当代大学生友善价值观总体状况。并对不同群体大学生友善价值观的差异进行了比较，对当代大学生友善价值观生成的特征进行了分析，发现了现实存在的问题和可行的途径方法，提高了促进大学生友善价值观生成的科学性、实在性和针对性。在实证研究方面的遗憾，主要是关于当代大学生友善价值观生成过程的调查有待深入。生成具有过程性，最好通过长期的追踪调查进行研究。但由于现实条件所限，主要通过深入访谈和问卷调查来了解该过程，获取的资料具有一定局限性。

本书为相关研究拓展了新的切入点和思路，开拓了对大学生友善价值观生成的关注。同时，以上研究中存在的遗憾表明，本研究的思考是十分有限且不够深刻的。但这一憾事恰恰反映出了友善价值观研究存在的广阔探索空间，为笔者增强了研究后劲，也成为学术界一个有价值的缺憾。未来的研究，不能仅仅从培育的视角、静态的维度来研究。还要运用生成性思维，关注大学生主体性的发挥；运用动态分析法，关注友善价值观生成的内在机理，这是未来友善价值观问题研究的方向。

实践无止境，学习无止境，学术研究无止境。当代大学生友善价值观生成研究也需要不断直面新问题、分析新问题、解决新问题，在这种良性发展中不断提升大学生友善价值观层次，促进友善在全社会的生成。关于当代大学生友善价值观生成的研究在这里只是一个开端，"路漫漫其修远兮，吾将上下而求索"，笔者将以此自勉，继续在友善价值观生成领域不断求索！

附录1　当代大学生友善价值观生成状况调查问卷

问卷编号：_____

当代大学生友善价值观生成状况调查问卷

亲爱的同学，您好！

感谢您在百忙之中抽出时间填写这份问卷。友善是社会主义核心价值观之一，该问卷目的在于了解当代大学生友善价值观生成状况。本问卷采取不记名方式，所有数据仅用于统计研究，请您按照实际情况和真实想法放心作答，请您在相应的题号前或空格里画"√"。再次衷心感谢您对本次调查的大力支持！

一、背景资料

1. 您的性别：（1）男　（2）女
2. 您所在的高校（直接填写校名）：_____

学校	频次	百分比（%）
武汉大学		
华中科技大学		
华中师范大学		
武汉理工大学		
华中农业大学		

续表

学校	频次	百分比（%）
中国地质大学（武汉）		
湖北大学		
中南民族大学		
湖北工业大学		
武汉体育学院		
武汉商学院		
湖北生物科技职业学院		

3. 您所在的年级：（1）大一　（2）大二　（3）大三　（4）大四

4. 您所学专业属于的学科类型：（1）文史　（2）理工　（3）艺体　（4）农林　（5）医学　（6）财经　（7）其他

5. 您的政治面貌：（1）中共党员（含预备党员）　（2）共青团员　（3）民主党派　（4）群众

6. 您家的所在地：（1）村、镇　（2）县城　（3）城市（区）

二、本问卷想了解您对下列问题的真实想法，请根据真实想法在下面答案中进行选择

【说明】： 以下是对同学们在友善价值观生成中可能遇到的或思考的一些问题的陈述，请您逐一阅读，并在与您的看法基本一致的相应空格中画"√"。注意：请不要漏画选题。	不符合	较不符合	不确定	基本符合	非常符合
7. 我了解友善价值观的内涵					
8. 我认为友善价值观是每个大学生都应该具有的					
9. 我认为友善价值观的生成关键在个人自主建构、自觉践行					
10. 我信仰"德福一致"，即讲道德的人比较有福气					

附录1 当代大学生友善价值观生成状况调查问卷　229

续表

【说明】： 以下是对同学们在友善价值观生成中可能遇到的或思考的一些问题的陈述，请您逐一阅读，并在与您的看法基本一致的相应空格中画"√"。 注意：请不要漏画选题。	不符合	较不符合	不确定	基本符合	非常符合
11. 我认为友善和利益相对立，否则就是伪善					
12. 我认为有必要对当代大学生进行友善价值观教育					
13. 我觉得身边的人都很友善					
14. 我热爱生命和生活，并能够合理安排自己的生活					
15. 我曾因为小事向家人抱怨，对家人发脾气					
16. 我能主动关心陌生人的感受，并提供帮助					
17. 我经常主动联系父母，关心父母					
18. 朋友遇到困难时，我能够积极给予关心和帮助					
19. 看到年轻人不给老弱病残孕让座，我认为可以理解					
20. 我们学校开展了友善价值观教育活动					
21. 家人从小教育我要助人为乐					
22. 我认为公务员和行政部门常常以"规定"为由，冷漠地处理我的问题					
23. 我认为贫富差距大，易导致心态失衡，戾气严重，人也较为冷漠					

续表

【说明】： 　　以下是对同学们在友善价值观生成中可能遇到的或思考的一些问题的陈述，请您逐一阅读，并在与您的看法基本一致的相应空格中画"√"。 注意：请不要漏画选题。	不符合	较不符合	不确定	基本符合	非常符合
24. 我认为当前社会中有一些人为了炒作、获利而行善					
25. 我被道德绑架过，即在违背意愿的情况下履行了道德行为					
26. 我认为当前社会风气不适合"多管闲事"					
27. 我认为当前网络暴力、语言暴力比较严重					
28. 我认为当前媒体的报道有一定的误导作用，消解社会正能量					
29. 看到有人被偷窃，我能够当场提醒被偷的人					
30. 看到女司机多次违章变道被暴打的报道，我觉得可以理解打人者					
31. 我在公交车上会主动给老弱病残孕让座					
32. 室友常常各忙各的，交流较少					
33. 我被室友或同学孤立过、攻击过					
34. 我和室友或同学一起孤立、攻击过别人					
35. 我和大学老师的关系较为疏远，交流很少					
36. 我通过网络发表过攻击他人的言论					

续表

【说明】： 以下是对同学们在友善价值观生成中可能遇到的或思考的一些问题的陈述，请您逐一阅读，并在与您的看法基本一致的相应空格中画"√"。 注意：请不要漏画选题。	不符合	较不符合	不确定	基本符合	非常符合
37. 我会向善待我、帮助我的人报以回应、感恩甚至回馈					
38. 我认为友善需要对他人好言相待，注意言辞					
39. 扶老人反被讹，受助人避而不见施助者等报道使我不想管太多					
40. 媒体对"女大学生失联"的报道让我对陌生人产生戒备甚至恐惧					
41. 父母教育我不要轻信陌生人，不要和陌生人讲话					
42. 我觉得在当前社会下依然要大力弘扬雷锋精神					
43. 我更倾向于关心和帮助弱者，而非强者					
44. 我在任何情况下都不会改变对友善的坚持					
45. 公交车上，我不愿意和穿着邋遢、脏兮兮的人坐在一起					
46. 社区风气、村风民风在善待他人、为他人服务方面对我有影响					
47. 和陌生人相比，我更倾向于帮助家人、亲友、同学					
48. 我心情好的时候比心情糟的时候更乐于助人					

49. 您认为下列哪些属于友善价值观的内容（可多选）_____
（1）善待自我

(2) 推己及人、助人为乐

(3) 见义勇为

(4) 礼貌、善言

(5) 保护环境、善待动物

(6) 回应、感恩

50. 您是通过哪些途径了解友善价值观的（可多选）_____

(1) 课堂教育（党课、公共课）

(2) 校园文化宣传

(3) 同学、朋友

(4) 家人

(5) 政府宣传（横幅、墙画等）

(6) 新闻媒体（网络、电视、报刊）

(7) 其他

51. 您的学校开展了哪些宣传与培育友善价值观的活动（可多选）_____

(1) 课堂教育

(2) 校园文化宣传

(3) 公益慈善活动

(4) 学习宣传榜样

(5) 从来没有

(6) 其他

52. 遇到老人跌倒，您会怎么做（单选）_____

(1) 主动上前扶起

(2) 找好证据再帮忙

(3) 走开，怕惹麻烦

(4) 视情况而定

53. 您怎么看待孤立同学、讲他人闲话、语言攻击等行为（单选）_____

(1) 不对，不参与，愿意为受欺负的同学出头

(2) 不对，不参与，也不会出头

(3) 可以理解，但不会参与这种行为

(4) 可以理解，必要时也会参与

54. 假如您身边有位同学有传染病或精神疾病，您对他的态度是（单

选)_____

(1) 关心和安慰

(2) 关心,但悄悄防备

(3) 默默远离和防备

(4) 自己远离,同时告诉其他人,以防止伤害

(5) 在背后议论和嘲笑

55. 您做过以下哪些行为(可多选)_____

(1) 采摘花草、踩踏草坪

(2) 食用野味或伤害小动物

(3) 丢垃圾时不分类

(4) 浪费水资源

(5) 为方便,使用一次性塑料制品

(6) 随地吐痰

(7) 都没有

56. 促使您对他人友善、实施帮助的主要原因有哪些(限选3项,并按重要性从高到低在"_____"排序,注意请不要多选或少选)_____

(1) 对方对我有用

(2) 友善待人使我快乐

(3) 我当时心情好

(4) 他人友善行为的感染

(5) 同情他的遭遇

(6) 对方对我友善在先

(7) 天性善良,没想太多

(8) 对对方印象好

(9) 完成学校规定的志愿服务时间

57. 阻碍您对他人友善、实施帮助的主要原因有哪些(限选3项,并按重要性从高到低在"_____"排序,注意请不要多选或少选)_____

(1) 父母叮嘱我少管闲事

(2) 这是社会制度问题,我没有责任

(3) 我不知道该怎么做

(4) 我不知道他的遭遇是真是假

（5）我心情不好

（6）距离对方较远，关心不到

（7）以前有不愉快的助人经历

（8）好人利益得不到保障，助人风险大

（9）别人都不管，我不想出头

58. 您认为造成有些大学生友善价值观缺失的原因有哪些（限选 3 项，并按重要性从高到低在"＿＿＿＿"排序，注意请不要多选或少选）＿＿＿＿

（1）拜金主义思想影响，人情冷漠

（2）竞争意识的冲击

（3）极端个人主义影响，不关心他人和社会

（4）重知轻德的成才观

（5）网络的匿名性导致邪恶泛起

（6）社会信任危机

（7）保障好人利益的制度、法律缺失

（8）媒体不良报道的消极作用

（9）家境、学业等差距导致心态失衡

59. 当您善待、帮助他人，为他人牺牲自身利益时，您期待对方（可多选）＿＿＿＿

（1）给予回应，如微笑、点头

（2）表达感恩之情

（3）给予利益补偿或回馈

（4）传递友善和温暖

（5）诚实守信

（6）对对方没有任何要求

60. 您认为应该从哪些内容促进大学生友善价值观的生成（可多选）＿＿＿＿

（1）社会责任感

（2）理想信念

（3）成才观念

（4）环保意识

（5）文明用语、礼仪规范

（6）其他

61. 下列促进友善价值观生成的方式中，您最喜欢哪些（可多选）_____

（1）自我总结和反思

（2）课堂理论学习

（3）公益实践活动

（4）读书

（5）学习先进典型

（6）网络、媒体的道德情境体悟

62. 您希望高校从哪些方面促进大学生生成友善价值观（可多选）_____

（1）学校行政部门向服务职能转变

（2）就相关热点问题，通过媒体、网络互动和引导

（3）教学评价方式更重视实践

（4）党员干部示范引领

（5）校园文化活动熏陶

（6）收看相关电视节目和电影

（7）在公益实践中锻炼和体悟

（8）课堂教育引导

（9）其他

63. 您希望当前社会从哪些方面促进大学生生成友善价值观（可多选）_____

（1）营造良好的社会氛围

（2）加强社会友善文化教育和熏陶

（3）注重媒体的正面报道

（4）构建维护社会好人利益的保障机制

（5）改变衙门式政府，建立服务型政府

（6）打击网络暴力，加强主流思想引领

（7）其他

感谢您的支持与合作！

附录2　当代大学生友善价值观生成研究访谈提纲

当代大学生友善价值观生成研究访谈提纲

您的性别：　　学校：　　　专业：　　　　年级：
生源地：村镇　　　县城　　　城市（区）　　政治面貌：

1. 您了解友善价值观吗？您认为友善价值观包括哪些内容？您是从哪些渠道知道友善价值观的？

2. 您怎么看当代大学生友善价值观现状？您认为有必要促进大学生友善价值观的生成吗？目前，您的学校从哪些方面进行友善价值观教育？您希望学校和思想政治教育者从哪些方面促进大学生友善价值观的生成？

3. 您怎么看待扶摔倒的老人反被讹，受助人避而不见、拒绝帮助施助者等事件？这些报道对您有什么影响？假如需要以个人利益为代价，您会主动帮助陌生人吗？能否举一个您亲身经历的助人事件？

4. 你们寝室室友的关系如何？您或您身边有同学被孤立过、语言伤害过或攻击伤害过吗？您孤立、言语伤害或攻击伤害过别人吗？您怎么看待这些行为？遇到这种事您会怎么做？

5. 您认为哪些因素促进了您友善价值观的生成？哪些因素阻碍了您友善价值观的生成？

附录3 当代大学生友善价值观生成研究的质性访谈示例

当代大学生友善价值观生成研究质性访谈的文本整理（一）

您的性别　男　　　专业　　　年级　　　大三
生源地　　政治面貌　群众　　身份　　普通学生

1. 您了解友善价值观吗？您是从哪些渠道知道友善价值观的？您认为友善价值观包括哪些内涵？是否包括受助人的回应或感恩？

（1）没有了解。

（2）主要是自己对别人的友善，不能强求别人对自己友善。

（3）期待还是有的，如果每个人都是想着友善待人，会实现。

2. 您对当前社会风气满意吗？您认为当前社会友善价值观培育和践行情况如何？

（1）不满意。

（2）个人方面看，还是可以的，身边的人知道要友善对待别人。一旦遇到某些和自己无关的事情，不需要负责任的事情，就不会那么友善。

3. 您怎么看当代大学生友善价值观现状？您认为有必要促进大学生友善价值观的生成吗？您的学校有进行友善价值观教育吗？

（1）他们可能和我一样，没有一个确切的友善价值观定义，能做到友善对待别人。

（2）还是有的。正面待人的时候会友善，背后的话不一定。因为每个人都有自己的心思，有些事情不好当面说出来。

附录3　当代大学生友善价值观生成研究的质性访谈示例

（3）学校没有。辅导员曾经给我们看过知礼、懂礼、讲理的教育视频。讲的懂，但是做的时候还是会忘记。主要是没有形成习惯。还有就是如果本身对这个人有些抵触，那就不能友善对待他。

4. 您和家人关系如何？您会主动关心家人吗？您和朋友的关系如何？假如朋友没有求助，您会主动关心他吗？

（1）以前每周打一次电话，现在比较少，主要因为时间紧张，学习太忙。

（2）大学的还挺好，高中的也在寒暑假才联系。

（3）首先要与我利益无关，不需要我放弃什么东西的话，只要他跟我说，我就会去办；如果他不说的话，就要看和我关系有多好了。如果是家人，具体要看我需要放弃什么利益。如果是损害我的东西，我就不会去做。底线就是我做的事情不能违反道德。如果朋友需要你输血，经济方面可以，需要器官移植的话难以接受。家人可能会同意，但也会做思想斗争。

5. 您怎么看待"彭宇案"，"女大学生失联"，受助人拒绝帮助歌手丛飞，陈光标的高调慈善等报道？您会对陌生人友善，主动帮助陌生人吗？假如需要以个人利益为代价呢，您还会帮助他人吗？

（1）我觉得行为的话，丛飞这个案例中他自己帮助人的时候，也没想过有一天需要这些人帮他吧，我会觉得比较伤心。我曾经资助过的人和我见个面还是可以的。陈光标这个案例，他总是在变相炫富。以前读过一本书，说他是犬儒主义，感觉书中分析的有道理，所以我也差不多挺认可这种观点。

媒体自己本身有舆论导向，他们报道这些东西，能发起人的反思。但我不太相信媒体，他的报道用了为了吸引眼球的词汇，那些词并不能反映事情究竟是什么样子的。如"女大学生"四个词一出现就会让人想起不好的东西。

（2）陌生人一般的求助还是会帮。但毕竟是陌生人，会谨慎些。比如让我带他去哪个地方，我一般还是不会去。具体说来，借钱什么的还是不会借，不会帮。

（3）我的做法和家人、老师的教育一致。主要是我被骗过之后有这样的意识。曾经在火车站被人骗走500块。当时我觉得每个人都是友善的，我找那个人问路，他说自己是工作人员。我从北京去云南，赶上南方下雨，火车大部分已经停运了。他说你这个火车可能也不会走了。他就说让我去一个地方。当时我刚到北京西，根本不认识路，他让我再交一部分票钱，说他可以帮我办。我就相信了他。把我安排到爱心通道，那人也很多，10分钟后他就走了。他拉着我在站外转了一圈，把我转晕。那时也小，大一暑假，17岁。

最后，还是找警察、工作人员才得以解决。以后，对问路之类的事很反感，能够自己完成或找工作人员完成的事情，不会再找陌生人，对陌生人反感。当时很生气，心想我还去云南干什么，我只想回家。之前问别人问题也没出问题，在北京西第一次被骗。感觉以前不信爸妈说的话，后来觉得还是要信。

家人交待我，陌生人的话，只要是要你钱的就不要信，但自己不怎么听，那件事之前感觉他们对社会的看法过于阴暗，总是觉得到处是黑幕。因为以前有次和学校社团的人旅游，我妈非说他是骗人的，我去了，没出任何问题，这件事给我一个良好的导向，让我误以为陌生人可以相信，爸妈是错的。

所以，只有自己亲身经历的，才能相信。

辅导员晚点名时会谈到要注意安全，不要轻易相信陌生人，也是例行公事说一说，但学生基本也没听。普通上课老师不会说这些。

6. 你们寝室室友的关系如何？您和老师的关系如何？您被同学孤立过、讲过闲话或攻击伤害过吗？您在生活和网络中，孤立或攻击伤害过别人吗？您怎么看待这些行为？

（1）和一个室友不怎么好，但也没有特别差。开玩笑也行，主要是一开学有成见，不容易消除。主要是他不会说话，他以为自己在开玩笑，但他的语气不像开玩笑，用很正式的语气在跟你开玩笑。第一个就是，刚开学有入学考试，考英语和计算机，我说我英语非常差，他说了一句"只要比你好就好了"，这种说话方式，不好。第二个就是，大一军训时，我计划出国看日全食，当作自己的梦想，他回答我时就仅仅"呵呵呵"，感觉他不尊重我的梦想。但我们寝室的人也并没有因此孤立他、不理他。

（2）大学老师基本上不认识我，问过几个问题，但他们都不认识我，因为交流比较少。辅导员倒是认识我，还好，每次见面也会问一些关于我的东西。

（3）高中的时候住校，一个同桌不能独立生活，生了病不去看病，对他第一感觉，夏天的时候，坐我右边，他鼻塞，只能用嘴呼吸，毕竟在生病，他吹气都吹到我身上，感觉很不好，有点恶心。跟他说，他也总找理由推托，不改。他的生活习惯也非常不好，几乎全班都不能忍受，首先，可能以前在家里有他爸妈管他，现在脏衣服不会换。也不怎么洗澡，脚都不洗。幸好他不是我室友。最严重的一次，他的鞋面都烂了，苍蝇都在往上落。全班八排，他坐在第二排，前五排都能闻到他身上的味道，没有人跟他说，因为大家都不想和他说话，最后还是我跟他说的，有同学说："你去跟他说，让他把鞋扔了，我给他找鞋穿"。后来我和他关系就崩了，同桌之间隔了很大的空。老师也知道这个事情，可能因为本身他身体构造、发育和正常人不一样，他比较瘦弱，手无缚鸡之力。我觉得他身体不健康，但看起来还好。不过没有人想做他的同桌。老师讲他，他改不了，他母亲对他关心过多，导致他无法再独立了。

（4）初二时，几个好朋友孤立我。后来我反思了。3—4个同学去一个同学家玩，有一天我也去了，加上我可能人有点多，他妈就不让我们去了。我以为是有个同学，也是他亲戚，说脏话，不让去了。后来我想，可能是因为人太多了，不让我们去了。也可能是打游戏时，我经常扮演一个说丧气话的人，他们就不跟我玩了。

（5）我被孤立的时候，要想想自己哪里做得不好。大家不可能因为你的优点孤立你。我能理解孤立这种事情，也是因为我高中孤立过别人的。我孤立他也实在是因为他不能融入我们的群体，如果他连自己都收拾不好，别人很难正常沟通交流。我觉得一般孤立，都建立在被孤立的人有自己做得不对的地方。

如果孤立人的事情发生在我身边，我会指出。但如果我是第三方，我不了解发生过程，基本不会管。

7. 您认为哪些因素促进了大学生友善价值观的生成？哪些因素阻碍了大学生友善价值观的生成？

（1）读书、父母教育潜移默化影响促进我对别人友善。他们的教育让我觉得你帮助别人是正常的。如果能帮，没帮，心里会过意不去。内心不安来自自己内心的道德观念。如果身边的人都乐于助人，你也会被感染，加入他们。从众心理，如果别人不管，你去管，就会显得有点特别，突出了你。主要倾向于同学对我的影响。

举例帮助别人的经历，事情都很小，高中时，去外婆家，骑自行车去，那边在修路，有绿化带，要将车搬过去。当时一块的有一个老太太，因为身体原因过不去，我把她拉上来，还帮她把自行车搬上去，她请我回家吃饭，我没去，因为要去外婆家。但感觉帮别人很开心，没想到她会请我吃饭，我觉得这个事情很正常。

（2）比如，发生了一个事，同学没帮，你虽然想去帮，但也不会去做，不然，有点和他们不一样。再一个，新闻报道看多了，如果老太太倒了去扶，会有些想法，怕被讹。

8. 您希望学校和思想政治教育者从哪些方面促进大学生友善价值观的生成？

（1）希望学校多提供一些志愿服务。学校定了 60 小时的志愿服务，提供一些志愿项目，如周末去敬老院、培智学校。但我都没参加。学校规定的服务时间我还没完成。报名太繁琐了，每次只能去几个人，去的人少，虽然每周都有，上午去，下午回来，志愿时间只给 2—3 小时，不满 60 小时不能毕业，但上午去，下午才能回，只给 3 小时，感觉干一天，不划算。可能到高年级了能完成，因为以后的时间多了，学校也会照顾高年级学生，多提供点机会。

（2）促进友善观念的加强的途径。应试的话，基本没人可以做了。我比较喜欢志愿服务，评价的时候增加一下实际行动占比，多给一些实践分。

9. 您觉得当前媒体和网络是否能够传递正能量？您希望当前社会在哪些方面促进学生生成友善价值观？

（1）现在在媒体和网络看到的负能量多。而且现在不写负能量，也吸引不起那些人的关注。

（2）希望社会部门能更友善。比如办身份证，必须把我的身份证收回去，还不给我办临时身份证。办一个身份证为什么还要把原身份证交上去，不理解。感觉有些不人性化。

总感觉现在价值观方面导向，为什么一代代大学生选择学金融。一旦向钱、利益看，很容易出现钩心斗角的事情，很难做到友善。

10. 您怎么理解"雷锋精神"？您认为在当前社会下有没有必要弘扬雷锋精神？如何弘扬雷锋精神？

（1）内涵是奉献、不求回报，或者是，他奉献的时候没有想过要什么回报，单纯地为了奉献而奉献。

（2）当前有必要弘扬，毕竟我们是社会主义，每个人都要奉献。到共产主义，每个人都要奉献。而且感觉你奉献、别人也奉献，实际上你也收获了。

（3）但每个人都有自己的想法，就像你说的，有的人认为它过时了。我不会为了弘扬雷锋精神，索取回报而做好事。

11. 社区的环境风气怎么样？

我们社区基本都是老师，整体环境挺好，对我还是有影响，不过我上的寄宿学校，回家也不多。

当代大学生友善价值观生成研究质性访谈的文本整理（二）

您的性别　女　　专业　　　年级　大四
生源地　　政治面貌　共青团员　身份　学生干部

1. 您了解友善价值观吗？您是从哪些渠道知道友善价值观的？您认为友善价值观包括哪些内涵？是否包括受助人的回应或感恩？

（1）最近没听过这个词。如果要说我的理解，包括为人，对人是否友善。

（2）了解的渠道的话，其实很多地方都有这种横幅。或者有需要的时候了解些相关新闻，比如之前为了入党，会有一些入党答辩，入党积极分子结课考试会看一下。平时可能看新闻多一点。

（3）内涵简单地说，一方面对亲朋好友是否友善。再一个对陌生人，有需要时是否会帮助，伸出援手。弱势群体，看到就会帮忙，尽管对方没有明确提出需求。之前看新闻比较多，如拾荒的老奶奶、残疾人卖艺、搬砖等关注比较多，甚至主动提出帮助。最近看到一个新闻，女大学生，入学新生，撞到别人的车，她没逃走，而是在等别人，车主没有要赔偿，反而资助她四年的学费。

（4）对方的回应、回报可能包括在友善内涵中，因为不管做什么都是相互的。我可以给你帮助，但不能过分索求。我给你的，是我想给你的，当有一天我给不了了，你不能来埋怨我。因为很多新闻，如资助人家上大学，可能后面自己家里出了点什么事情，没有能力资助了，有的人可能会反过来说你不资助我，我会过不下去了。回应和感恩是作为一个人基本的道德，稍微有一点良知的人都会知道要给别人回应和感恩。

2. 您对当前社会风气满意吗？您认为当前社会友善价值观培育和践行情况如何？

（1）就我看到的，我觉得还行。但是网络出现各种新闻，我也不好作评价。网上新闻个人主观的情绪很明显，现在网络发达，稍微用词不同，可能会有两种不同的感觉。现在媒体流行什么、或者观众喜欢看什么，他就写什么，有些媒体很标题党，如网易新闻。不谈网络，就谈我自己感受，我觉得还是很友善。不局限中国同胞，我在地铁上一路站了很久，两个黑人拍拍我，告诉我有空座位，我感觉很吃惊，有点反差萌。可能国外绅士教育好。

3. 您怎么看当代大学生友善价值观现状？您认为有必要促进大学生友善价值观的生成吗？您的学校有进行友善价值观教育吗？

（1）幼儿园和小学教育比较好，我平时接触小孩子多，蛮乖的，也知道什么事情是对的，什么事情是错的。但是成人不好讲，特别好的人有，品德不是很好的人也有。大学生的友善价值观其实和之前的经历有关，之前实习的时候和专科生在一个学校，他们讲话一直在反讽自己很差，不如你们，让人很不舒服。她们一直把自己说的很低，把我们说的很高。还有一个是大家都住在一个寝室，但只有一个洗澡间，我们一般都是排队洗，之前也听学姐说过因为洗澡的问题吵架。因为本来实习完都很累了，排队洗澡，但发现有人在里面洗衣服，跟她们提过"麻烦出来洗衣服"，但她们也不在乎，后来就吵起来了。因为热水是很少的，等很久才能烧出来。实习下来感觉我和他们是两拨人，没有什么交流。也可能不是她们的问题，我们自己可能也有点问题。

（2）大一到现在还是有区别。大学三年多，接触的环境、阅历都在增长，对是非都有自己的判断。现在说很多人很冷漠之类的，我觉得需要培养，但有些人认为，我就认为这样做是对的，你也不能怎么样，毕竟大家都是一个比较成熟的个体了。大一看到辛苦、可怜的人，比较想去帮助人家，对某件事和人带有自己的主观色彩。比如看到乞讨的人，反正就一块钱，就给；现在会判断，看这个钱值不值得给，如老年人，没有劳动力的，或身边的人可以帮助。但比如对青年，哪怕有一点点残疾的，有自己一定能力去赚钱的，我也不会去帮助。

（3）我们学校专门的友善价值观教育没有，可能就是老师讲一些新闻的时候会提到。

4. 您和家人关系如何？您会主动关心家人吗？您和朋友的关系如何？假如朋友没有求助，您会主动关心他吗？

（1）和家人关系挺好的。会主动关心父母。

（2）以前的朋友，放假出来玩一玩、见个面聊一聊。平时偶尔闲聊下。

（3）先帮家人，再是朋友、同学、陌生人。有一个关系远近的问题。

5. 您怎么看待"彭宇案"，"女大学生失联"，受助人拒绝帮助歌手丛飞，陈光标的高调慈善等报道？您会对陌生人友善，主动帮助陌生人吗？假如需要以个人利益为代价呢，您还会帮助他人吗？

（1）我觉得该扶还是要扶。就彭宇自己来讲，自己犯错不应该隐瞒。看新闻，起码的歉意要表达。"女大学生失联"报道，提醒我们自我防范意识还是要有，一个成年男性来找你帮忙，我一个女生没什么能帮的，解决不了的，你不如直接找警察。

（2）面对陌生人先看对方什么样，女生对小孩子防范很低的，现场可以立马解决的可以帮忙，但如果要我带他去哪，我解决不了的，会说你不如找警察。

（3）丛飞的经历让人心蛮凉的。一念之间，有时候会想很多问题，他会不会来碰瓷、勒索一些东西。会想很多，因为我之前碰到这种事情很多。我妹妹看到一个小孩子在哭，我想到点了，家人就来接了，那边也有店铺，让店长看一下没关系的。我觉得家长会来接，问他号码也不记得，但妹妹就要在那等。后来家长来了，也没说句谢谢，我心里没什么，但我不知道妹妹会不会有想法。我感觉孩子的爷爷应该说句谢谢，但你不说也无所谓。

对陌生人提供帮助会考虑具体情况。借钱打车不存在了，成年男性不会理，小朋友和老阿姨，被骗了也无所谓。倾向于帮助弱者，即使被骗也无所谓。其实你看他整个人给你的形象，你要信任他。如凶神恶煞的人，你会怕。

6. 你们寝室室友的关系如何？您和老师的关系如何？您被同学孤立过、讲过闲话或攻击伤害过吗？您在生活和网络中，孤立或攻击伤害过别人吗？您怎么看待这些行为？

（1）挺好。

（2）孤立、攻击没有，讲闲话在初中、高中时有。别人讲我也无所谓，但朋友讲就会生气。讲的话不符合事实，歪曲，就会很难受。我从小到大，相处氛围蛮好。和大家不会太熟，也不会孤立。

（3）我觉得出现孤立这种事情，肯定对方有让人不满意的问题。如果是地域差异可以去慢慢适应他。不用在背后讲别人缺点，很和善地提一般都会改。

有一个寝室，1个汉族，3个少数民族，后来文化差异的原因吧，有点融不进去，小事引起了矛盾，后来大到不能容忍的地步。我还是看具体事情，刚开始会提醒他改改，如果人多，劝他从群体中出去，毕竟人多，这种观念改变不了。但替她出头，可能会犹豫，因为如果我不了解这个事情，可能不会做啊。一个处理不好，双方可能都会对我有意见。

7. 您认为哪些因素促进了大学生友善价值观的生成？哪些因素阻碍了大学生友善价值观的生成？

（1）首先是家庭教育。爸妈为人和善，我也没法做很尖锐的人，看他们对人，对自己有影响。我从小没看到他们跟别人吵架，朋友有困难也会帮。老师间接的教育，经常讲这些事情。初中、高中班会课，老师讲很多道理。大学，接触的人多了，个人经历很重要。教训可能不太记得住。别人帮你，蛮温暖，一个人出门在外，可能一点小事情都会让人很崩溃。别人给一点小帮助，就会感觉不一样。看到的时候能帮忙，就帮了，别人的一句"谢谢"就心里蛮舒服的。大学也会有旁边人的影响，初中、高中可能接触同班同学多一些，大学比较开放，接触的人特别多，近的说，室友影响大一些，大学里的陌生同学，出了学校的那些人，兼职碰到的老板人也蛮好的。学校教育也蛮多的，我们学校整体学生都蛮好的。

（2）自己吃过的亏。网上那些报道，导向性太强的报道。

8. 您希望学校和思想政治教育者从哪些方面促进大学生友善价值观的生成？

（1）每个院社团，公益性质的组织。学院规定了每个学年的志愿服务时间，大一20个小时，大二15个小时，大三10个小时。评优评先肯定需要，一定程度上促进友善。参与面挺广的。还有一些学校性的活动，你只要想参加，活动还挺多。参与这些活动，使我对待残疾人的态度变化，以前觉得肢体残疾才是残疾，现在觉得自闭症也是。以前觉得自闭症儿童很吵，因为不了解，认为他们破坏公共秩序；现在接触到了，认为一种行为背后是有原因的，不会轻易下结论。

（2）希望学校有交流的平台，可以分享经历。毕竟每个人碰到的事情都不一样，大家可以分享一下。

9. 您觉得当前媒体和网络是否能够传递正能量？您希望当前社会在哪些方面促进学生生成友善价值观？

（1）正能量有，负能量也有。

（2）积极弘扬友善价值观。小孩子很好教育，成人的本性已定型，如果没有特别大的事情和感触，不会改。能改的早就改过来了。

10. 您怎么理解"雷锋精神"？您认为在当前社会下有没有必要弘扬雷锋精神？如何弘扬雷锋精神？

（1）舍己为人、助人为乐。

（2）我觉得雷锋好早啊。对于学生，还是有必要提一下。这个榜样太早了。当时的人和雷锋在一个时代。我们觉得离我们太远了。需要我们身边的，看到他做的事情，而雷锋就是课本里讲，听说的。

（3）我觉得在社团里，他们都特别有激情。有一些社团特别喜欢做公益事业，社员的带动。我在这个社团待了一年，我们主要是和孩子通信，和孩子们接触得多一点。对象是高中生。同学们一起资助的孩子，社里每个月给200元，或一个班资助一个学生，每个人可能只有1块钱左右。我们一般是通过支教、走访寻找受助者。我们还是要反馈，再看要不要继续资助。比如有一个孩子，他是艺术生，他家人让他学钢琴，我们讨论，认为如果能学钢琴，可能觉得应该还负担得起生活费。

附录4　论当前社会友善价值观的培育机制

摘　要：友善是社会主义核心价值观的重要组成部分，是社会主义价值体系生活化、大众化的重要体现，小康社会的全面建成离不开友善的社会氛围。当前中国在迈向现代化的进程中逐渐呈现出个体化的特征，这使得友善价值观的培育需要以同情心和共情能力的提升为立足点，以友善文化的传承为载体，以个人利益与社会利益的和谐为落脚点，从内在动力和外在保障两个方面着力构建友善情感激发—感染机制、友善文化教育—传递机制、伙伴精神塑造机制和友善行为回应—评价机制，以促进友善的回归和社会的和谐。

关键词：友善价值观；培育；机制

友善指人们"能够以尊重和宽容之心对待其他的社会成员，能够在促进、实现自我权利的同时关照他人的权利"[1]。友善是社会主义核心价值观在个人层面的基本要求，是社会主义价值体系生活化、大众化的重要体现，小康社会的全面建成离不开友善的社会氛围。改革开放数十年来，我国市场经济体制日益成熟，政治体制不断革新，国际话语权日益提升，整个社会总体呈现良好的发展态势。但是，在迈向现代化的进程中也逐渐呈现出个体化的特征：一面是个体性和主体性的日益增强，另一面却是人际关系的日益疏离。倡导友善，可以消除人与人之间的隔膜、冷漠、欺诈、报复等不良心态，引导人们和平共处。培育友善价值观是个长期的系统工程，必须建构长效机制以推动其顺利进行。

---

[1] 李建华：《友善何以成为一种价值观》，《伦理学研究》2013年第2期。

一 当前社会个体化特征的凸显及其影响

随着经济的发展，我国社会日益迈进现代化，城市规模日益扩大，发展速度日益提升，人们的生活质量得到极大改善，个人的自主选择与活动空间得到巨大拓展，但这并不意味着社会的和谐程度在提高。相反，伴随着个体自由度增强的同时，却是社会的个体化特征凸显。个体化是德国社会学家贝克和英国社会学家鲍曼、吉登斯等提出的一个概念，对于贝克、鲍曼和吉登斯而言，个体化是指个体从旧有的社会性羁绊中"脱嵌"（或者说抽离）出来的过程，这些社会性羁绊包括一般意义上的文化传统和那些界定个体身份的社会范畴，如家庭、亲属关系、社群和阶级等。"简而言之，'个体化'在于，把人的'身份'从'既定的东西'转变成一项'责任'，要求行动者承担执行这项任务的责任，并对其行为的后果（包括副作用）负责。"①

在中国，社会个体化有其生成的普遍原因和特定背景。从我国社会发展进程来看，随着单位制的解体，传统的以单位为主的注定的、标准化的人生变成了选择性的人生，人生充满着种种抉择和不确定性，所以它又总是一种风险人生，人们脱离了家庭和单位的束缚，但却越发受到无法驾驭或忽略的境遇的压抑。从个体的成长过程看，个体经历了"母体脐带"—"家庭脐带"—"社会脐带"—"个体自由与独立"四个阶段。个体首先从原始纽带中脱离出来，但是由于此时其功能的不完整，所以还必须依赖家庭带来安全感、归属感、根基感，学习社会生活所需的知识和技能，通过教育进行个体的社会化。"一旦个体化全部完成，个体从这些始发纽带中解放出来，他又面临着新的任务：他必须自我定位，在这个世界上扎下根，寻找不同于其前个体存在状态所具有的更安全的保护方式。"② 在这个过程中，个体依照角色规定扮演自己的角色，追求各自的自由与权益，为自己负责。个体化社会进程中，人们有了更多的选择和自由，但也更加缺

---

① ［德］乌尔里希·贝克、伊丽莎白·贝克－恩格斯海姆：《个体化》，李荣山等译，北京大学出版社2011年版，第22页。
② ［美］艾里希·弗洛姆：《逃避自由》，刘林海译，上海译文出版社2015年版，第16页。

乏安全感和怡然自得。人们徘徊在自由与孤独带来的二律背反中，成为矛盾性的存在。

个体化社会具有自己的典型特征，这些特征在某种意义上成为消解友善的力量。第一，个体化社会充满竞争，适者生存的丛林法则支配着人们的行为。在个体化的社会生活中，人人都必须对自己的人生负责。社会资源的有限性与人类欲望的无限性之间的矛盾加大了竞争的激烈性。竞争虽有助于激发主体的进取心、增强社会活力，但过分强调竞争就会排斥合作、拒绝帮助、带来道德冷漠。第二，个体化社会要求人们必须遵守规则，但规则、规定有时却成为人们放弃道德良心、道德义务的挡箭牌。在个体化社会中，人们成为社会大机器中的一个"齿轮"，每个人都有明确的位置和应遵守的相应规则，这种规则意识有利于造就良好的秩序，但一旦用规则取代了道德责任，"职责所在"就使得"仁至义尽"具有明确的正当性，社会冷漠也变得不足为奇。第三，个体化社会是一种陌生人社会和远距离社会，陌生人之间的不信任和远距离成为人们冷漠的恰当借口。"和受害者在身体上与心理上的距离越远，就越容易变得残酷。"[①] 在个体化社会中，人类活动范围更大，物理距离愈加遥远，同时人们纷纷退隐到自己的私人空间里，人与人之间的异质性加大，交往变得陌生。距离的遥远和陌生人之间的不信任，形成了友善盲视和冷漠的合理借口。

二　当前社会友善价值观培育机制建构的着力点

个体化社会突出的风险性和不确定性无形中放大了个人的孱弱性和无能为力感，人们在生活中渴望着他人的友善与信任。友善是基本的道德行为规范，友善价值观与社会现实需要有强烈的耦合关系。在微观层面上，友善是调节阀，能促进个体的身心健康和持续幸福；在中观层面上，友善是黏合剂，能增强社会凝聚力；在宏观层面上，友善是缓冲带，能减少矛

---

① [英]齐格蒙特·鲍曼：《现代性与大屠杀》，杨渝东、史建华译，译林出版社2002年版，第204页。

盾和摩擦，促进和谐中国建设。友善行为的实施有多重动力，如情感、理性、物质和精神利益等，每种动力所产生的效果都有所不同。面对当前人们之间的友善弱化、人际关系浅表化等现象，把握友善价值观培育机制建构的着力点，倡导友善，成了当务之急。

1. 培养人们的同情心和共情能力是培育友善价值观的立足点

友善是一种道德情感，这种情感作为一种心理定式和倾向，能推动人们产生利他行为。舍勒说："人在具有思想或意图之前，首先是人本身"，"人类正是用爱与恨交织而成的网来捕捉世界，而后（正如叔本华常常说的）又以意志控制世界，并对其进行表征"。① 可见，与理性相比，友善情感具有先在性，是培育友善价值观的重要前提。具体说来，这种关于友善的情感包括同情心和共情能力两个方面。"同情是个体所具有的易于、愿意并能够对他者处境、遭遇或情感状态产生同感的心理状态或态度倾向。"② 正是对他人苦难和不幸的同情才将人们联系起来。共情指"个体感知或想象其他个体的情感，并部分体验到其他个体感受的心理过程"③，它包括情绪共情和认知共情两个方面。心理学研究表明，共情能力强的人更乐意为他人提供帮助。

培养人们的同情心和共情能力是培育友善价值观的立足点。第一，同情是友善的起点，有同情心不一定作出友善行为，但没有同情心就不会产生友善行为。正如朱熹所说"仁是根，恻隐是萌芽"，这种恻隐就是对他人的同情。第二，同情是将个人与他人联系在一起的纽带。爱因斯坦说人是为别人而生存的——首先是为了那样一些人，他们的安乐和幸福关系着我们自己的全部幸福，然后为许多我们所不认识的人生存，同情的纽带把他们的命运同我们联系在一起。亚当·斯密也认为正是怜悯和同情促使人们关注他人的幸福和命运。第三，同情是人的本性。儒家学者孟子认为"无恻隐之心，非人也"，将对他人的同情纳入人性之首。许多人对处于灾难和不幸中的人作出无私贡献，甚至在情况危急时不假思索地作出善举，根本没有对付出和收益作权衡，这种行为的产生基础就在于对别人疾苦的

---

① ［英］齐格蒙特·鲍曼：《个体化社会》，范祥涛译，上海三联书店 2002 年版，第 216 页。
② 石中英：《社会同情与公民形成》，《北京师范大学学报》（社会科学版）2012 年第 2 期。
③ 李文辉等：《大学生共情对利他行为的影响：一个有调节的中介模型》，《心理发展与教育》2015 年第 5 期。

怜悯和感同身受。由于拥有了这种怜悯心、同情心作为心理定式，人们往往善于并乐于在特定的情境中通过道德想象力和他人易地而处，从而体会别人的苦难和困境，关心他们的需求和期待。这种体会越深刻，人们就越能够以己度人，对他人的痛苦感到同情而非嘲讽，对他人的幸福感到愉悦而非嫉妒，对他人之所需伸出援助之手而非冷漠甚或落井下石。通过这种付出，自己人生的价值和意义得到了提升，促进他人幸福的同时也成就了我们自己的幸福。这种出于善意的悲悯和同情能够将两个人的情感连接起来，使他们感到有人与他情感一致，这能使人感到极大的安慰和愉悦；相反，他人的冷漠和嘲讽则能使当事人产生极大的苦恼和失望。

2. 友善文化是培育友善价值观的重要载体

友善涉及情绪、认知和行为三个系统，其中"知识可以减少误解、偏见和对陌生人的恐惧"①，成为友善情感的必要补充。文化作为理性知识的具体形式，构成了友善的产生之源、生存空间、传承载体。第一，文化是友善价值观的产生之源。友善价值观总是产生和生存于一定的友善文化场景中，不同文化背景会生成不同的友善观。例如西方社会重视权利与义务的契约关系和法律文化涵养，人们具有较强的公民精神；而中国传统社会比较重视人情关系，很少有关于人们权利义务的契约，在这种文化环境下，"少管闲事"的暧昧态度成为人们保全自己的重要手段。正如林语堂所说，"当此等权利无保障，吾们自存的本能告诉我们，不管闲事是个人自由最好的保障"②。第二，文化构成了友善价值观的生存空间。当友善价值观脱离了一定的文化根基，或者文化资源过于贫乏，就不能得到有力的阐释和合理的论证，极易被来自内外部的文化冲突、断裂、转型所吞噬；而没有丰富文化资源的友善是虚假的、易废除的、流变的，正如马克思所言，在先进文化与落后文化的较量中，"高卢人、伊比利亚人、利古里亚人、诺里克人都不复存在，他们都变成罗马人了"③。第三，文化构成了友善价值观承袭的载体。社会中许多友善观念来源于各种各样的规范、神话、音乐、礼仪、电影甚至建筑等文化形式。

---

① ［美］内尔·诺丁斯：《学会关心：教育的另一种模式》第2版，于天龙译，教育科学出版社2014年版，第142页。
② 林语堂：《吾国与吾民》，黄嘉德译，湖南文艺出版社2012年版，第43页。
③ 《马克思恩格斯选集》第4卷，人民出版社1995年版，第148页。

友善文化的逻辑起点和发展理路是怎样的呢？笔者认为，当前我国友善文化有三个来源。第一，中国传统友善观奠定了我国友善文化的历史根基。仁是中国儒家传统友善观的核心，恕和礼是方法和原则，和与大同是价值追求，最终实现《礼记·礼运篇》中所说的"人不独亲其亲，不独子其子，使老有所终，壮有所用，幼有所长，矜寡孤独废疾者，皆有所养"的和谐社会。与儒家有差等的爱不同，墨家提倡兼爱，即平等无差地爱每一个人。此外，中国古代友善观还推及自然，强调通过"时禁"保护自然，如《礼记·祭义》中就有"树木以时伐焉，禽兽以时杀焉"。需要注意的是，中国传统友善文化产生于特定的社会阶级、历史背景，只有紧密结合当前社会对其进行现代性转化，才能发挥其应有的而非万能的作用。第二，国外的友善观对我国友善文化的发展有借鉴作用。国外关于友善的研究中涉及更多的是友爱、共情、移情、亲社会行为等内容，国外关于这方面的研究取得了丰硕的成果。例如，在伦理学领域，亚里士多德最早论述了三种友爱，亚当·斯密强调了同情在道德中的重要作用，迈克尔·斯洛特则从移情出发，构建了影响深远的情感主义德性伦理学；在心理学领域，国外重视共情对亲社会行为的促进作用，研究了同情的神经基础、结构和心理机制等，对促进我国友善文化发展的丰富性和科学性有重要启示。第三，中国特色社会主义的实践是我国友善文化发展的不竭动力。正是中国特色社会主义建设的生动、丰富的实践活动推动友善文化不断向深度、广度发展，提出了许多富有时代内涵的新命题。例如随着从熟人社会向陌生人社会的转型，构建超越家族、血缘关系的伙伴精神迫在眉睫；随着科技的进步，网络友善文化成为时代的吁求；随着人对自然的控制和破坏，生态伦理文化进入人们的视野。总之，中国传统友善观是根，社会主义友善观是魂，国外的友善观是补充，我们要在中国特色社会主义实践的基础上对传统和西方的友善观进行扬弃并发展，不断丰富友善文化的内涵。

3. 促进个人利益与社会利益的和谐是培育友善价值观的落脚点

利益与每个人息息相关。马克思指出："人们奋斗所争取的一切，都同他们的利益有关。"[①] 友善本身包含着利益问题。从概念层面看，友善是

---

① 《马克思恩格斯全集》第1卷，人民出版社1956年版，第82页。

对求助者或弱势群体权利的关怀；从行为层面看，友善本质上包含着施助者物质、精神、时间甚至生命等利益的无偿让渡；从社会层面看，友善有助于协调各方利益关系，促进社会和谐；从慈善伦理看，施助者与受助者双方矛盾的焦点在利益协调上，若仅仅关注受助者的需求，而缺乏对施助者利益的关注，那么友善将缺乏持久动力。马克思、恩格斯在《神圣家族》中指出："'思想'一旦离开'利益'，就一定会使自己出丑。"[①] 所以，友善作为道德观念形态的东西，必然以利益为基础。

马克思指出："既然正确理解的利益是整个道德的基础，那就必须使个别人的私人利益符合于全人类的利益。"[②] 在社会有机体中，个人与社会是紧密相连的，社会首先要肯定个人的正当利益，没有对个人正当利益的尊重和维护，友善就会缺乏牢固的根基；但是，在肯定人们追求正当利益的同时，还要坚持个人利益与社会利益的辩证统一。真正的社会利益必然与每个人息息相关。"只有在集体中，个人才能获得全面发展其才能的手段"[③]，没有社会，个人的存在也变得不真实。当前，社会风险和不确定性增加，社会分工日益细化，人们各有所长，人的一生也总是流动和易变的，所以，社会的关爱、他人的帮助成为个人获得安全感和幸福感的重要保障。每个人都有对友谊、爱、幸福和安宁的需求，如果能将个人利益与社会利益、自我利益与他人利益结合起来看待，必将有助于促进社会合作、缓解社会焦虑，同时也能满足个人的利益。所以，培育友善价值观的内在保障在于促进个人利益与社会利益的和谐。

三 当前社会友善价值观培育机制的建构

机制是一事物赖以存在和发展的作用机理和动力保障。当前社会培育友善价值观需要在探索着力点的基础上有针对性地构建培育机制，以促进友善价值观培育的有效性和持续性。从友善的情感、知识、意志等内在因素激发人们的善行善意，从利益、舆论、制度等方面加强外部机制建设，

[①] 《马克思恩格斯全集》第 2 卷，人民出版社 1957 年版，第 103 页。
[②] 《马克思恩格斯全集》第 2 卷，人民出版社 1957 年版，第 167 页。
[③] 《马克思恩格斯全集》第 3 卷，人民出版社 1960 年版，第 84 页。

是在全社会培育友善价值观的重要路径与保障。

1. 友善情感激发—感染机制是培育友善价值观的前提和基础

友善情感是指人们对友善原则、友善品质、友善行为在情绪上的认同感和向往感，其核心在于对他人处境的共情和同情。培养人们关于友善的情感，其核心在于培养人们对他人困难处境的敏感性和感受力，即共情能力。友善情感激发—感染机制就是艺术地运用一系列材料引起人们的关注、激发人们关于友善的情感、引导人们加深对友善情感的体验，并弥散这种心境，使人们的友善情感经历感官接触—心灵体悟—情感激发—情绪感染—情感升华等过程，从而促成友善的心理定式，并在实际的生活情境中作出利他行为。

激发和感染友善情感是一个完整的心理过程。第一，感官接触是起点。即通过选择一系列对象如艺术、自然生态等，让人们接触到快乐、幸福、苦难、贫困、疾病、死亡等情境，以引起人们的感官注意。第二，心灵体悟是关键。主要通过直接联想、代表性联想、模仿、角色扮演等方式，来启动道德想象力以产生共情。第三，情感激发是核心。通过前两个环节产生怜悯、痛苦、感动等情绪体验和心境。第四，情绪感染是重要环节。通过实现情感催化、营造友善氛围来以情感唤醒情感，以个人联结他人。第五，情感升华是目标。把已经激发出的友善情感上升为一种稳定的心理定式和思维习惯，促进良性循环，实现螺旋式跨越和提升。需要指出的是，这五个阶段构成紧密连接、持续发展的过程，前一阶段的进展为后一阶段提供铺垫和基础，后一阶段的发展是前一阶段的提升和跨越，它们在实践中相互交织、相互作用，共同构成友善情感的发展路径。

激发和感染友善情感，关键在于选择正确有效的方法，突出情境设置，实施情境教育、苦难教育和特性角色体验。"情境就是在一个给定的时空场景中所展现出来的，能够影响到个体对目标刺激的意义理解的一切事物或信息。"[①] 情景教育就是指通过创设问题情景对人们进行引导和教育，通过情境再现传递丰富的友善情感信息。苦难教育是指通过对苦难的揭露引导人们感受他人的不幸和屡弱，激发人们的同情心。卢梭十分重视通过苦难对爱弥儿进行同情教育，同时他也非常强调这种教育的合宜性和

---

① 陈武英、刘连启：《情境对共情的影响》，《心理科学进展》2016 年第 1 期。

恰当性，他认为同样的景象看得多了，对它们就觉得无所谓了，对一切事物都是见惯不惊的，只要好好地选择一件事情，在适当的时候告诉他去看，就足以使他在一个月里心怀恻隐，常常思考那件事情，否则，若过多运用则可能产生情感麻木甚至反感，毫无实效可言。[①] 特性角色是指在角色扮演中促进角色体验，通过想象和模仿与他人易地而处，人们也正是在这样的过程中实现社会化的。需要注意的是，由于情境具有外在性、暂时性，情绪具有流动性，而个体具有多样性，所以，人们可能或以一种旁观者的身份看待善言、善行，或在友善情感激发之后没有引起行为上的实质改变，或仅仅产生了极其短暂和微弱的行为效果。这些结果的存在表明，单纯的友善情感激发—感染机制只是友善价值观培育的前提和基础，要想达成实效，还需其他机制参与进来。

2. 友善文化教育—传递机制是培育友善价值观的主渠道

友善文化是人们在长期社会生活实践中积累的关于善意、善行的物质文化、精神文化、制度文化和行为文化的总和；友善文化教育—传递机制是指将友善文化各层次内容融入国民教育全过程，通过多样的教育方法，提高人们的道德判断力，从而促进其友善行为的实施。友善文化具有历史性，创新友善文化的科学内涵是教育和传递友善文化的前提和基础，我们要牢牢抓住友善文化的逻辑起点和发展理路，加强友善文化的教育和传递。

将友善文化融入学校教育全过程是友善文化教育的重点。青少年的价值取向决定了祖国未来的价值取向，但由于当前教育存在一定的弊端，青少年群体中出现了一些心态失衡、人际关系紧张等现象。学校教育是有计划的、系统性的教育，学校小环境中的友善氛围也能够净化社会风气。在学校教育中传递友善文化，要从课堂教学、第二课堂实践、校园文化营造等渠道展开。课堂教学是校园生活的主要形态，也是友善文化教育的主渠道，将中华传统美德故事、西方神话故事、社会生活中的真实案例融入课堂教学之中，能够倡导同学之间的平等、关爱和互助。第二课堂实践丰富了课堂形式，志愿服务等更是以行为文化来引导学生实践友善，具有更加直接的教育效果。校园文化是充满吸引力的文化磁场，将友善价值观融入

---

① ［法］卢梭：《爱弥儿——论教育》上卷，李平沤译，人民教育出版社1985年版，第305页。

校园物质文化、精神文化、制度文化之中，能够对青少年友善价值观的形成起到潜移默化的作用。

同时，随着网络和电子技术的发展，网络构成人们的第二生存空间，微信、微博、手机客户端等微媒体成为人们线上主要的生活场域，而由于网络的匿名性、庞杂性和网络道德及立法的滞后性等，导致网络成为友善失守的重灾区。通过微媒体对广大受众进行友善知识的教育，是拓宽友善文化教育覆盖面的重要手段。微媒体的受众具有层次性和广泛性的特点，通过微媒体向受众传递友善文化，要坚持娱乐性与思想性的有机结合，传递友善正能量；坚持以主流文化引领媒体文化和舆论走向，以正义压倒邪恶；着力处理好真、善、美的关系，在追求事实真相的基础上提升审美品位，以提升友善行为的判断力和执行力。

3. 伙伴精神塑造机制是培育友善价值观的核心和重点

针对当前道德领域存在的突出问题，有学者提出要塑造以美德伦理为支撑的道德共同体，并探索构建"远距离道德"①。笔者认为这一提法并不可行。第一，一切道德都有其利益基础和阶级性，在当前财富尚未充分涌流、贫富差距仍然在拉大、社会底层群众境况不佳、社会阶层壁垒存在的境遇下，缺乏构建这种道德共同体的物质基础。第二，构建"远距离道德"存在困难。主要困难有两个方面：一方面，我们不可能接近所有受助者，这就会让我们产生心有余而力不足的感觉；另一方面，如前所述，远距离会产生道德盲视，很难引起人们的情感共鸣。此外，作为"局外人"的我们，如果过分关注则可能会给当事人带来困扰。所谓"远亲不如近邻"，"远"终究是个问题，但这并非表明我们对远距离的人毫无责任，尤其在互联网时代，我们的一言一行可能产生蝴蝶效应，这就要求每个人最起码约束好自己的言行举止。笔者认为，从熟人社会走向陌生人社会，当业缘、趣缘等取代血缘、地缘成为我们"在一起"的纽带和动力时，"伙伴精神"比"远距离道德"的培育更适合当前社会现实。正如心理学研究显示的，"每一个人类个体在社会中总是会归属于某些群体，或者说对某些群体产生认同感，重视自身群体的利益以及自己与群体成员的关系"②。

---

① 陈伟宏、陈祥勤：《道德冷漠的原因分析及其矫治对策》，《道德与文明》2014 年第 4 期。
② 陈武英、刘连启：《情境对共情的影响》，《心理科学进展》2016 年第 1 期。

"伙伴精神"的核心就在于正确认识自我与群体成员的关系，树立关心他人的意识和决心。伙伴精神塑造机制则是通过一系列方式和手段，引导人们反思自己与他人的关系，树立一种超越自我的群体观念，促进人们对他人命运和幸福的关心，这是友善价值观培育的核心和重点。

提炼新时期伙伴精神的内涵是塑造伙伴精神的前提。伙伴精神的内涵随着人类社会的发展经历了一系列变迁：原始社会的伙伴精神主要表现为攻守同盟和成果共享；封建社会的伙伴精神主要表现为对自己氏族利益的保护；进入资本主义社会，伙伴精神主要体现在人们进行资本生产、分配、交换、消费过程中的平等相待、公平交换。社会主义市场经济下，人的主体性和个性得到发展，同时也面临更多的风险和不确定性，伙伴精神的内涵也得到拓展和更新，主要包括平等、共享、合作和友善。平等是前提，只有在平等的群体中人们才能体会到尊严，提升自我效能感，促进利他行为；共享与合作是核心，在群体中要树立一种开放的心态，接纳他人并懂得分享，为共同的利益携手奋斗；友善是内在要求，在友善的氛围中人们更容易关心他人、帮助他人。

利用地缘优势构建友好互助生活圈是塑造伙伴精神的有效途径。伴随着现代化的发展，人们的活动范围不断扩大，传统熟人社会被打破，人们被投放到一个个陌生的环境之中，除了制度和法律等契约外别无所依，而邻人的温暖则能为陌生环境下的人们带来温情和慰藉。可即便是博爱之人，由于时空限制和个人精力、能力有限，其助人行为也总是有局限性的。同时，在现实生活中，冷漠、摩擦和矛盾主要发生在有接触的人之间，所以，促进人们关心身边的邻人和伙伴不仅可行，而且必要。引导人们处理与他人的关系可以借鉴古人的"推己及人"方法，从家庭关系中的友爱入手，学会关心他人；进而推及邻里之间的互帮互助，引导人们关心邻居的命运和幸福，建设融洽的邻里关系；最后以邻里关系促进社区建设与社会和谐，层层外推，最终构建友好互助的生活圈。

关心后代利益、促进人与自然和谐共生是塑造伙伴精神的内在要求。科技的发展、经济的腾飞在为我们的生活带来极大便利的同时，也带来了一系列全球问题。人类的繁衍离不开大自然，大自然为人类的发展提供了适宜的环境，大自然状况的好坏决定了人们的生活质量，因此，建立人与自然的伙伴关系不仅对自然、对人类自身甚至对子孙后代都是福祉。建立人与自然之间的伙伴关系，可以通过科教片进行关于人类起源的教育，让人们明确自己在自然中渺小但并不卑微的地位；通过人文教育使人们明白自然对人类在促进身心健康、德性发展、提升审美品位等方面的作用；通过中国传统文化和西方优秀文化中的生态伦理思想对人们进行思想观念、态度情感、行为方式上的教育，塑造人与自然之间的伙伴关系。

4. 友善行为回应—评价机制是培育友善价值观的外在保障和持续动力

友善行为是处于相对优势地位的人对处于相对弱势地位的人产生的一种非功利性的帮助行为。它是一种关系性的活动，其中施助和受助是同一过程的两个方面。友善行为要想成立，不仅要求施善者对求助者有反应，如关注和施助，并不求回报；而且要求受助者对施助者有回应，如接受帮助、反馈感恩等。正是在这样的张力中，友善行为才得以成立，人性的美好才得以彰显。友善行为的回应是指受助者对于施助者的友善行为给予一种温暖的刺激反馈，如报以微笑、颔首致谢等。友善评价是指通过一定的标准，运用科学的方法，对友善行为及其效果作出判断的过程。友善行为回应—评价机制是指在一种友善行为实施过程之中或之后，由受助者对施助者的行为作出温暖的反应，由社会依据一定标准和方法，对施助者的行为作出判断的机制。对友善行为的回应和评价是对人们友善行为的一种刺激和强化，是善行、善意的外在保障和持续动力，它能够促进友善的持续和传递。

第一，肯定施善者所付出的价值及其合理利益是实施友善行为回应—评价机制的前提和基础。对施善者的行为作出回应和评价，必须肯定施善者的利益及其付出，不能因其高尚的品德与人生境界而人为地抹杀其合理的利益诉求，造成道德绑架。同时要注意，施善者这种与施善行为相关联的利益有一个边界问题，那就是自愿性和滞后性，即由受助者或者社会自发地对其进行感恩或表彰，且滞后于施善行为的产生，这是判断友善行为是否成立的重要标准之一。

第二，培养受助者的回应习惯和社会的评价习惯是实施友善行为回应—评价机制的中心环节。人的善心本身是无穷尽的，但若机制不健全，则可能导致好人受伤和善心枯竭，受助者的回应和社会的评价是激发善心的不竭动力。在个人层面上，要通过养成教育，从儿童时期起培养感恩习惯；在社会层面上，要建构官方和民间的道德评价和监督机构，对特定情境中人的行为予以合理的评价。

第三，构建国家和社会激励—奖励制度是实施友善行为回应—评价机制的重点和难点。只有重视和合理利用回应和评价结果，对友善行为进行正强化，才能形成社会风气好转的活水源泉。有些友善行为是生活中十分琐碎和微小的事，一个颔首、一个微笑、一句感恩的谢谢、一句轻柔的表扬就足以让施助者感到精神上的愉悦和满足，进而形成下一次的施善动力。而有些友善行为却需要施助者放弃自身的物质利益甚至冒着生命的危险去实施，对于这种层次的施善行为，受助者、社会和国家不能对其利益视而不见，在荣誉的光环下更应该对其实际生活予以关注。同样，激励—奖励也有一个边界问题，这种激励和奖励是施善者的受动性权利，是受助者、社会和国家主动给予的。此外，由于受助者往往处于相对弱势的地位，他们通常无力回报，官方组织和民间组织可能需要担负起社会道德建设的重任，给予施善者最强大的依靠和支撑。

总之，友善价值观是一个集友善情感、友善文化知识、友善意志于一体的总和观念，其落脚点在于促进友善行为的实施。促进友善的回归和社会的和谐，可以通过友善情感激发—感染机制激发人们的同情心；通过友善文化教育—传递机制促使人们认知友善文化，进行道德判断；通过伙伴精神塑造机制促使人们树立一种互助共享的理念，将个人幸福与他人幸福相结合；通过友善行为回应—评价机制促进施善者心理期待的满足和对社会风气的导向，激发人们再一次的善意善行。这四个机制各有其不同的地位和功能，在实际生活中要联合发力以有效培育主体价值观，促进友善的回归。

（本文发表于《中州学刊》2017 年第 3 期）

附录5 论公益慈善中公众对受助者的伦理期待

摘　要：发展公益慈善是促进共同富裕的重要渠道，而良好的"施—受互动关系"是公益慈善事业存在和发展的重要基础。受助者作为公益慈善的主体之一，其思想道德状况事关"施—受关系"态势和公益慈善事业发展。现实中，对受助者"零义务"的要求容易导致道德底线失守、慈善风险浮现、慈善成本提高，从而引发公众慈善意识不强、慈善热情不高等现实问题。促进公益慈善持续健康发展，亟须关注受助者思想道德建设。公众对受助者具有自我责任感、诚信、感恩三重伦理期待，而这些期待正是促进形成良好"施—受互动关系"，加快公益慈善事业健康发展，促进共同富裕的重要着力点。

关键词：公益慈善；公众；受助者；伦理期待

一　问题的提出

2016年，《中华人民共和国慈善法》颁布实施。2017年，《志愿服务条例》实施，促进了中国公益慈善事业的健康持续发展。2019年，党的十九届四中全会提出，要"重视发挥第三次分配作用，发展慈善等社会公益事业"[①]，将公益慈善纳入推进国家治理体系和治理能力现代化的重要一维。2021年，《中共中央国务院关于加强基层治理体系和治理能力现代化

---

① 《中共中央关于坚持和完善中国特色社会主义制度推进国家治理体系和治理能力现代化若干重大问题的决定》，《人民日报》2019年11月6日。

建设的意见》强调，要"发展公益慈善事业。完善社会力量参与基层治理激励政策，创新社区与社会组织、社会工作者、社区志愿者、社会慈善资源的联动机制……完善基层志愿服务制度，大力开展邻里互助服务和互动交流活动，更好满足群众需求"①。2022年，党的二十大报告指出，要"引导、支持有意愿有能力的企业、社会组织和个人积极参与公益慈善事业"②。可见，公益慈善事业的健康持续发展已纳入国家发展战略，成为国家治理中的热点问题。当前，我国公众公益慈善热情高涨，但公益慈善尚未成为社会的普遍共识，公众的慈善热情、捐赠行为、捐赠动力缺乏稳定性和持续性，尤其是当前公益慈善中发生的一些负面事件等，严重影响公众对公益慈善的信任度、认同度和参与度。

随着公益慈善实践中伦理问题的浮现和慈善困境的凸显，公益慈善事业何以健康持续发展成为学术界研究的热点问题。其中，施助者与受助者的关系一直是公益慈善理论和实践的热点话题。习近平总书记系列重要讲话、相关政策法规、中央文件等对新时期我国公益慈善事业提出了较高期待和设想，而基于公益慈善实践形成的"施—受关系"本该良性互动，不断激发人们的慈善热情，但在当前慈善实践中却出现了"搭便车""好人没好报""损人反利己"等"施—受关系"异化的现象，导致慈善伦理不畅，公众慈善热情受阻。这种异化既违背中国传统公序良俗和国民品格，更与公益慈善促进人的成长和发展这一价值追求相左，导致受助者人格的片面发展，致使人们对公益慈善望而却步。正如有学者所言："每一个体的爱心和扶危济困的质朴情感，是构建慈善信仰大厦的基石……没有哪种危害比美好心灵和向善之心的情感湮灭所带来的伤害更直接、更严重。"③因此，从受助者视角出发，探讨公众对其伦理期待，有助于优化"施—受关系"，为当代中国公益慈善实践提供启示。

通过对既有文献的梳理发现，学者集中探讨了公益慈善中能否对受助者提出伦理期待和道德要求、对受助者有哪些伦理要求以及如何在公益慈

---

① 《中共中央国务院关于加强基层治理体系和治理能力现代化建设的意见》，《人民日报》2021年7月12日。
② 习近平：《高举中国特色社会主义伟大旗帜 为全面建设社会主义现代化国家而团结奋斗——在中国共产党第二十次全国代表大会上的报告》，人民出版社2022年版，第47页。
③ 曾盛聪：《伦理失灵、道德焦虑与慈善公信力重建》，《哲学动态》2013年第10期。

善中贯彻这些伦理原则和道德理性三个方面。其一，一些学者和公益慈善工作者认为不应该对受助者附加任何条件。例如，曹群认为，"慈善需要沉默"，不能提醒受助者感恩①；王振耀认为，要求感恩伤害受助者尊严，不应强制其感恩。② 其二，一些学者认为慈善伦理应该从是否要感恩中跳出，应该涉及其他一些道德理性。例如，周中之指出，要从感恩的伦理评价中走出来，讨论人格尊重的问题，即施助者要尊重受助者的人格诉求，受助者也要满足施助者合理的心理需求，且两者都要讲诚信③；李永华提出受助伦理，即诚信自律和人格独立是慈善伦理的重要一维。④ 其三，还有一些学者明确认为受助者应该具备一些诸如感恩的道德理性和伦理原则。例如，王彩丽认为，施助者应得到感恩⑤；刘美玲提出，受助者的伦理原则包括信息真实、珍惜关爱、感恩图报。⑥ 彭柏林论述了弱势群体的自强与知报之心⑦，认为在接受了社会帮助后更应该懂得感恩图报，尤其是回报社会。⑧

综上所述，现有研究对公益慈善中受助者思想道德状况和应该遵循的伦理原则进行了相关分析，但较为薄弱和零碎，在系统性、深入性、实践性等方面有待加强。鉴于此，本文尝试从受助者视角切入，通过文本分析和实证调研，采取"自上而下"的路径和方法，分析公益慈善中受助者的伦理现状以及国家和社会对受助者伦理期待的共识，以期在理论上深化和丰富该研究，在实践上促进"施—受关系"良性互动，进而推动中国公益慈善事业健康持续发展。

---

① 王银春：《"21世纪中国慈善事业与慈善伦理"研讨会综述》，《探索与争鸣》2011年第1期。
② 王振耀：《"道德协议"能走多远?》，《中国人大》2007年第9期。
③ 周中之：《当代中国慈善伦理的理想与现实》，《河北大学学报》（哲学社会科学版）2011年第3期。
④ 李永华：《构建基于个人德性和社会正义的现代慈善伦理》，《广州大学学报》（社会科学版）2012年第8期。
⑤ 王彩丽：《当代中国慈善伦理构建路径初探》，《吕梁学院学报》2016年第6期。
⑥ 刘美玲：《当代中国慈善事业伦理原则探究》，《郑州大学学报》（哲学社会科学版）2010年第5期。
⑦ 彭柏林：《当代中国公益伦理》，人民出版社2010年版，第84页。
⑧ 彭柏林：《中国特色社会主义志愿服务应秉持的道德理性》，《武汉大学学报》（哲学社会科学版）2023年第1期。

二 对公益慈善中的受助者提出伦理期待的现实紧迫性

公益和慈善是人们对弱势群体关爱的事业,其中,"慈善是人们基于同情心,通过自愿捐赠物品和提供行为帮助等各种形式,表达对弱势群体仁爱之心的道德实践活动"①,公益"主要指以非政府或民间的形式对社会弱势群体实施人道救助的社会活动"②,两者未明确区分。公益慈善本质上是一项伦理性的活动,公众对其给予较高的伦理期待。

然而,在公益慈善中,人与人之间的信任和情感交流有所减弱,面对求助者,选择冷漠还是热心帮助,成为人们一项艰难的选择。同时,社会中不乏个别求助者秉持功利目的,将公益慈善当作自身牟利工具,这与公益慈善的价值追求背道而驰。因此,在公益慈善中对受助者进行伦理关怀具有现实紧迫性。

(一) 落实"大慈善"理念需要将受助者的思想道德建设提上议程

现代慈善理念与过去有很大不同,《中华人民共和国慈善法》将以往扶贫、济困等"小慈善"进行拓展,形成包括促进教育、科学、文化、卫生、体育等事业在内的现代"大慈善"理念。简言之,其一,现代慈善理念从救济转向救助;其二,现代慈善内含互帮互爱;其三,慈善实践过程具有提高个体道德素质的育人价值,而这当然包括对慈善中受助者的教育价值;其四,从慈善意识的培育来看,慈善本身就包含着对个人慈善行为的肯定、褒奖和宣传;其五,从慈善主体来看,现实中很多投身公益慈善的人本身并不富裕,有的甚至节衣缩食资助他人,主要原因在于自己曾经受过困难或受到过帮助和鼓励,将自身的感恩之情回报于社会,其行为值得肯定。

但是,在当前社会中,个别受助者的思想道德素质不高,阻碍了"造血"扶贫、永久脱贫等公益慈善目标的实现,因此,必须关注受助者的思

---

① 周中之:《当代中国慈善伦理的理想与现实》,《河北大学学报》(哲学社会科学版) 2011年第3期。

② 彭柏林:《当代中国公益伦理》,人民出版社2010年版,第84页。

想道德状况。一方面，恶劣的生存状况和脱贫的无能为力，致使弱势群体存在自卑心理。这种自卑心理严重打击弱势群体的自我效能感，面对贫困和苦难容易表现出消极情绪，缺乏走出困境的信心。另一方面，社会财富分配不均和社会发展分层，致使弱势群体产生被剥夺感，他们容易将自己的不幸推责到社会或他人身上，更有甚者出现"仇富""仇官"等心理。亚当·斯密认为，"人，不管被认为是多么的自私，在他人性中显然还有一些原理，促使他关心他人的命运，使他人的幸福成为他的幸福必备的条件"①，即人既是利己的，又是利他的，是"经济人"和"道德人"的统一体。因此，对弱势群体思想道德状况的关注正是"大慈善"的题中应有之义。

（二）令人失落的助人经验消耗社会善心，倒逼社会重视受助者的思想道德状况

道德具有经验性，是人们在日常生活中的实践经验、情感经验、身体经验的统一，这三种经验是道德自我建构的重要来源。亚当·斯密认为，一般道德性规则的形成不是理性的产物，而是建立在经验的基础上，"我们对他人行为的持续观察，会慢慢地导致我们在自己内心里，就什么是合宜适当的，或什么是该避免的行为，形成某些概括性的规则"。② 所以，在某种程度上，道德是一个经验建构的过程，当实践中的道德报偿机制失灵或毁坏时，则会影响人们的道德判断，从而产生行为偏差，因此，在公益慈善伦理建构中必须高度重视经验的作用。

道德是人们获取幸福的重要途径，公益慈善活动也应该关注施助者的幸福体验。然而，在现实公益慈善活动中，出现了一些令人失望的行善经验，如做好事反被受助者讹诈、慈善筹款平台中求助者失信隐瞒、伤害善心等事件③，加之一些媒体对公益慈善中的道德问题不负责任地渲染，导致人们主观放大道德成本或者错误地对道德风险进行评估，阻碍亲社会行为实施。因此，营造良好的助人生态，促进"施—受关系"良性互动必须重视受助者的思想道德建设。

---

① ［英］亚当·斯密：《道德情操论》，谢宗林译，中央编译出版社2008年版，第2页。
② ［英］亚当·斯密：《道德情操论》，谢宗林译，中央编译出版社2008年版，第191页。
③ 封寿炎：《慈善筹款平台须凝聚而不是伤害善心》，《光明日报》2018年7月30日。

（三）受助者伦理偏差客观上扩大了慈善风险，规避慈善困境须关注受助者思想道德状况

慈善风险是指可能慈善行为的不确定性，公益慈善中的道德风险问题是影响现代社会公益慈善事业能否正常实施的重要问题。慈善事业的主体包括施助者、慈善机构和受助者，由于三方信息不对称、三者关系的复杂性等，慈善风险在客观上大大加剧，致使公益慈善陷入道德困境，制约慈善事业的发展。

作为公益慈善活动的重要主体之一，个别受助者在公益慈善实践中存在一些伦理偏差，容易引发和放大慈善风险，主要表现在以下三个方面。其一，受助者对社会和他人的帮助高度依赖，但对自我要求较低的偏差。这种偏差容易使慈善活动存在福利依赖的风险，摆脱困境的内生动力不足。其二，受助者为获得相应帮助，而产生失信的偏差。这种偏差直接导致慈善活动存在诚信风险。其三，受助者将获取的帮助视为理所应当，对施助者不知感恩，甚至恩将仇报的偏差。这种偏差可能使慈善活动存在施助成本过高的风险。

（四）评价体系缺陷引发个别受助者底线失守，提出伦理期待时不我待

对权利和义务的理解和履行是人们扮演好自身社会角色的重要基础，但在公益慈善的实践中，人们往往对受助者持较低期待。这是因为，公益慈善具有无偿性，如《志愿服务条例》规定："开展志愿服务，应当遵循自愿、无偿、平等、诚信、合法的原则。"《中华人民共和国慈善法》更多的是对慈善组织进行权利义务关系的规定，而对受助者本人作出的规定较少，慈善事业的发展需要广泛动员社会各方力量，形成全社会尊崇慈善、参与慈善的良好生态氛围。而法律是最底线的约束，若长期对受助者的期待处于较低水平，则不利于慈善生态优化。

信念和期待会影响个人的自我体验、自我感觉和行动支配，错误的信念和预期则可能导致相应的行为后果。马克·斯奈德（Snyder，1984）在明尼苏达大学进行的一系列实验表明，"一旦形成错误的社会信念，就可能引发他人做出某些行为反应以支持这些信念，这种现象叫做行为确证

(be-havioral confirmation)"①。所以，我们要注意这种社会心理现象，对当前社会道德状况作出积极的回应，引领人们道德境界提升，而非消极地期待公益慈善主体守住法律底线即可。虽然在公益慈善中对受助者没有提出义务，但不代表对受助者不能有角色期待，相反，这种对受助者的伦理期待正是当今社会所需要的。

三 公益慈善中公众对受助者的三重伦理期待

社会学认为，角色是社会中的坐标，有其特定的位置和行为规定，人们对处于任一坐标下的角色都有包括行为、心理等多维期待，即角色期待。角色伦理是"在社会运行的客观规律作用下，根据角色的社会身份及权责关系所提出的应然之责、道德规范和伦理行为模式"②。慈善活动有施助者、受助者、慈善组织等多种主体，这些主体在进行慈善活动时都必须遵守法律规定，遵循一定的伦理原则，才能理顺伦理关系。"开展慈善活动，应当遵循合法、自愿、诚信、非营利的原则，不得违背社会公德，不得危害国家安全、损害社会公共利益和他人合法权益"③。公益慈善需要通过道德规范、法律规范等来维护秩序、彰显价值。就受助者而言，人们期望受助者角色的扮演者按照某种道德原则行事，承担相应的道德责任，这些期望被称为对受助者角色的伦理期待。我们从受助者的视角，根据人们在公益慈善中的交往实践，可以划分为受助者与自我、受助者与施助者、受助者与社会三个层面的关系。同时，由于角色包含着理想角色、领悟角色和实践角色，个人对角色的期待是微妙的、复杂的、不稳定的，甚至会产生分歧和冲突，公众的伦理期待需要遵循主体性、历史性和实践性三项原则。在角色伦理和主体性、历史性、实践性原则指导下，公众对受助者至少具有自我责任感、诚信、感恩三重伦理期待。

---

① [英] 戴维·迈尔斯：《社会心理学》（第8版），侯玉波等译，人民邮电出版社2006年版，第92页。

② 赵英臣：《角色伦理视角下公民社会责任意识培育研究》，《思想教育研究》2020年第9期。

③ 全国人大常委会法制工作委员会社会法室编著：《中华人民共和国慈善法解读》，中国法制出版社2016年版，第12页。

(一) 调动关键力量，激发和强化受助者自我责任感

自我责任感是受助者处理与自身关系时应该秉持的道德理性。"责任，是指由一个人的资格（包括作为人的资格和作为角色的资格）所赋予、并与此相适应的从事某些活动、完成某些任务以及承担相应后果的法律和道德要求"①。受助者的自我责任感就是求助前要把自己当作客体来认知，对自己的能力和困境形成正确的认知并尽最大努力积极摆脱困境。自我责任感在本质上是一种内归因思维方式的结果，而非将自身困境归因于他人和社会。公益慈善想要达到目标，必须调动求助者的主观能动性，令其对自己负责。这种自我责任感是公益慈善达成效果、受助者摆脱困境的关键力量。这是因为，"一个人永远是自己利益的第一责任人……个人对自己的生活成功负有最终的责任"②，当事人对自己的责任无法逃脱。

现代慈善倡导的是一种"助人自助"的理念，即将外来的帮助和支持，与弱势群体自身的能动性和力量相结合，增加其社会参与的机会，增强其改变现状的信心和自我效能感，达到改变他们弱势地位的目的，更加强调受助者自身主动性和能力的提升。正如马克思所说："任何一个存在物只有当它用自己的双脚站立的时候，才认为自己是独立的，而且只有当它依靠自己而存在的时候，它才是用自己的双脚站立的。靠别人恩典为生的人，把自己看成一个从属的存在物。"③ 受助者的自我责任感在公益慈善中具有重要作用。第一，自我责任感是受助者摆脱困境的决定性因素。第二，自我责任感是公益慈善资源得到有效运用的重要前提。第三，自我责任感是对施助者付出的尊重。受助者的自尊心需要保护，施助者同样有自尊和自我效能感。

受助者自我责任感的生成过程需要经历知、情、意、信、行等过程，因此，受助者自我责任的培育也是一个系统工程。首先，增强受助者对自我责任感的认知。其一，结合"大慈善"理念，明确公益慈善中受助者的自我责任感的重要性和内涵，科学引导人们了解相关概念，促进其形成相

---

① 沈晓阳：《关怀伦理研究》，人民出版社2010年版，第90页。
② 刘美玲：《感恩与责任：慈善事业的伦理困境解析》，《郑州大学学报》（哲学社会科学版）2009年第3期。
③ 马克思：《1844年经济学哲学手稿》，人民出版社2000年版，第91页。

应心理定式。其二，将公益慈善中受助者自我责任感培育和公益慈善活动有机结合，在实践中将受助者的自我责任感作为重要依靠力量和内在要求。其三，以社会主义核心价值观为引领，多途径弘扬公益慈善文化，引导公众正确认识自我责任感和社会责任感的关系。

其次，深化受助者对自我责任感的情感认同。部分受助者存在的"等、靠、要"消极思维，其本质是对自我责任感的不认同。情感为个人思想观念和行为的形成提供了重要通道，表现为一种荣誉感、羞耻感、幸福感、恐惧感等内在倾向，良好的情感体验有助于受助者自我责任感的顺利塑造。

再次，通过阶段性任务的实践巩固和强化自我责任感的信念和意志。实践是受助者自我责任感外化的表现和进一步强化的重要资源，受助者的自我责任感更加强调其责任行为，正是在不同的实践中加以锻炼，才形成稳定的信念和意志。

最后，强化社会评价，提高受助者自我效能感，助推受助者自我责任感外化。个别弱势群体容易存在一种"弱势心理"，他们自我效能感较低，甚至产生习得性无助，难以靠自己摆脱困境。这是个别受助者产生公益慈善"依赖症"的重要原因，即他们没有能力为自己负责。因此，促进受助者自我责任感外化，需要在公益慈善实践的评价中，充分运用积极心理学的相关理论和方法，加强对受助者的肯定性反馈和评价，不断增强其自我效能感，助推其作出对自己负责的行为。

（二）夯实伦理之基，加强受助者诚信教育

诚信是受助者处理与施助者（包括慈善机构）关系时应该秉持的主要道德理性。公益慈善是社会良知的彰显，更是社会契约精神的体现。公益慈善的纽带不是商品交换，不是利益的获得和共享，而是心与心之间的真情流露，由诚信产生的信任感是公益慈善健康发展的重要动力源泉。不仅捐助者要讲诚信，受助者也要讲诚信，即受助者应该客观反映自身困难，同时当自身困难得到改善后如实告知慈善机构或施助者。

面对现实中的失信挑战，公益慈善中受助者的诚信变得越发重要。首先，受助者的诚信能够降低公益慈善活动成本。慈善活动是点对点或面对点的特殊活动，要具体落实到个人，其重要环节是寻找合适的受益人，而

这本身就需要消耗一定的资源。倘若受助者丧失诚信，则要花更高的成本辨别真伪，增加慈善的额外代价。其次，受助者的诚信彰显了公益慈善的道德本质。公益慈善活动具有道德性，它本身是仁爱的彰显，是道德认知、道德情感、道德践行的统一。"康德总喜欢把信守诺言……当作对他人的完全责任的例子……言而有信是一项对他人的完全责任，它的约束性是绝对的。"[①] 受助者作为道德活动中的主体，其诚信彰显了公益慈善的道德光辉。最后，受助者的诚信凝聚社会公益慈善力量。帮助他人应该是快乐和幸福的，这种道德及幸福体验是公益慈善的力量源泉，受助者的诚信对于从根本上优化公益慈善生态，扭转社会风尚，汇聚慈善力量，具有重大作用。

针对公益慈善中一些受助者诚信缺失的现象，本文提出以下培育路径。一方面，要加强诚信教育，打造诚信宣传教育机制。一是加强诚信文化认知，运用中华优秀传统文化中蕴含的诚信故事等，生动阐明诚信的内涵和要求，通过思想政治教育培养人们的慈善意识、契约精神、诚信意识，加强人们的长久信任。二是注重榜样示范引领，注重挖掘时代诚信典型，在榜样的宣传教育中激发人们的道德情感，进而强化模仿和追随。三是加强社会诚信氛围营造，注重诚信的生活化和隐形化教育。

另一方面，除了柔性的涵育，还要注重刚性制度约束。一是要通过法律法规等制度性保障，明确底线要求，杜绝公益慈善中的信任缺失，以促进社会资源的调节和均衡。二是建立公益慈善中的诚信档案。对受助者的个人状况分阶段追踪，直至其面临的问题得到实质性解决，既有助于加强诚信监督约束，又利于公益慈善取得实效。三是建立失信惩戒机制。针对公益慈善中诚信缺失、投机取巧等行为，建立事前、事中、事后的"审查—倒追"机制，加强公益慈善中全程的监管和惩罚。

（三）强化动力源泉，重视受助者感恩教育

感恩是受助者处理与社会关系应该秉持的主要道德理性。"感恩是一种对外界（他人、社会、自然等）给予自己的恩惠产生认知并伴随积极情

[①] ［德］伊曼努尔·康德：《道德形而上学原理》，苗力田译，上海人民出版社2012年版，第9页。

绪的复合社会认知过程，即包括感恩意识、感恩情绪和感恩行为的社会认知过程"①，具有矛盾性和社会性。

在慈善活动中，施助者和受助者在人格上是平等的，但同时，慈善"施—受关系"是变化的，慈善主体之间需要相互尊重。受助者需要被尊重，施助者需要被认可。康德从责任的约束程度将责任区分为完全的责任和不完全的责任②，其中，完全的责任是外在的、强制的责任，由法律规定；不完全责任是一种内在的、自己施加于自己的责任，是一种道德义务或超义务。他举例认为："扶危济困是种有益的举动。做这样事的人应该受到赞扬和奖励，是可嘉的（verdientlich, meritorious），但对人并无绝对的、完全的强制性。"③ 可见，在康德那里，个体帮助弱势群体是出于道德上的善心而非法定义务，没有任何一个人有权利要求他人给予无偿的帮助，相反，对这种出于道德的超义务的付出，人们应该给予认可和赞赏。

在一些慈善事业发达的国家，从事慈善和公益不仅能够实现人的精神满足，更重要的是，人们能够在从事公益慈善中提升个人信用等资源，能够得到正当回报。在中国，"报"或"回报"的理念是中国人际关系重要的运作动力，建立在传统封闭的熟人社会和乡土中国之上，有其微妙和独特的运作方式，而随着熟人社会迈向陌生人社会，传统社会"回报"机制断裂，施助者的爱心受到漠视、勒索甚至社会性歧视。而回报本就是一个道德问题，正如亚里士多德在《尼各马可伦理学》中提出的："一个'尽力回报'的人，就是一个有德性的人。"④

从慈善实践来看，施受双方的行为有着不同的"回报"内涵。从施助者角色看，慈善是一种对他人的关怀。当施助者为他人奉献爱心和贡献力量时，这不仅仅是一种付出，从另一个角度看，也是一种对社会的回报。从受助者角色看，在接受了施助者的爱心之后，首先应该抱有"礼仪"这一基础性的回应。"投我以桃，报之以李"，对于他人的爱心和支援作出积极的回应和肯定，不仅是道德生活的重要原则，也是日常人际关系的重要

---

① 蒲清平、徐爽：《感恩心理及行为的认知机制》，《学术论坛》2011年第6期。
② [德] 伊曼努尔·康德：《道德形而上学原理》，苗力田译，上海人民出版社2012年版，第8页。
③ [德] 伊曼努尔·康德：《道德形而上学原理》，苗力田译，上海人民出版社2012年版，第9—10页。
④ 廖申白：《亚里士多德友爱论研究》，北京师范大学出版社2009年版，第185页。

礼仪。尤其是在当今慈善事业现代化转向中,"个人—个人(即点对点)的慈善捐助方式还会存在,但通过捐助者—慈善公益组织—受助者的慈善捐助方式将会成为主流"①。施助者和受助者那种封闭的关系体系解体,明确的"施—受关系"模糊化,呈现出"社会性"特征,即施助者的爱心和受助者的回报将以社会为目标和中介,呈现出超越个体的大爱和大善,促进社会越来越美好。因此,在公益慈善中必须对受助者进行回报社会的理念教育,对其提出期待。

从实践效果来看,作为美德的感恩具有重要作用。其一,对于受助者,感恩是一种内在的积极力量,有助于受助者人格发展的完善,能够促进其从弱势群体走向自立者、施助者,成为公益慈善的代言人,扩大民间参与公益慈善的范围。其二,对于整个社会,感恩是公益慈善的催化剂,能够唤醒和构筑社会良心。这是因为懂得感恩的人对他人的感受和疾苦更加敏感,乐于实施亲社会行为,而这种帮助行为可能指向社会中的任何一员。其三,对于施助者,感恩有助于互惠。"施—受关系"具有流变性,施助者也可能遇到各种困难和风险,感恩不仅是对其奉献精神、关爱精神的肯定和激励,还有助于在风险社会下构筑针对好人好事的社会安全网,在其需要帮助时得到及时、高效的援助。施助者的助人行为本身就是一种对社会的感恩,因此,不可因其施助行为而要求受助者感恩,否则就是一种道德敲诈和伪善。但是,不必感恩不等于不该感恩,当施助者对社会的感恩落实到个人时,受助者要正确感知他人的付出,心怀感恩之情,甚至当其有一定能力的时候,将感恩之行传递给社会中的弱势群体,促进社会公益慈善事业的发展。

针对公益慈善中一些受助者感恩缺失甚至恩将仇报的现象,本文提出以下培育路径。首先,在全社会明确强化感恩的地位和价值,促进"知恩"。根据社会发展实际要求,将感恩作为慈善文化培育的重要部分加以重视。其次,多途径营造"感恩"氛围,激发道德情感,弘扬社会正能量。一方面,可以运用自媒体等网络平台,不断打造感恩文化同心圆,在全社会倡导真、善、美,加强对社会感恩风气的引领。另一方面,树立典型,注重榜样的示范引导作用,帮助人们提升精神境界。同时,通过揭批

---

① 周中之:《共同富裕的慈善伦理支持》,《求索》2022 年第 1 期。

现实中恩将仇报的丑恶现象，加强社会底线教育和警示教育。最后，加强公益慈善活动组织和实践平台的搭建，为更多怀揣回报社会之心的人（包括曾经的受助者）畅通回馈渠道，在实践和体验中深化认知，强化习惯。最后，加强制度建设，促进感恩实践，外化"报恩"行为。通过加强相关法律、法规、政策、规章制度的建设，有效地推动人们的感恩行为外化。

四　结语

在现实中，受助者较好的思想道德状况是形成良好"施—受关系"的重要因素，加强受助者思想道德建设，有助于畅通第三次分配的渠道，凝聚社会向心力，推进共同富裕。其中，要在受助者与自我的关系层面增强自我责任感，这是公益慈善的关键力量，也是促进社会普遍信任的重要前提。要在受助者与施助者（包括慈善机构）的关系层面加强诚信意识，这是整个公益慈善事业的基石，是降低成本、提高实效的重要力量。要在受助者与社会的关系层面注重感恩意识培育，这是对慈善事业的认可和催化，能够激发爱心链条，传递社会正能量。三者贯穿公益慈善"施—受关系"互动过程始终，既是促进公益慈善事业健康繁荣发展的重要因素，也是推进共同富裕的强大助推器。

（本文发表于《学习论坛》2023 年第 5 期）

参考文献

一 经典文献与文件类

《马克思恩格斯文集》第1—10卷，人民出版社2009年版。
《马克思恩格斯全集》第1卷，人民出版社1956年版。
《马克思恩格斯选集》第1—4卷，人民出版社2012年版。
《列宁选集》第1—4卷，人民出版社2012年版。
《毛泽东选集》第1—4卷，人民出版社1991年版。
《邓小平文选》第1—3卷，人民出版社1994年版。
刘少奇：《论共产党员的修养》，人民出版社2005年版。
《习近平谈治国理政》第1卷，外文出版社2018年版。
《习近平谈治国理政》第2卷，外文出版社2017年版。
《习近平谈治国理政》第3卷，外文出版社2020年版。
《习近平谈治国理政》第4卷，外文出版社2022年版。
习近平：《高举中国特色社会主义伟大旗帜　为全面建设社会主义现代化国家而团结奋斗——在中国共产党第二十次全国代表大会上的报告》，人民出版社2022年版。
习近平：《青年要自觉践行社会主义核心价值——在北京大学师生座谈会上的讲话》，《人民日报》2014年5月5日。
习近平：《在北京大学师生座谈会上的讲话》，《人民日报》2018年5月3日。
习近平：《思政课是落实立德树人根本任务的关键课程》，《求是》2020年第17期。
《习近平在全国高校思想政治工作会议上强调：把思想政治工作贯穿教育教学全过程　开创我国高等教育事业发展新局面》，《人民日报》2016年12

月9日。

习近平：《决胜全面建成小康社会 夺取新时代中国特色社会主义伟大胜利——在中国共产党第十九次全国代表大会上的报告》，人民出版社2017年版。

《习近平总书记系列重要讲话读本（2016年版）》，学习出版社、人民出版社2016年版。

中共中央、国务院印发：《关于加强和改进新形势下高校思想政治工作的意见》，《人民日报》2017年2月28日。

《中共中央国务院印发新时代公民道德建设实施纲要》，《人民日报》2019年10月28日。

中共中央、国务院：《关于进一步加强和改进未成年人思想道德建设的若干意见》，2004年，http://www.people.com.cn/GB/jiaoyu/1053/2405224.html。

中共中央、国务院：《关于进一步加强和改进大学生思想政治教育的意见》，2004年，http://xgc.ysu.edu.cn/info/1103/2032.htm。

中共中央办公厅印发：《关于培育和践行社会主义核心价值观的意见》，《人民日报》2013年12月24日。

《中华人民共和国民法总则》，《人民日报》2017年3月19日。

《中共中央印发〈中国共产党党员教育管理工作条例〉》，《人民日报》2019年5月22日。

《中共中央关于坚持和完善中国特色社会主义制度推进国家治理体系和治理能力现代化若干重大问题的决定》，《人民日报》2019年11月6日。

《中共中央国务院关于加强基层治理体系和治理能力现代化建设的意见》，《人民日报》2021年7月12日。

二 学术专著类

蔡元培：《中国人的修养》，中国长安出版社2012年版。

陈力丹：《新闻理论十讲》，复旦大学出版社2013年版。

陈力丹：《舆论学：舆论导向研究》，上海交通大学出版社2012年版。

陈万柏、张耀灿主编：《思想政治教育学原理》（第三版），高等教育出版社2015年版。

陈向明：《质的研究方法与社会科学研究》，教育科学出版社2000年版。

迟毓凯：《亲社会行为启动效应研究：慈善捐助的社会心理学探索》，广东人民出版社 2009 年版。

戴圣选编，王文锦译解：《礼记》，中华书局 2016 年版。

丁大同：《国家与道德》，山东人民出版社 2007 年版。

方勇、李波译注：《荀子》，中华书局 2011 年版。

方勇译注：《墨子》，中华书局 2015 年版。

冯友兰：《中国哲学简史》，涂又光译，北京大学出版社 2013 年版。

高德胜：《道德冷漠的教育省思》，福建教育出版社 2023 年版。

高福进、闫成：《社会风尚与道德领域突出问题专项治理研究——基于文化视角的透析》，上海人民出版社 2014 年版。

高平叔：《蔡元培全集》（第 2 卷），中华书局 1984 年版。

高占祥主编：《中国人格名言·友善卷》，北京时代华文书局 2016 年版。

国务院第七次全国人口普查领导小组办公室编：《2020 年第七次全国人口普查主要数据》，中国统计出版社 2021 年版。

何怀宏：《伦理学是什么》，北京大学出版社 2015 年版。

黄明理主编：《社会主义核心价值观研究丛书：友善篇》，江苏人民出版社 2015 年版。

靳凤林：《制度伦理与官员道德——当代中国政治伦理结构性转型研究》，人民出版社 2011 年版。

李建华：《道德的社会心理维度》，湖南教育出版社 2011 年版。

李荣、冯云：《社会主义核心价值观·关键词·友善》，中国人民大学出版社 2015 年版。

梁德友：《关怀的伦理之维——转型期中国弱势群体伦理关怀研究》，南京大学出版社 2013 年版。

廖申白：《亚里士多德友爱论研究》，北京师范大学出版社 2009 年版。

林刚：《新媒体概论》，中国传媒大学出版社 2014 年版。

林惠祥：《文化人类学》，上海古籍出版社 2013 年版。

林语堂：《吾国与吾民》，黄嘉德译，湖南文艺出版社 2018 年版。

刘晓红：《友善》，北京时代华文书局 2016 年版。

栾传大主编：《友善（价值观故事书系）》，吉林文史出版社 2014 年版。

马建辉：《伦理诉求：爱国敬业诚信友善》，安徽人民出版社 2013 年版。

庞朴：《文化的民族性与时代性》，中国和平出版社 1988 年版。
彭柏林：《当代中国公益伦理》，人民出版社 2010 年版。
戚万学等：《道德教育的文化使命》，教育科学出版社 2010 年版。
全国人大常委会法制工作委员会社会法室编著：《中华人民共和国慈善法解读》，中国法制出版社 2016 年版。
沈晓阳：《关怀伦理研究》，人民出版社 2010 年版。
檀传宝：《信仰教育与道德教育》，教育科学出版社 1999 年版。
王海明：《伦理学与人生》，复旦大学出版社 2009 年版。
王海明：《伦理学原理》，北京大学出版社 2009 年版。
王海明、孙英：《美德伦理学》，北京大学出版社 2011 年版。
王银春：《慈善伦理引论》，上海交通大学出版社 2015 年版。
魏则胜：《道德建设的文化机制研究》，广东人民出版社 2005 年版。
徐向东：《道德哲学与实践理性》，商务印书馆 2006 年版。
薛静、李亚祺编著：《友善（中国家风丛书）》，中华工商联合出版社 2015 年版。
杨伯峻译注：《论语译注》，中华书局 2017 年版。
杨伯峻译注：《孟子译注》，中华书局 2008 年版。
余虹：《艺术与精神》，社会科学文献出版社 2000 年版。
余英时：《文史传统与文化重建》，生活·读书·新知三联书店 2004 年版。
张岱年：《中国伦理思想研究》，江苏教育出版社 2009 年版。
张新生：《我国弱势群体社会救助研究》，经济科学出版社 2013 年版。
郑全全、俞国良：《人际关系心理学》，人民教育出版社 2011 年版。
（春秋）老子：《道德经》，李若水译，中国华侨出版社 2014 年版。
（明）洪应明：《菜根谭》，欧阳居士注译，中国画报出版社 2012 年版。
（明）袁了凡：《了凡四训》，尚荣等评注，中华书局 2013 年版。
（南北朝）颜之推：《颜氏家训》，叶玉泉译注，岳麓书社 2012 年版。
（宋）张载：《张载集》，章锡琛点校，中华书局 1978 年版。

三 译著类

［德］恩斯特·卡西尔：《人论》，甘阳译，上海译文出版社 1985 年版。
［德］黑格尔：《法哲学原理》，邓安庆译，人民出版社 2016 年版。

［德］康德：《实践理性批判》，邓晓芒译，杨祖陶校，人民出版社 2003 年版。

［德］马丁·布伯：《我与你》，陈维纲译，商务印书馆 2015 年版。

［德］叔本华：《伦理学的两个基本问题》，任立、孟庆时译，商务印书馆 1996 年版。

［德］乌尔里希·贝克等：《个体化》，李荣山等译，北京大学出版社 2011 年版。

［德］伊曼努尔·康德：《道德形而上学原理》，苗力田译，上海人民出版社 2012 年版。

［法］古斯塔夫·勒庞：《乌合之众：大众心理研究》，冯克利译，中央编译出版社 2015 年版。

［法］卢梭：《爱弥儿——论教育》（上卷），李平沤译，人民教育出版社 1985 年版。

［法］卢梭：《社会契约论》，李平沤译，商务印书馆 2011 年版。

［古罗马］西塞罗：《论老年 论友谊 论责任》，徐奕春译，商务印书馆 1998 年版。

［古希腊］色诺芬：《回忆苏格拉底》，吴永泉译，商务印书馆 2009 年版。

［古希腊］亚里士多德：《尼各马科伦理学》，苗力田译，中国人民大学出版社 2003 年版。

［古希腊］亚里士多德：《尼各马可伦理学》，廖申白译，商务印书馆 2003 年版。

［荷兰］斯宾诺莎：《伦理学》，贺麟译，商务印书馆 1997 年版。

［美］D. P. 约翰逊：《社会学理论》，南开大学社会学系译，国际文化出版公司 1988 年版。

［美］阿拉斯戴尔·麦金太尔：《追寻美德——道德理论研究》，宋继杰译，译林出版社 2011 年版。

［美］艾·弗洛姆：《爱的艺术》，李健鸣译，上海译文出版社 2008 年版。

［美］艾里希·弗洛姆：《健全的社会》，孙恺祥译，上海译文出版社 2011 年版。

［美］艾里希·弗洛姆：《逃避自由》，刘林海译，上海译文出版社 2015 年版。

［美］埃里希·弗洛姆：《占有还是存在》，李穆等译，世界图书出版公司 2015 年版。

［美］戴维·迈尔斯：《社会心理学》（第 8 版），侯玉波等译，人民邮电出版社 2006 年版。

［美］杜威：《新旧个人主义——杜威文选》，孙有中等译，上海社会科学院出版社 1997 年版。

［美］菲利普·津巴多：《路西法效应——好人是如何变成恶魔的》（第 2 版），孙佩妏、陈雅馨译，生活·读书·新知三联书店 2015 年版。

［美］汉娜·阿伦特：《反抗"平庸之恶"》，陈联营译，上海人民出版社 2014 年版。

［美］霍夫曼：《移情与道德发展：关爱和公正的内涵》，杨韶刚、万明译，黑龙江人民出版社 2003 年版。

［美］卡伦·霍妮：《我们时代的病态人格》，刘丽译，台海出版社 2017 年版。

［美］卡罗尔·吉利根：《不同的声音：心理学理论与妇女发展》，肖巍译，中央编译出版社 1999 年版。

［美］拉什沃思·基德尔：《道德勇气：如何面对道德困境》，邵士恒等译，北京时代华文书局 2016 年版。

［美］蕾切尔·卡森：《寂静的春天》，吕瑞兰、李长生译，上海译文出版社 2008 年版。

［美］马歇尔·卢森堡：《非暴力沟通》，阮胤华译，华夏出版社 2018 年版。

［美］麦金太尔：《伦理学简史》，龚群译，商务印书馆 2003 年版。

［美］内尔·诺丁斯：《学会关心：教育的另一种模式》（第 2 版），于天龙译，教育科学出版社 2014 年版。

［澳］菲利普·佩迪特：《共和主义：一种关于自由与政府的理论》，刘训练译，江苏人民出版社 2006 年版。

［美］梯利：《伦理学导论》，何意译，北京师范大学出版社 2015 年版。

［美］约翰·杜威：《民主主义与教育》，王承绪译，人民教育出版社 2001 年版。

［日］小池龙之介：《伪善入门》，潘璐译，上海译文出版社 2013 年版。

［瑞士］J. 皮亚杰、B. 英海尔德：《儿童心理学》，吴福元译，商务印书馆

1980年版。

［苏］Б.А.苏霍姆林斯基：《怎样培养真正的人》，蔡汀译，教育科学出版社1992年版。

［苏］瓦·阿·苏霍姆林斯基：《少年的教育和自我教育》，姜励群等译，北京出版社1984年版。

［英］齐格蒙·鲍曼：《现代性与大屠杀》，杨渝东、史建华译，译林出版社2011年版。

［英］边沁：《道德与立法原理导论》，时殷弘译，商务印书馆2000年版。

［英］帕特丽夏·怀特：《公民品德与公共教育》，朱红文译，教育科学出版社1998年版。

［英］齐尔格特·鲍曼：《通过社会学去思考》，高华等译，社会科学文献出版社2002年版。

［英］齐格蒙特·鲍曼：《共同体》，欧阳景根译，江苏人民出版社2007年版。

［英］齐格蒙特·鲍曼：《后现代伦理学》，张成岗译，江苏人民出版社2003年版。

［英］休谟：《人性论》（下册），关文运译，商务印书馆1980年版。

［英］亚当·斯密：《道德情操论》，谢宗林译，中央编译出版社2015年版。

四 期刊论文类

暴占光：《大学生网络生活中道德理性判断与生成策略》，《高校理论战线》2012年第10期。

曹刚：《团结与友善》，《伦理学研究》2015年第1期。

车文辉、杨琼：《媒体对大学生亲社会行为影响的实证研究》，《现代大学教育》2011年第4期。

陈伟宏、陈祥勤：《道德冷漠的原因分析及其矫治对策》，《道德与文明》2014年第4期。

陈武英、刘连启：《情境对共情的影响》，《心理科学进展》2016年第1期。

成卫卫：《培育与优化青少年友善品质的文化路径研究》，《河北青年管理干部学院学报》2016年第3期。

丁倩、邓谨:《"横渠四句"对青年友善观培育的启示》,《中学政治教学参考》2016 年第 21 期。

丁雪枫:《论友善缺失的危害、成因及矫正》,《井冈山大学学报》(社会科学版) 2016 年第 1 期。

杜军:《家庭环境质量对幼儿道德敏感性发展的影响: 共情的中介作用》,《中国健康心理学杂志》2023 年第 1 期。

段江波:《友善价值观: 儒家渊源及其现代转化》,《社会科学》2015 年第 4 期。

范五三:《当代大学生友善价值观认知状况分析——基于福建 9 所高校的问卷调查》,《扬州大学学报》(高教研究版) 2017 年第 2 期。

方铭:《友善价值观的中国传统文化基础考源》,《人文杂志》2017 年第 12 期。

费孝通:《反思·对话·文化自觉》,《北京大学学报》(哲学社会科学版) 1997 年第 3 期。

高德胜:《道德冷漠与道德教育》,《教育学报》2009 年第 3 期。

高德胜:《政治冷漠与教育的谋生化》,《探索与争鸣》2013 年第 5 期。

郭元祥:《论教育的过程属性和过程价值——生成性思维视域中的教育过程观》,《教育研究》2005 年第 9 期。

黄进、金燕:《何以友善 何种友善——对新市民友善观的反思与追问》,《道德与文明》2017 年第 3 期。

黄进、金燕:《友善三论》,《江苏社会科学》2015 年第 6 期。

黄明理:《友善之为社会主义核心价值观论析》,《广西大学学报》(哲学社会科学版) 2015 年第 5 期。

黄明理、顾建红:《论"友善"核心价值观之内涵、特征及基本要求》,《社会主义核心价值观研究》2017 年第 2 期。

黄显中:《论友善》,《伦理学研究》2004 年第 4 期。

江传月:《论阻碍友善价值观培育与践行的落后观念及其摒弃》,《思想教育研究》2016 年第 9 期。

李河水:《简论儒家文化对"爱国敬业诚信友善"价值观的涵育》,《学校党建与思想教育》2016 年第 15 期。

李建华:《友善何以成为一种价值观》,《伦理学研究》2013 年第 2 期。

李柳健:《培养亲社会行为 提高心理健康水平》,《中国成人教育》2007年第2期。

李楠、王磊:《深入解读社会主义核心价值观——友善价值观的传统价值和现代意涵》,《学术论坛》2015年第2期。

李文阁:《生成性思维:现代哲学的思维方式》,《中国社会科学》2000年第6期。

李文辉等:《大学生共情对利他行为的影响:一个有调节的中介模型》,《心理发展与教育》2015年第5期。

李雁晨、周庭锐、周琇:《解释水平理论:从时间距离到心理距离》,《心理科学进展》2009年第4期。

李英林:《当代大学生道德人格的文化生成》,《黑龙江高教研究》2007年第10期。

林剑:《论道德生成与演进的基础及他律与自律的统一》,《哲学研究》1996年第7期。

刘东锋:《友善简析》,《管子学刊》2016年第2期。

刘惊铎:《体验:道德教育的本体》,《教育研究》2003年第2期。

刘抒雅、雷陈珊:《旁观者效应心理机制研究》,《福建论坛》(人文社会科学版)2012年第S1期。

龙静云、李茂平:《民间组织在现代公民社会中的道德整合功能》,《江汉论坛》2007年第11期。

龙静云、熊富标:《论道德敬畏及其在个体道德生成中的作用》,《道德与文明》2008年第6期。

陆爱华、徐周双:《基于文化符号的高校思想政治教育试析》,《高等农业教育》2012年第2期。

陆林召:《培育大学生友善品质的意义及实施策略》,《教育理论与实践》2016年第9期。

吕晶晶:《以社会主义友善价值观化解道德冷漠》,《思想政治课研究》2015年第1期。

罗祖兵:《生成性教学的基本理念及其实践诉求》,《高等教育研究》2006年第8期。

马汝伟:《友善是大学生不可或缺的美德》,《学校党建与思想教育》2010

年第 19 期。

梅萍、罗佳：《论大众文化对青少年生命价值观的影响及引导》，《中州学刊》2016 年第 1 期。

彭柏林：《论人类道德需要发生的心理动因》，《湖南师范大学社会科学学报》2007 年第 2 期。

彭柏林：《中国特色社会主义志愿服务应秉持的道德理性》，《武汉大学学报》（哲学社会科学版）2023 年第 1 期。

蒲清平、徐爽：《感恩心理及行为的认知机制》，《学术论坛》2011 年第 6 期。

任德新、楚永生：《基于系统观语境的道德冷漠生成机制分析》，《江海学刊》2013 年第 2 期。

沈壮海：《爱国、敬业、诚信、友善：公民的价值准则》，《湖北社会科学》2014 年第 10 期。

沈壮海、刘水静：《友善：处理人际关系的基本准则》，《人民日报》2014 年 2 月 17 日。

盛邦跃、李姝慧：《论社会友善的缺失及其化解》，《理论导刊》2017 年第 7 期。

石伟：《道德心理许可研究述评》，《心理科学进展》2011 年第 8 期。

石中英：《社会同情与公民形成》，《北京师范大学学报》（社会科学版）2012 年第 2 期。

孙伟平、尹江燕：《论作为社会主义核心价值观的"友善"》，《学习与探索》2017 年第 6 期。

唐明燕：《荀子思想中的"友善"资源探析》，《伦理学研究》2016 年第 2 期。

唐明燕、王磊：《"友善"价值观研究的热点与发展趋势——21 世纪以来"友善"价值观研究综述》，《道德与文明》2015 年第 5 期。

王翠华：《论社会主义核心价值观之友善》，《湖北社会科学》2014 年第 5 期。

王磊、孙亚男：《中华友善家风的传统文化意蕴及当代价值》，《长白学刊》2018 年第 2 期。

王前军、唐莉：《友善的道德价值及其实现》，《中国特色社会主义研究》

2017 年第 4 期。

王少安：《试论大学制度文化建设的大爱精神理念》，《学校党建与思想教育》2008 年第 8 期。

王淑芹：《正义之友善与道义之友善》，《理论视野》2016 年第 10 期。

王顺顺：《毛泽东友善思想论析》，《毛泽东思想研究》2017 年第 3 期。

王霞、王国桢：《重视对当代大学生的友善教育》，《青年文学家》2014 年第 6 期。

王晓红：《中西比较之"友善"的当代意蕴》，《经济研究参考》2016 年第 58 期。

王颖：《团结友善刍议》，《高校理论战线》2003 年第 9 期。

韦爱丽：《中国传统"友善"文化与大学生思想政治教育》，《广西教育学院学报》2016 年第 4 期。

吴贵春：《"共同富裕"理论与"友善"核心价值观》，《江苏大学学报》（社会科学版）2016 年第 5 期。

吴国友、闫冰：《马克思恩格斯友善论及其现实意义》，《中学政治教学参考》2015 年第 33 期。

吴岳军、王明芳：《基于耗散结构理论对道德教育过程预设与生成的思考》，《学校党建与思想教育》2012 年第 26 期。

夏家春、杨守金：《弘扬传统 培育公民的友善理念》，《思想政治教育研究》2015 年第 4 期。

夏青：《教育场域中的"集体无意识"：阿伦特"平庸之恶"的教育学探析》，《湖南师范大学教育科学学报》2017 年第 3 期。

夏轶虹、李铁璇、孙大永：《积极培育和践行友善价值观》，《中国高等教育》2015 年第 8 期。

邢勇：《微博的自媒体特征及社会责任建构》，《中国出版》2012 年第 7 期。

熊文洋、朱方长：《浅析儒家友善观及其现代价值——以〈论语〉为基础》，《改革与开放》2016 年第 14 期。

胥刚、张玉梅：《论培养大学生"友善"道德的紧迫感和实现途径——对十八大报告培养社会主义核心价值观的再认识》，《攀枝花学院学报》2015 年第 1 期。

徐磊等：《大学生"友善"教育的内容和途径研究》，《学校党建与思想教育》2016年第23期。

徐志红:《荀子"积善成德"思想对大学生友善观培育的启示》,《吉林化工学院学报》2015年第9期。

徐梓彦:《友善理念的价值逻辑、情理逻辑与社会逻辑》,《南京大学学报》(哲学·人文科学·社会科学) 2022年第6期。

许荣、文建龙:《社会主义核心价值观视域下友善弱化现象探析》,《知与行》2016年第9期。

杨福和、冯雪莲:《从孟子"天人合一"思想看大学生不可或缺的友善美德》,《前沿》2015年第11期。

叶玮光、侯玉环:《试论大学生友善价值观培育的情理并融策略》,《思想理论教育导刊》2016年第9期。

俞世超:《核心价值观之"友善"——基于休谟情感论视角》,《中学政治教学参考》2016年第15期。

岳伟、王坤庆:《生成性存在:当代教育的一种人学探寻》,《华东师范大学学报》(教育科学版) 2010年第4期。

曾琰:《个体主义情境下中国传统友善观的特质及再造》,《中州学刊》2018年第1期。

曾琰:《影响人际友善的三重关系及其现实解析》,《内蒙古社会科学》(汉文版) 2017年第1期。

曾琰:《友善的实践样态及范式变更——从公民道德到社会主义核心价值观》,《社会主义研究》2017年第3期。

张华:《大学生道德人格:结构、特征及生成途径》,《教育探索》2016年第11期。

张琳、陈延斌:《传承优秀家风:涵育社会主义核心价值观的有效路径》,《探索》2016年第1期。

张学浪:《农村留守儿童道德情感生成的理论价值》,《社会科学研究》2016年第1期。

张学浪、李俊奎:《情动·体察·内化:农村留守儿童道德情感生成与解构》,《求索》2012年第11期。

赵冰:《熟人·陌生人·熟悉的陌生人——"友善"核心价值观的历史语境解读》,《道德与文明》2023年第6期。

赵琦：《公民道德"友善"的当代建构——以对西方与近代儒家的考察为基础》，《伦理学研究》2016 年第 6 期。

赵琦：《现代友善观念的重构》，《哲学动态》2017 年第 1 期。

赵琦：《当代中国践行"友善"的三重维度》，《哲学分析》2023 年第 4 期。

赵英臣：《角色伦理视角下公民社会责任意识培育研究》，《思想教育研究》2020 年第 9 期。

郑士鹏：《美好生活视域下的友善社会构建研究》，《中州学刊》2023 年第 4 期。

郑文奇、孙静、申新：《网络视野下大学生友善价值观的培育》，《煤炭高等教育》2015 年第 4 期。

周中之：《共同富裕的慈善伦理支持》，《求索》2022 年第 1 期。

五　学位论文类

崔雪：《当代大学生友善观培育研究》，硕士学位论文，东北师范大学，2014 年。

范五三：《当代大学生友善价值观引导研究》，博士学位论文，福建师范大学，2019 年。

金燕：《当代大学生友善价值观培育研究》，博士学位论文，南京师范大学，2017 年。

李欢欢：《"90 后"大学生友善观培育研究——以上海部分高校为例》，硕士学位论文，华东师范大学，2015 年。

李亚云：《大学生友善德性培育研究》，硕士学位论文，中国地质大学（北京），2015 年。

毛连军：《社会主义友善价值观及其培育研究》，博士学位论文，东南大学，2020 年。

沈嘉祺：《论道德情感的生成与培育》，博士学位论文，华东师范大学，2006 年。

于丽娜：《大学生友善价值观培育研究》，硕士学位论文，天津工业大学，2016 年。

赵丽娜：《当代大学生友善品德培育路径研究》，博士学位论文，河北师范大学，2019年。

曾琰：《当代中国人际友善问题研究》，博士学位论文，上海大学，2016年。

六 外文类

Abraham H. Maslow, *Motivation and Personality* (*Second Edition*), New York: Harper & Row Publishers, 1970.

Malle BF, "The Actor-observer Asymmetry in Attribution: A (surprising) Meta-analysis", *Psychological Bulletin*, No. 132, 2006.

Miller DT, Ross M, "Self-serving Biases in the Attribution of Causality: Fact or Fiction?", *Psychological Bulletin*, No. 82, 1975.

Rawls, *Theory of Justice*, Boston: The Belknap Press of Harvard University Press, 1999.

Slote A. Michael, *Moral Sentimentalism*, New York: Oxford University Press, 2010.

Michael Slote, Morals from Motives, New York: Oxford University Press, 2001.

Michael Slote, The Ethics of Care and Empathy, London and New York: Routledge, 2007.

Michael Slote, From Morality to Virtue, New York: Oxford University Press, 1992.

后　　记

　　选择"友善"作为关注和研究的兴趣和方向，主要得益于国家和社会的现实需要，以及我的导师梅萍教授高屋建瓴的指导，此外，还有我内心成长的深刻体悟。回顾自身的成长，无论童年时期的快乐时光，还是学生时代的历练成长、抑或是成为一名辅导员的工作体会，还是成为一名老师之后的实践体悟，我都曾经无数次思考如何才能够幸福而又充实地度过宝贵的一生。每个人在人生的旅途中，都会遇到这样那样的烦恼和困难，一些人在特殊时期更是有无助无力的感受。而"我们总会对别人发自内心的同情感到无比欣慰，无论这种同情从何而生，相反，我们会对别人无动于衷的表情感到莫名的失望"[1]。爱使人愉悦，恨使人不快，因此我们会为成功者喝彩，也会关心、安慰和帮助身处苦难的人们，我们渴望一个由爱编织而成的友善社会，并为了我们能够更好地"在一起"而孜孜不倦、上下求索。

　　博士阶段三年的时间里，我泡在图书馆潜心研读"友善"，深入实际调研追寻"友善"。在整个研究中，我不断拓展对友善的理论认知和实践追寻，不断将友善价值观与现实生活紧密结合，以更好地贴近现实、服务现实、促进人心成长和社会和谐进步。社会中友善实践的不断发展，进一步激发了我研究该领域的感悟和冲动。我主要从生成性思维出发，在总体上研究大学生友善价值观生成的内容、现实图景、影响因素、内在过程和规律、生成路径和机制，等等，希望能够以此促进友善校园、友善社会的建设。期待在今后的学术生涯中，将其中包含的有关网络空间友善生成、友善价值观生成的过程和规律、道德境界的提升、道德勇气的生成、友善

---

[1] ［英］亚当·斯密：《道德情操论》，高格译，中华工商联合出版社2017年版，第5页。

与幸福、友善与正义、公益慈善伦理等深层次问题继续深入研究下去。

时光太瘦、指缝太宽，不经意间，进入思想政治教育这一领域已经有十五余年。科研之路虽苦，然有良师益友相伴，却也苦中作乐。本书基于我在桂子山攻读博士学位期间的研究，我的博士学位论文也有幸被母校评为优秀博士论文。几经修改完善，我的博士学位论文终于成书出版，内心激动不已。科研之路上的点点滴滴历历在目。万分感谢母校和恩师们对我的培养和教诲。在本书即将出版之际，心中涌动着的是虽微不足道，但却炽热真诚的感激之情。

感谢对友善相关问题进行研究的前辈和学者们，你们的辛勤耕耘为我的思想提供了滋养，丰富了我对友善问题的感悟！

感谢我的家人和亲友！感恩父亲母亲给予我最宝贵的生命和温暖的家庭，教会我朴实做人，踏实做事，做一个善良、明理的人。感谢其他所有亲友的关心和鼓励！

感谢那个勇于坚持、攻坚克难的自己！科研的过程是孤独而又充实的，充满了挑战和惊喜。对这一过程的亲身经历，更加增强了我对科研工作者的崇敬之情，磨炼了我坚强的意志，坚定了我潜心为学，扎实读书的决心，更加深了我对于生活和生命的感悟。关注和研究友善价值观的生成，无形中也让我更加自觉地关心关爱他人和社会，这一段研究经历也终将由于其带给我的特殊心路历程而成为我人生中最为闪烁的记忆。

贾 月

2023 年 12 月